#최상위심화서
#리더공부비법
#상위권잡는필독서
#학원에서검증된문제집

수학리더
최상위

Chunjae
Makes
Chunjae

기획총괄	박금옥
편집개발	윤경옥, 박초아, 김연정, 김수정, 조은영, 임희정, 이혜지, 최민주, 한인숙
디자인총괄	김희정
표지디자인	윤순미, 박민정
내지디자인	박희춘, 조유정
제작	황성진, 조규영

발행일	2023년 3월 1일 초판 2023년 3월 1일 1쇄
발행인	(주)천재교육
주소	서울시 금천구 가산로9길 54
신고번호	제2001-000018호
고객센터	1577-0902
교재 구입 문의	1522-5566

※ 정답 분실 시에는 천재교육 홈페이지에서 내려받으세요.

※ KC 마크는 이 제품이 공통안전기준에 적합하였음을 의미합니다.

※ 주의

책 모서리에 다칠 수 있으니 주의하시기 바랍니다.

부주의로 인한 사고의 경우 책임지지 않습니다.

8세 미만의 어린이는 부모님의 관리가 필요합니다.

최상위 심화서 차례

이 책의 구성과 특징

STEP 1 하이레벨 입문

교과 개념 + 핵심 문제

1 분모가 같은 (분수)÷(분수) (1) → 분자끼리 나누어떨어지는 경우

분모가 같은 (분수)÷(분수)는 분자끼리 나누어 계산합니다.

예 $\frac{6}{7} \div \frac{2}{7}$의 계산

2 분모가 같은 (분수)÷(분수)

6 냉장고에 물은 $\frac{3}{8}$ L 있고, 주스는 $\frac{5}{8}$ L 있습니다. 냉장고에 있는 물의 양은 주스의 양의 몇 배입니까?

식 ______

답 ______

✔ 단원별 핵심 개념과 상위 개념을 한눈에 익히고 문제를 풀면서 개념 마스터

활용 개념 + 플러스 문제

4 (가분수)÷(분수)의 활용

- 직사각형의 넓이를 이용하여 한 변의 길이 구하기
  (직사각형의 넓이)=(가로)×(세로)
  → (가로)=(직사각형의 넓이)÷(세로)
  (세로)=(직사각형의 넓이)÷(가로)

예 직사각형의 넓이:

6 개념 플러스 문제

수 카드 중에서 2장을 골라 □ 안에 한 번씩만 써넣어 계산 결과가 가장 큰 나눗셈식을 만들려고 합니다. 계산 결과가 가장 클 때의 값을 구하시오.

3 5 6 9

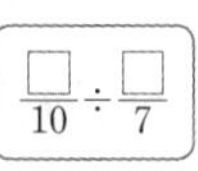

( )

✔ 문제를 풀 때 필요한 활용 개념을 익히고 문제를 풀면서 활용 개념 마스터

STEP 2 하이레벨 탐구

대표 유형 + 체크 문제

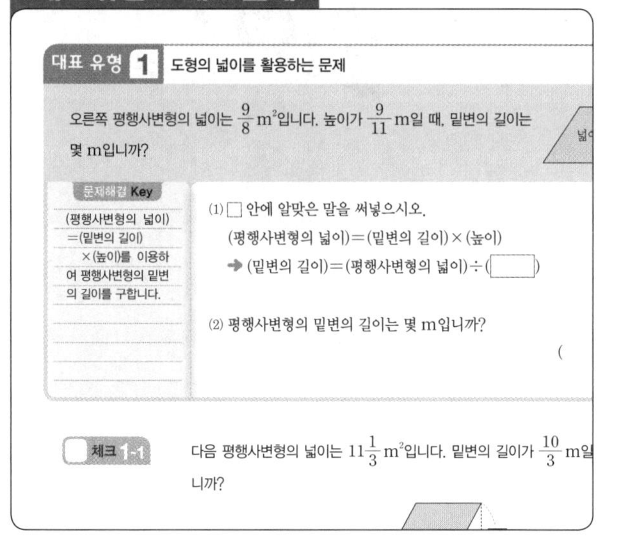

대표 유형 1 도형의 넓이를 활용하는 문제

오른쪽 평행사변형의 넓이는 $\frac{9}{8}$ m²입니다. 높이가 $\frac{9}{11}$ m일 때, 밑변의 길이는 몇 m입니까?

문제해결 Key: (평행사변형의 넓이)=(밑변의 길이)×(높이)를 이용하여 평행사변형의 밑변의 길이를 구합니다.

(1) □ 안에 알맞은 말을 써넣으시오.
(평행사변형의 넓이)=(밑변의 길이)×(높이)
→ (밑변의 길이)=(평행사변형의 넓이)÷( )

(2) 평행사변형의 밑변의 길이는 몇 m입니까?

체크 1-1 다음 평행사변형의 넓이는 $11\frac{1}{3}$ m²입니다. 밑변의 길이가 $\frac{10}{3}$ m일 ... 니까?

✔ 자주 나오는 유형을 최적의 단계를 따라 풀면서 문제 해결력을 기르고, 체크 문제를 풀면서 유형 마스터

탐구 플러스 문제

2 STEP 하이레벨 탐구 플러스

1 한 봉지에 $\frac{7}{48}$ kg씩 담겨 있는 설탕이 6봉지 있습니다. 이 설탕을 통에 $\frac{1}{8}$ kg씩 나누어 담으려고 합니다. 통은 몇 개 필요합니까?

( )

2 가★나를 보기와 같이 약속할 때 $\frac{2}{5}$★$\frac{1}{3}$을 계산하시오.

보기: 가★나=(가÷나)×(나÷가)

( )

✔ 대표 유형 외에 다양한 심화 문제들을 스스로 풀면서 상위권 유형 도전

하이레벨 입문 - 탐구 - 심화 - 브레인스토밍 학습을 통해

차이나는 최상위 클래스를 만들어요!

STEP 3 하이레벨 심화

고난도 심화 문제

1 수진이는 일정한 빠르기로 $7\frac{1}{2}$ km를 걷는 데 2시간 50분이 걸립니다. 수진이가 같은 빠르기로 $\frac{15}{17}$ km를 걸어가려면 몇 분이 걸리겠습니까?

(　　　　　　　)

풀이

2 사다리꼴의 높이는 몇 cm입니까?

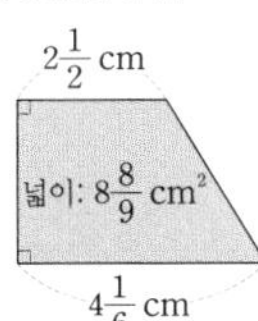

풀이

✔ 다양한 고난도 문제, 경시유형 문제를 풀면서 응용력과 사고력을 길러 최상위권 도전

토론 발표 브레인스토밍

최고난도 사고력 문제

Brainstorming **1**

$\frac{나}{가}=1\times\frac{나}{가}=1\div\frac{가}{나}=\frac{1}{\frac{가}{나}}$입니다. 다음 식에서 ㉠, ㉡, ㉢, ㉣에 알맞은 수를 시오.

$$\frac{24}{17}=㉠+\cfrac{1}{㉡+\cfrac{1}{㉢+\cfrac{1}{㉣}}}$$

풀이

답 ㉠ ________, ㉡ ________, ㉢ ________, ㉣ _

✔ 각종 경시대회에 출제되는 최고난도 문제를 풀면서 종합적인 사고력을 길러 수학 실력 업그레이드

브레인스토밍의 문제는

토론 발표 수업을 할 수 있어요!

1

분수의 나눗셈

단원의 흐름

이전에 배운 내용 [5-2] 분수의 곱셈, [6-1] 분수의 나눗셈

이번에 배울 내용
분모가 같은 (분수)÷(분수)
분모가 다른 (분수)÷(분수)
(자연수)÷(분수)
(분수)÷(분수)를 (분수)×(분수)로 나타내기
(분수)÷(분수)를 계산하기

다음에 배울 내용 [6-2] 소수의 나눗셈

꼭! 알아야 할 대표 유형

유형 1 도형의 넓이를 활용하는 문제

유형 2 주어진 약속에 따라 식을 세워 계산하는 문제

유형 3 창의 · 융합형 문제

유형 4 바르게 계산한 값을 구하는 문제

유형 5 페인트로 칠할 수 있는 부분의 넓이를 구하는 문제

유형 6 걸리는 시간을 구하는 문제

1 STEP 하이레벨 입문

1 분모가 같은 (분수)÷(분수) (1) → 분자끼리 나누어떨어지는 경우

분모가 같은 (분수)÷(분수)는 분자끼리 나누어 계산합니다.

$\frac{▲}{■} \div \frac{●}{■} = ▲ \div ●$

예 $\frac{6}{7} \div \frac{2}{7}$의 계산

$\frac{6}{7}$은 $\frac{1}{7}$이 6개, $\frac{2}{7}$는 $\frac{1}{7}$이 2개입니다.

→ $\frac{6}{7} \div \frac{2}{7} = 6 \div 2 = 3$

2 분모가 같은 (분수)÷(분수) (2) → 분자끼리 나누어떨어지지 않는 경우

분모가 같은 (분수)÷(분수)는 분자끼리 나누어 계산합니다. 분자끼리 나누어떨어지지 않을 때는 몫을 분수로 나타냅니다.

$\frac{▲}{■} \div \frac{●}{■} = ▲ \div ● = \frac{▲}{●}$

예 $\frac{7}{9} \div \frac{2}{9}$의 계산

$\frac{7}{9} \div \frac{2}{9} = 7 \div 2 = \frac{7}{2} = 3\frac{1}{2}$

3 분모가 다른 (분수)÷(분수)

분모가 다른 분수의 나눗셈은 분모가 같게 통분한 후 분자끼리 나누어 계산합니다.

예 $\frac{5}{7} \div \frac{2}{7}$의 계산

$\frac{5}{7} \div \frac{2}{3} = \frac{15}{21} \div \frac{14}{21} = 15 \div 14 = \frac{15}{14} = 1\frac{1}{14}$

두 분수를 통분

4 (자연수)÷(분수)

자연수를 분수의 분자로 나눈 다음 분모를 곱하여 계산합니다.

$▲ \div \frac{●}{■} = (▲ \div ●) \times ■$

예 $6 \div \frac{3}{5}$의 계산

$6 \div \frac{3}{5} = (6 \div 3) \times 5 = 2 \times 5 = 10$

개념 PLUS

* **나누는 수에 따른 계산 결과 비교하기**

- 분수를 1보다 작은 수로 나누는 경우 계산 결과는 처음 수보다 커집니다.

예 $\frac{7}{9} \div \frac{2}{9} = 3\frac{1}{2} > \frac{7}{9}$

- 분수를 1보다 큰 수로 나누는 경우 계산 결과는 처음 수보다 작아집니다.

예 $\frac{2}{9} \div 1\frac{2}{9} = \frac{2}{11} < \frac{2}{9}$

참고

계산 결과를 대분수나 기약분수로 나타내어야 정답이지만 가분수 또는 기약분수가 아닌 분수도 정답으로 인정합니다.

개념 PLUS

(자연수)÷(진분수)의 계산 결과는 항상 나누어지는 수인 자연수보다 큽니다.

예 $6 \div \frac{3}{5} = 10 > 6$

1 □ 안에 알맞은 수를 써넣으시오.

$\frac{4}{7}$는 $\frac{1}{7}$이 □개이고 $\frac{2}{7}$는 $\frac{1}{7}$이 □개이므로 $\frac{4}{7}\div\frac{2}{7}=$□입니다.

2 |보기|와 같이 계산을 하시오.

|보기|

$9\div\frac{3}{7}=(9\div3)\times7=21$

$16\div\frac{4}{7}$ ______

3 빈칸에 알맞은 수를 써넣으시오.

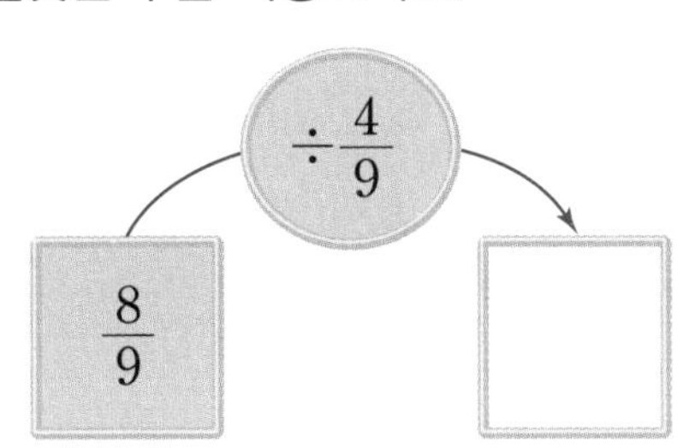

4 바르게 계산한 것을 찾아 기호를 쓰시오.

㉠ $\frac{9}{10}\div\frac{4}{10}=2\frac{1}{4}$ ㉡ $\frac{7}{9}\div\frac{3}{9}=\frac{3}{7}$

( )

5 □ 안에 알맞은 수를 구하시오.

$\square\times\frac{1}{5}=\frac{7}{9}$

( )

6 냉장고에 물은 $\frac{3}{8}$ L 있고, 주스는 $\frac{5}{8}$ L 있습니다. 냉장고에 있는 물의 양은 주스의 양의 몇 배입니까?

식 ______

답 ______

7 계산 결과가 큰 것부터 차례로 기호를 쓰시오.

㉠ $9\div\frac{3}{8}$ ㉡ $12\div\frac{2}{5}$ ㉢ $14\div\frac{7}{9}$

( )

8 넓이가 $\frac{11}{12}$ m^2인 직사각형이 있습니다. 이 직사각형의 세로가 $\frac{7}{8}$ m일 때 가로는 몇 m입니까?

넓이: $\frac{11}{12}$ m^2 | $\frac{7}{8}$ m

( )

5 (분수)÷(분수)를 (분수)×(분수)로 나타내기

나눗셈을 곱셈으로 바꾸고 나누는 분수의 분모와 분자를 바꾸어 계산합니다.

$$\frac{▲}{★}\div\frac{●}{■}=\frac{▲}{★}\times\frac{■}{●}$$

예 $\frac{4}{5}\div\frac{2}{3}$의 계산

$$\frac{4}{5}\div\frac{2}{3}=\frac{\overset{2}{\cancel{4}}}{5}\times\frac{3}{\underset{1}{\cancel{2}}}=\frac{6}{5}=1\frac{1}{5}$$

$\left(\frac{4}{5}\div2\right)\times3=\frac{4}{5}\times\frac{1}{2}\times3=\frac{4}{5}\times\frac{3}{2}$

중1 연계

* **역수**

어떤 수와 곱해서 1이 되는 수를 역수라고 합니다.

예 $\frac{\overset{1}{\cancel{5}}}{\underset{1}{\cancel{8}}}\times\frac{\overset{1}{\cancel{8}}}{\underset{1}{\cancel{5}}}=1$이므로

$\frac{5}{8}$의 역수는 $\frac{8}{5}$입니다.

6 (분수)÷(분수) 계산하기

(1) (가분수)÷(분수)

예 $\frac{8}{3}\div\frac{2}{7}$의 계산

방법 1 통분하여 계산하기

$$\frac{8}{3}\div\frac{2}{7}=\frac{56}{21}\div\frac{6}{21}=56\div6=\frac{\overset{28}{\cancel{56}}}{\underset{3}{\cancel{6}}}=\frac{28}{3}=9\frac{1}{3}$$

방법 2 분수의 곱셈으로 나타내어 계산하기

$$\frac{8}{3}\div\frac{2}{7}=\frac{\overset{4}{\cancel{8}}}{3}\times\frac{7}{\underset{1}{\cancel{2}}}=\frac{28}{3}=9\frac{1}{3}$$

개념 PLUS

• (자연수)÷(분수)도 분수의 곱셈으로 나타내어 계산할 수 있습니다.

$$▲\div\frac{●}{■}=▲\times\frac{■}{●}$$

예 $2\div\frac{3}{4}=2\times\frac{4}{3}=\frac{8}{3}$
$=2\frac{2}{3}$

(2) (대분수)÷(분수)

예 $2\frac{1}{4}\div\frac{3}{5}$의 계산

(대분수)÷(분수)는 대분수를 먼저 가분수로 바꾸고 계산해요.

방법 1 통분하여 계산하기

$$2\frac{1}{4}\div\frac{3}{5}=\frac{9}{4}\div\frac{3}{5}=\frac{45}{20}\div\frac{12}{20}$$

$$=45\div12=\frac{\overset{15}{\cancel{45}}}{\underset{4}{\cancel{12}}}=\frac{15}{4}=3\frac{3}{4}$$

방법 2 분수의 곱셈으로 나타내어 계산하기

$$2\frac{1}{4}\div\frac{3}{5}=\frac{9}{4}\div\frac{3}{5}=\frac{\overset{3}{\cancel{9}}}{4}\times\frac{5}{\underset{1}{\cancel{3}}}=\frac{15}{4}=3\frac{3}{4}$$

개념 PLUS

* $\frac{1}{5}\div\frac{1}{□}$의 계산 결과가 자연수일 때 □ 안에 알맞은 수 찾기

$\frac{1}{5}\div\frac{1}{□}=\frac{1}{5}\times\frac{□}{1}=\frac{□}{5}$이므로 □가 5의 배수일 때 계산 결과는 자연수가 됩니다.

빠른 정답 1쪽, 정답 및 풀이 7쪽

1 빈칸에 알맞은 수를 써넣으시오.

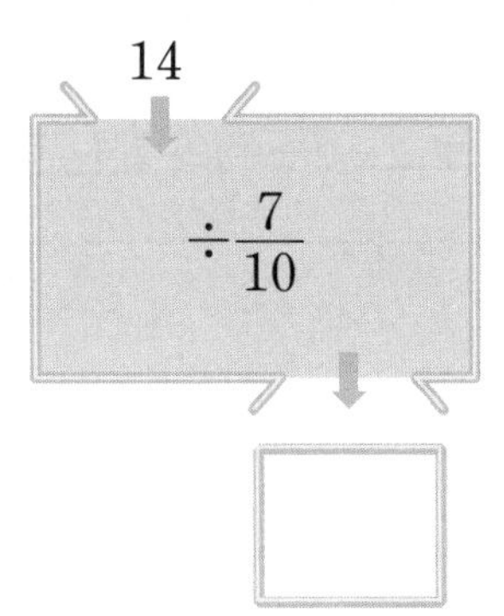

2 잘못 계산한 곳을 찾아 바르게 계산을 하시오.

$$\frac{6}{7} \div \frac{2}{3} = \frac{7}{\cancel{6}_{3}} \times \frac{\cancel{2}^{1}}{3} = \frac{7}{9}$$

$\frac{6}{7} \div \frac{2}{3}$ ________________

3 크기를 비교하여 ○ 안에 $>$, $=$, $<$를 알맞게 써넣으시오.

$$\frac{10}{9} \div \frac{2}{7} \bigcirc 4$$

4 굵기가 일정한 철근 $\frac{8}{9}$ m의 무게가 $\frac{6}{7}$ kg입니다. 이 철근 1 m의 무게는 몇 kg입니까?

 식 ________________

답 ________________

5 계산 결과를 찾아 이어 보시오.

$1\frac{5}{12} \div \frac{2}{3}$ •

$2\frac{3}{4} \div \frac{7}{12}$ •

• $2\frac{1}{8}$

• $2\frac{5}{12}$

• $4\frac{5}{7}$

6 $\frac{8}{5} \div \frac{3}{4}$을 두 가지 방법으로 계산하시오.

방법 1 통분하여 계산하기

방법 2 분수의 곱셈으로 나타내어 계산하기

7 우유 2 L를 한 컵에 $\frac{2}{5}$ L씩 나누어 담고, 주스 3 L를 한 컵에 $\frac{3}{10}$ L씩 나누어 담았습니다. 우유와 주스는 모두 몇 컵입니까?

(　　　　　　　　)

1 수직선에서 (분수)÷(분수) 계산하기

심화 개념 수직선에서 ㉡÷㉠의 계산 결과 구하기

눈금 한 칸의 크기는 $\frac{1}{6}$입니다.

㉠$=\frac{1}{6}$, ㉡$=\frac{5}{6}$이므로

㉡÷㉠$=\frac{5}{6}\div\frac{1}{6}=5\div1=5$입니다.

Check Point

분모가 같은 (분수)÷(분수)는 분자끼리 계산합니다.

❶ 개념 플러스 문제

수직선을 보고 ㉡÷㉠의 계산 결과를 구하시오.

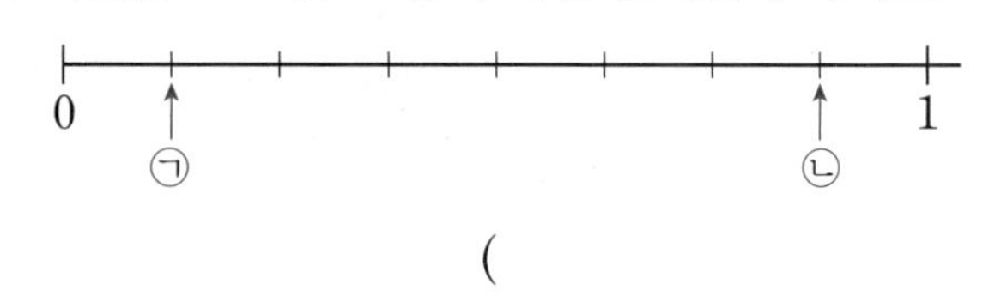

( )

2 분모가 같은 (분수)÷(분수)의 활용

분모가 같은 (분수)÷(분수)는 분자끼리 나누어 계산합니다.

예 $\frac{7}{8}\div\frac{3}{8}=7\div3=\frac{7}{3}=2\frac{1}{3}$

❷ 개념 플러스 문제

$\frac{9}{10}$ L의 물을 그릇 1개에 $\frac{3}{10}$ L씩 나누어 담았습니다. 물을 담은 그릇은 몇 개입니까?

답

3 (자연수)÷(분수)

자연수가 분수의 분자로 나누어떨어지지 않을 때는

▲÷$\frac{●}{■}$를 ▲×$\frac{■}{●}$로 나타내어 계산할 수 있습니다.

예 $4\div\frac{3}{8}=4\times\frac{8}{3}=\frac{32}{3}=10\frac{2}{3}$

❸ 개념 플러스 문제

몫이 자연수가 아닌 것을 찾아 기호를 쓰시오.

㉠ $8\div\frac{4}{7}$ ㉡ $3\div\frac{2}{5}$

( )

4 (가분수)÷(분수)의 활용

• 직사각형의 넓이를 이용하여 한 변의 길이 구하기
(직사각형의 넓이)=(가로)×(세로)
➜ (가로)=(직사각형의 넓이)÷(세로)
(세로)=(직사각형의 넓이)÷(가로)

예 직사각형의 넓이: $\frac{4}{3}$ cm²

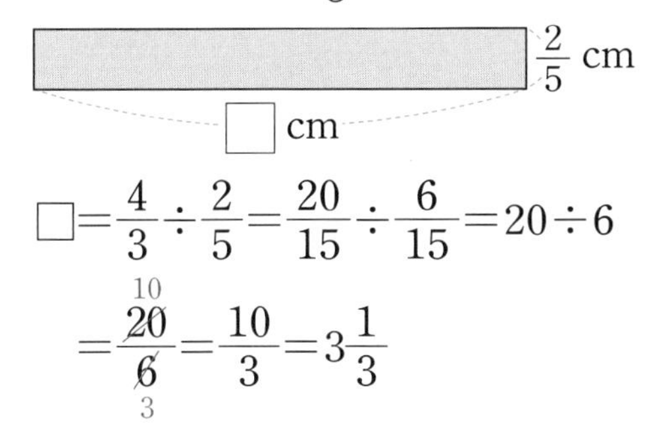

$\square=\frac{4}{3}\div\frac{2}{5}=\frac{20}{15}\div\frac{6}{15}=20\div6$

$=\frac{\overset{10}{\cancel{20}}}{\underset{3}{\cancel{6}}}=\frac{10}{3}=3\frac{1}{3}$

4 개념 플러스 문제

넓이가 $\frac{32}{7}$ cm²인 직사각형입니다. 이 직사각형의 가로는 몇 cm입니까?

$\frac{2}{3}$ cm

(　　　　　　　　)

5 (대분수)÷(분수)의 활용

(대분수)÷(분수)를 계산할 때에는 먼저 대분수를 가분수로 나타내어야 합니다.

주의 대분수 상태에서 약분하지 않도록 주의합니다.

Check Point
• (걸리는 시간)
=(전체 거리)÷(일정한 시간 동안 가는 거리)
• (휘발유 1 L로 갈 수 있는 거리)
=(전체 거리)÷(사용한 휘발유의 양)

5 개념 플러스 문제

일정한 빠르기로 1분에 $1\frac{1}{5}$ km를 가는 트럭이 있습니다. 이 트럭이 같은 빠르기로 $4\frac{2}{3}$ km를 가는 데 걸리는 시간은 몇 분입니까?

(　　　　　　　　)

6 계산 결과가 가장 큰 분수의 나눗셈식 만들기

심화 개념 계산 결과가 가장 큰 분수의 나눗셈식 만들기

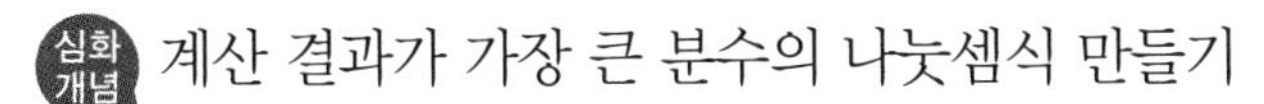

예 수 카드 중에서 2장을 골라 □ 안에 한 번씩만 써넣어 계산 결과가 가장 큰 나눗셈식 만들기

2 3 4 7　　$\frac{\square}{8}\div\frac{\square}{5}$

➜ (가장 큰 분수)÷(가장 작은 분수)

$=\frac{7}{8}\div\frac{2}{5}=\frac{7}{8}\times\frac{5}{2}=\frac{35}{16}=2\frac{3}{16}$

6 개념 플러스 문제

수 카드 중에서 2장을 골라 □ 안에 한 번씩만 써넣어 계산 결과가 가장 큰 나눗셈식을 만들려고 합니다. 계산 결과가 가장 클 때의 값을 구하시오.

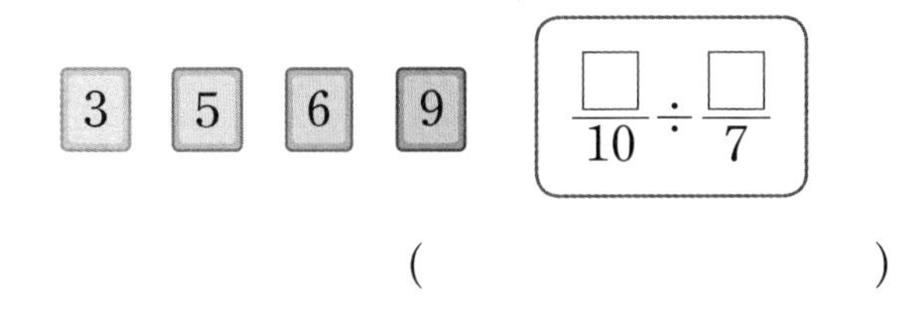

(　　　　　　　　)

하이레벨 탐구

대표 유형 1 도형의 넓이를 활용하는 문제

오른쪽 평행사변형의 넓이는 $\frac{9}{8}$ m²입니다. 높이가 $\frac{9}{11}$ m일 때, 밑변의 길이는 몇 m입니까?

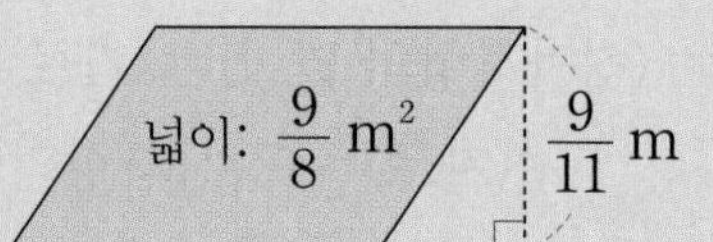

문제해결 Key

(평행사변형의 넓이)=(밑변의 길이)×(높이)를 이용하여 평행사변형의 밑변의 길이를 구합니다.

(1) □ 안에 알맞은 말을 써넣으시오.

(평행사변형의 넓이)=(밑변의 길이)×(높이)

➔ (밑변의 길이)=(평행사변형의 넓이)÷(□)

(2) 평행사변형의 밑변의 길이는 몇 m입니까?

(　　　　　　　　)

체크 1-1 다음 평행사변형의 넓이는 $11\frac{1}{3}$ m²입니다. 밑변의 길이가 $\frac{10}{3}$ m일 때, 높이는 몇 m입니까?

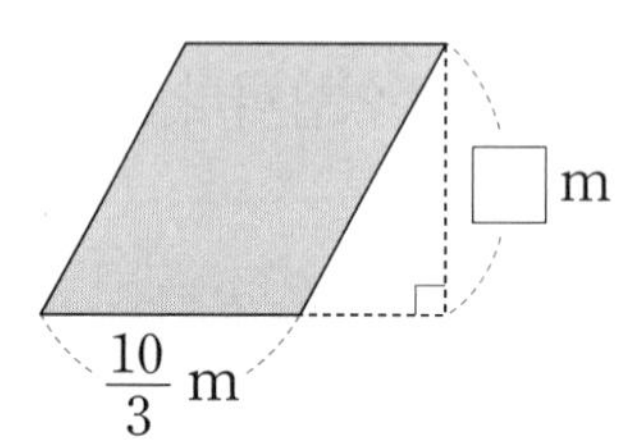

(　　　　　　　　)

체크 1-2 다음 삼각형의 넓이는 8 cm²입니다. 높이가 $5\frac{1}{3}$ cm일 때, 밑변의 길이는 몇 cm입니까?

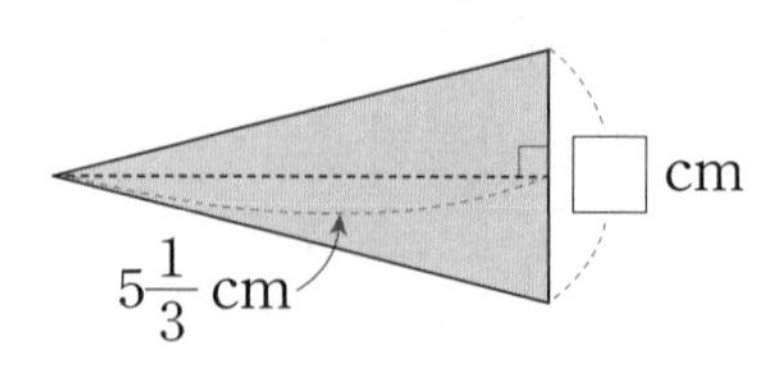

(　　　　　　　　)

대표 유형 2 주어진 약속에 따라 식을 세워 계산하는 문제

가▲나를 | 보기 |와 같이 약속할 때 $\frac{4}{9}$▲$\frac{1}{9}$을 계산하시오.

| 보기 |
가▲나=(가+나)÷나

문제해결 Key

( )가 있는 혼합 계산은 ( ) 안을 먼저 계산합니다.

(1) $\frac{4}{9}$▲$\frac{1}{9}$에서 | 보기 |의 가와 나에 해당하는 수를 각각 쓰시오.

가 ( ), 나 ( )

(2) $\frac{4}{9}$▲$\frac{1}{9}$을 계산하시오.

( )

체크 2-1 가♥나를 | 보기 |와 같이 약속할 때 $\frac{4}{5}$♥$\frac{1}{5}$을 계산하시오.

| 보기 |
가♥나=(가−나)÷나

( )

체크 2-2 가◉나를 | 보기 |와 같이 약속할 때 $\frac{3}{4}$◉$\frac{2}{3}$를 계산하시오.

| 보기 |
가◉나=가÷(가−나)

( )

대표 유형 3 창의 · 융합형 문제

신문 기사를 본 수지네 반 학생들은 지구온난화를 막기 위한 에너지 아껴 쓰기 활동에 동참하기로 하였습니다. 전체 학생 수의 $\frac{1}{3}$은 '대중교통 이용하기', $\frac{3}{5}$은 '물 아껴 쓰기', $\frac{1}{15}$은 '플러그 뽑기'를 실천하였다면 '대중교통 이용하기'와 '물 아껴 쓰기'를 실천한 학생 수는 '플러그 뽑기'를 실천한 학생 수의 몇 배입니까?

기상이변으로 몸살을 겪는 지구

지구온난화 추세 속에서 기상이변의 주범으로 꼽히는 '엘리뇨'와 '라니냐' 현상이 12년 만에 발생하였습니다.

문제해결 Key

분수의 덧셈을 이용하여 '대중교통 이용하기'와 '물 아껴 쓰기'를 실천한 학생 수는 전체 학생 수의 얼마인지 분수로 나타냅니다.

(1) '대중교통 이용하기'와 '물 아껴 쓰기'를 실천한 학생 수는 전체 학생 수의 얼마인지 분수로 나타내시오.

( )

(2) '대중교통 이용하기'와 '물 아껴 쓰기'를 실천한 학생 수는 '플러그 뽑기'를 실천한 학생 수의 몇 배입니까?

( )

체크 3-1

통일신라 시대의 대표적인 석탑 중 하나인 다보탑은 높이가 $10\frac{3}{10}$ m이고, 대표적인 범종 중 하나인 성덕대왕신종의 높이는 $3\frac{3}{5}$ m입니다. 다보탑의 높이는 성덕대왕신종의 높이의 몇 배인지 풀이 과정을 쓰고 답을 구하시오. 5점

풀이 ____________________

____

____

답 ____________________

대표 유형 4 바르게 계산한 값을 구하는 문제

$\frac{2}{3}$를 어떤 수로 나누어야 할 것을 잘못하여 어떤 수를 곱하였더니 $\frac{7}{16}$이 되었습니다. 바르게 계산한 값은 얼마입니까?

문제해결 Key

곱셈과 나눗셈의 관계를 이용하여 어떤 수를 구합니다.

(1) 어떤 수를 □라 하고 잘못 계산한 식을 쓰시오.

식 ______________________

(2) 위 (1)의 식을 이용하여 어떤 수를 구하시오.

( )

(3) 바르게 계산한 값을 구하시오.

( )

체크 4-1 $\frac{15}{26}$를 어떤 수로 나누어야 할 것을 잘못하여 어떤 수를 곱하였더니 $\frac{3}{8}$이 되었습니다. 바르게 계산한 값을 구하시오.

( )

체크 4-2 $\frac{3}{8}$을 어떤 수로 나누어야 할 것을 잘못하여 $\frac{8}{3}$에 어떤 수를 곱하였더니 $1\frac{1}{15}$이 되었습니다. 바르게 계산하면 얼마인지 풀이 과정을 쓰고 답을 구하시오. 5점

풀이 ______________________

____

____

답 ______________________

대표 유형 5 페인트로 칠할 수 있는 부분의 넓이를 구하는 문제

넓이가 $9\frac{1}{2}$ m^2인 벽을 칠하는 데 $\frac{1}{7}$ L의 페인트가 필요합니다. 3 L의 페인트로 칠할 수 있는 벽의 넓이는 몇 m^2입니까?

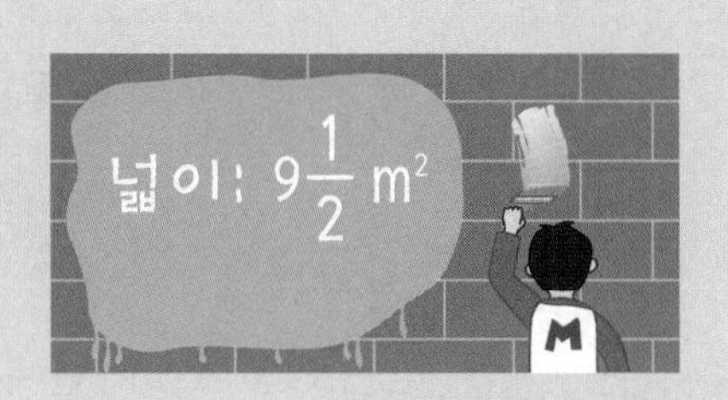

문제해결 Key

1 L의 페인트로 칠할 수 있는 벽의 넓이를 먼저 구합니다.

(1) 1 L의 페인트로 칠할 수 있는 벽의 넓이는 몇 m^2입니까?

(　　　　　　　　)

(2) 3 L의 페인트로 칠할 수 있는 벽의 넓이는 몇 m^2입니까?

(　　　　　　　　)

체크 5-1 넓이가 $3\frac{2}{7}$ m^2인 학교 담장을 칠하는 데 $\frac{2}{3}$ L의 페인트가 사용되었습니다. 7 L의 페인트로 칠할 수 있는 담장의 넓이는 몇 m^2입니까?

(　　　　　　　　)

체크 5-2 가로가 $6\frac{2}{3}$ m, 세로가 5 m인 직사각형 모양의 벽을 칠하는 데 $2\frac{2}{9}$ L의 페인트가 사용되었습니다. 5 L의 페인트로 칠할 수 있는 벽의 넓이는 몇 m^2입니까?

(　　　　　　　　)

대표 유형 6 걸리는 시간을 구하는 문제

빈 수영장에 수도를 틀어 놓고 15분 후에 보았더니 전체의 $\frac{1}{3}$만큼 물이 찼습니다. 같은 크기의 빈 수영장에 전체의 $\frac{4}{5}$만큼 물을 채우려면 수도를 몇 분 동안 틀어야 합니까? (단, 수도에서 나오는 물의 양은 일정합니다.)

문제해결 Key

수영장에 물을 가득 채우는 데 걸리는 시간을 먼저 구합니다.

(1) 빈 수영장에 물을 가득 채우는 데 걸리는 시간은 몇 분입니까?

( )

(2) 빈 수영장에 전체의 $\frac{4}{5}$만큼 물을 채우려면 수도를 몇 분 동안 틀어야 합니까?

( )

체크 6-1

빈 물탱크에 수도를 틀어 놓고 14분 후에 보았더니 전체의 $\frac{1}{4}$만큼 물이 찼습니다. 같은 크기의 빈 물탱크에 전체의 $\frac{3}{8}$만큼 물을 채우려면 수도를 몇 분 동안 틀어야 합니까?

(단, 수도에서 나오는 물의 양은 일정합니다.)

( )

체크 6-2

길이가 12 cm인 양초에 불을 붙이고 $\frac{1}{6}$시간이 지난 후 길이를 재어 보니 $\frac{1}{2}$ cm만큼 탔습니다. 이 양초가 2 cm만큼 남으려면 몇 시간이 더 지나야 합니까? (단, 양초가 타는 빠르기는 일정합니다.)

( )

1 한 봉지에 $\frac{7}{48}$ kg씩 담겨 있는 설탕이 6봉지 있습니다. 이 설탕을 통에 $\frac{1}{8}$ kg씩 나누어 담으려고 합니다. 통은 몇 개 필요합니까?

(   )

◀ 전체의 무게를 먼저 구하여 나누는 문제

2 가★나를 **보기**와 같이 약속할 때 $\frac{2}{5}★\frac{1}{3}$을 계산하시오.

보기

가★나=(가÷나)×(나÷가)

(   )

◀ 주어진 약속에 따라 식을 세워서 계산하는 문제

3 쿠키와 도넛을 1상자씩 만드는 데 밀가루가 각각 $\frac{2}{7}$ kg, $1\frac{5}{14}$ kg 필요합니다. 현준이가 가지고 있는 밀가루를 남김없이 사용하여 도넛을 만든다면 4상자를 만들 수 있습니다. 이 밀가루로 쿠키를 만든다면 모두 몇 상자를 만들 수 있습니까?

(   )

◀ 전체의 양을 먼저 구하여 나누는 문제

융합형

4 특산물이란 어떤 지역에서 특별히 생산되는 물건입니다. 지아와 동생은 전라북도 영천의 할아버지 댁에서 특산물인 포도 따는 일을 도왔습니다. 1시간 동안 지아는 $7\frac{4}{5}$ kg, 동생은 $5\frac{4}{5}$ kg의 포도를 땄습니다. 같은 빠르기로 두 사람이 함께 쉬지 않고 28 kg의 포도를 땄다면 몇 시간 동안 일을 한 것입니까? (단, 두 사람은 각각 일정한 빠르기로 일을 합니다.)

( )

◀ 단위가 다른 나눗셈의 활용 문제

5 한 변의 길이가 $\frac{4}{5}$ m인 정사각형 모양의 나무판의 무게는 $1\frac{1}{15}$ kg입니다. 이 나무판 $\frac{2}{9}$ m^2의 무게는 몇 kg입니까? (단, 나무판의 두께는 일정합니다.)

( )

◀ 단위가 다른 나눗셈의 활용 문제

경시문제 유형

6 다음 식에서 ●와 ★은 자연수입니다. 다음 식이 성립할 수 있도록 하는 ●와 ★에 알맞은 수의 쌍은 모두 몇 쌍입니까?

$$12 \div \frac{●}{4} = ★$$

( )

◀ 주어진 조건에 맞게 알맞은 수를 구하는 문제

1 수진이는 일정한 빠르기로 $7\frac{1}{2}$ km를 걷는 데 2시간 50분이 걸립니다. 수진이가 같은 빠르기로 $\frac{15}{17}$ km를 걸어가려면 몇 분이 걸리겠습니까?

( )

풀이

2 사다리꼴의 높이는 몇 cm입니까?

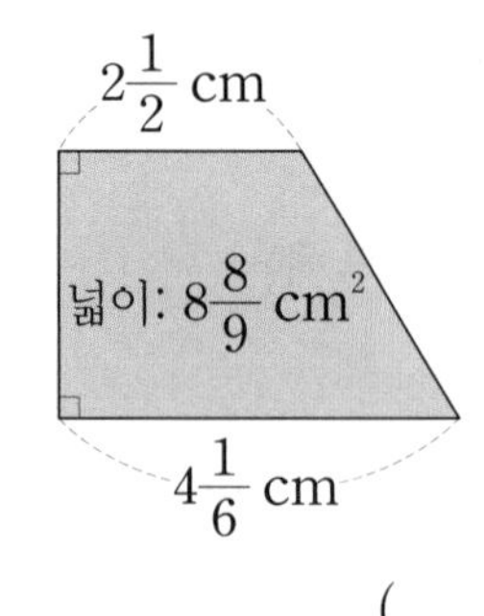

( )

풀이

3 민수는 어머니를 도와 한 상자에 15 kg씩 들어 있는 복숭아 2상자를 팔기로 하였습니다. 복숭아를 한 바구니에 $6\frac{1}{5}$ kg씩 나누어 담아 9000원씩 받고 모두 판다면 바구니에 담은 복숭아를 판 금액은 최대 얼마입니까?

( )

풀이

빠른 정답 1쪽, 정답 및 풀이 11쪽

4 색칠한 부분은 색 테이프 전체 길이의 $\frac{7}{12}$입니다. 이 색 테이프의 전체 길이는 몇 cm입니까?

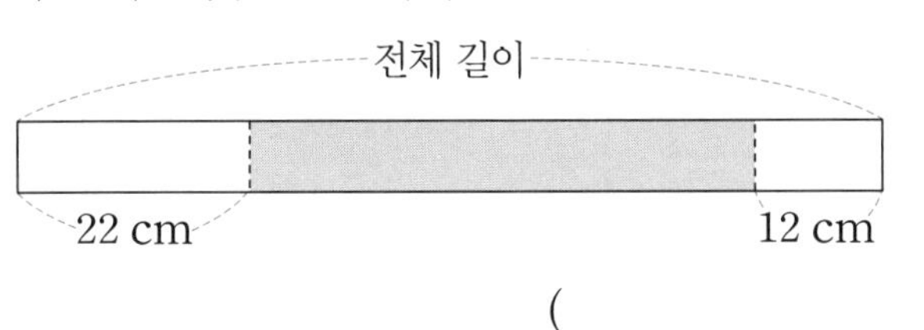

( )

풀이

5 길이가 30 cm인 양초가 있습니다. 예승이가 이 양초에 불을 붙이고 $1\frac{2}{3}$시간이 지난 후 남은 양초의 길이를 재었더니 $22\frac{1}{2}$ cm였습니다. 남은 양초가 다 타려면 몇 시간이 더 걸리겠습니까? (단, 양초는 일정한 빠르기로 탑니다.)

( )

풀이

6 은우네 학교 6학년 학생 수는 작년에 280명에서 올해 250명으로 줄었습니다. 올해 남학생 수는 작년과 같고, 올해 여학생 수는 작년 여학생 수의 $\frac{6}{29}$만큼 줄었습니다. 올해 6학년 남학생은 몇 명입니까?

( )

풀이

7 은주는 같은 길이의 빨간 끈과 파란 끈을 각각 한 개씩 가지고 있습니다. 빨간 끈을 5등분한 것 중 하나는 책꽂이의 높이보다 14 cm 더 짧고, 파란 끈을 3등분한 것 중 하나는 책꽂이의 높이보다 2 cm 더 깁니다. 책꽂이의 높이는 몇 cm입니까?

( )

풀이

코딩형

8 A ◆ B=A÷B+A와 같이 약속합니다. 다음 계산 규칙 상자에 A와 B를 넣어 출력한 값을 다시 A로 입력하여 상자에 넣었습니다. 이때의 출력값은 얼마입니까?

$A=\frac{5}{9}$, $B=\frac{4}{9}$

입력

A ◆ B

출력

( )

풀이

9 ㉮와 ㉯의 계산 결과는 같습니다. □ 안에 알맞은 수를 구하시오.

㉮ $2\frac{2}{5} \div \square \times \frac{1}{4}$ ㉯ $\frac{5}{6} \div 1\frac{2}{3} \times \frac{4}{5}$

( )

풀이

10 각각 일정한 빠르기로 지선이는 $1\frac{1}{7}$ km를 가는 데 $\frac{2}{5}$시간이 걸렸고, 승희는 $4\frac{1}{5}$ km를 가는 데 $3\frac{1}{2}$시간이 걸렸습니다. 같은 빠르기로 두 사람이 같은 곳에서 동시에 출발하여 10 km 떨어진 장소에 간다면 누가 몇 시간 몇 분 더 빨리 도착하는지 차례로 쓰시오.

( ), ( )

풀이

11 동현이의 시계는 하루에 $\frac{1}{6}$분씩 빨라지고, 승미의 시계는 하루에 $\frac{1}{10}$분씩 늦어진다고 합니다. 두 사람이 5월 2일 낮 12시에 시계를 정확히 맞추었다면 두 사람의 시계가 $\frac{4}{15}$시간만큼 차이가 나게 되는 때는 몇 월 며칠 몇 시입니까?

( )

풀이

창의력

12 그림과 같이 삼각형 가, 나, 다는 서로 겹쳐져 있습니다. ㉠의 넓이는 삼각형 나의 넓이의 $\frac{1}{5}$이고, ㉡의 넓이는 삼각형 다의 넓이의 $\frac{4}{7}$입니다. ㉠의 넓이가 ㉡의 넓이의 $\frac{7}{8}$이라면 삼각형 나의 넓이는 삼각형 다의 넓이의 몇 배입니까?

가
㉠
㉡
다
나

( )

풀이

경시문제 유형

13 길이가 다른 3개의 나무막대 ㉮, ㉯, ㉰를 깊이가 일정한 저수지에 수직으로 끝까지 넣었더니 ㉯는 $\frac{2}{9}$만큼, ㉰는 $\frac{5}{12}$만큼 물에 잠겼습니다. (㉮의 길이)+(㉯의 길이)=32 m,
(㉮의 길이)+(㉰의 길이)=25 m일 때 저수지의 물의 깊이는 몇 m입니까? (단, 나무막대의 두께는 생각하지 않습니다.)

( )

풀이

브레인스토밍

Brainstorming **1**

$\frac{나}{가}=1\times\frac{나}{가}=1\div\frac{가}{나}=\frac{1}{\frac{가}{나}}$입니다. 다음 식에서 ㉠, ㉡, ㉢, ㉣에 알맞은 수를 각각 구하시오.

$$\frac{24}{17}=㉠+\cfrac{1}{㉡+\cfrac{1}{㉢+\cfrac{1}{㉣}}}$$

풀이

답 ㉠ ________, ㉡ ________, ㉢ ________, ㉣ ________

Brainstorming **2**

둘레가 $13\frac{1}{2}$ m인 정사각형 모양의 땅 전체에 오른쪽 그림과 같은 방법으로 $\frac{27}{32}$ m 간격마다 나무를 심었습니다. 심은 나무의 수와 같은 수의 나무를 둘레가 $30\frac{5}{9}$ m인 원 모양의 호수 둘레에 일정한 간격으로 심으려고 합니다. 나무와 나무 사이의 간격은 몇 m로 해야 하는지 구하시오. (단, 정사각형의 꼭짓점에는 반드시 나무를 심습니다.)

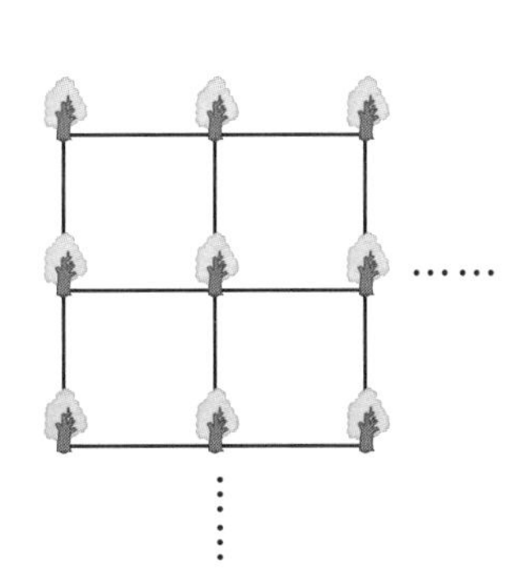

풀이

답 ________

빠른 정답 2쪽, 정답 및 풀이 14쪽

Brainstorming **3**

채민이는 오늘 아침 집에서 학교까지 일정한 빠르기로 걸어서 등교를 하였습니다. 집에서 학교까지의 거리의 $\frac{1}{6}$지점에 우체국이 있고, $\frac{3}{4}$지점에 도서관이 있습니다. 집에서 출발하여 우체국을 지날 때의 시각이 오전 7시 29분이었고, 도서관을 지날 때의 시각이 오전 7시 50분이었습니다. 집에서 학교까지의 거리의 $\frac{8}{9}$지점에 있는 문구점을 지날 때의 시각은 오전 몇 시 몇 분이었는지 구하시오.

풀이

답

경시대회 본선 기출문제

Brainstorming **4**

□ 안에 알맞은 수를 구하시오. (단, □는 1보다 큰 자연수입니다.)

$$\left(\frac{1}{\square}+\frac{2}{\square}+\frac{3}{\square}+\cdots\cdots+\frac{\square-1}{\square}\right)\times\frac{1}{6}=8\frac{3}{4}$$

풀이

답

일주일이 7일인 이유는?

일주일이 월, 화, 수, 목, 금, 토, 일요일로 7일인 것은 누구나 아는 사실입니다.
그럼 언제부터 일주일이 7일이었을까요?

중국이나 이집트, 프랑스에서는 10일을 일주일이라고 생각했고, 고대 로마에서는 8일을 일주일이라고 생각하기도 했지요.

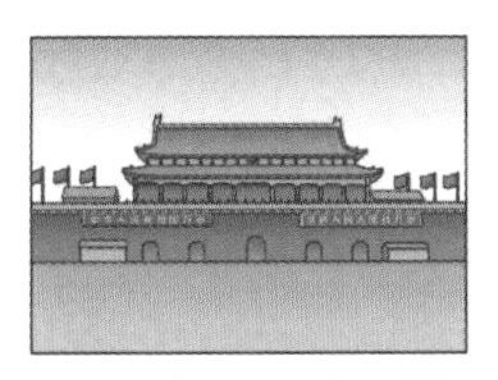

우리가 알고 있는 것처럼 일주일이 7일이 된 것은 기원전 6세기 바빌론에 살았던 유대인들에서부터 비롯된 것입니다. 유대인들은 하나님이 6일 동안 세상을 창조하고, 7일째 안식일로 정했다고 믿기 때문에 일주일을 7일이라고 생각했습니다.

처음에는 제1일, 제2일……로 순서대로 부르다가 고대 로마에서 각 요일을 행성 5개와 해와 달을 더하여 이름을 부르게 되었습니다.

일	월	화	수	목	금	토
〈태양〉	〈달〉	〈화성〉	〈수성〉	〈목성〉	〈금성〉	〈토성〉

소수의 나눗셈

단원의 흐름

이전에 배운 내용 [5-1] 소수의 곱셈, [6-2] 분수의 나눗셈

이번에 배울 내용

- 자연수의 나눗셈을 이용한 (소수)÷(소수)
- 자릿수가 같은 (소수)÷(소수)
- 자릿수가 다른 (소수)÷(소수)
- (자연수)÷(소수)
- 몫을 반올림하여 나타내기
- 나누어 주고 남는 양 알아보기

다음에 배울 내용 [중학교] 유리수의 계산

꼭! 알아야 할 대표 유형

유형 1 도형의 넓이를 이용하여 길이를 구하는 문제

유형 2 어떤 수를 구하는 문제

유형 3 소수의 나눗셈을 활용하는 문제

유형 4 몫이 나누어떨어지지 않는 나눗셈의 몫의 소수 ■째 자리 숫자를 구하는 문제

유형 5 수 카드를 이용하여 나눗셈식을 만들어 몫을 구하는 문제

유형 6 창의 · 융합형 문제

1 (소수)÷(소수) (1) → 자연수의 나눗셈을 이용하기

예 32.4÷0.4, 3.24÷0.04의 계산

$32.4 \div 0.4$ (10배, 10배) → $324 \div 4 = 81$ ➔ $32.4 \div 0.4 = 81$

$3.24 \div 0.04$ (100배, 100배) → $324 \div 4 = 81$ ➔ $3.24 \div 0.04 = 81$

나누어지는 수와 나누는 수에 똑같이 10배 또는 100배 하여 (자연수)÷(자연수)로 계산해도 몫은 같아요.

개념 PLUS

* 단위변환을 이용하여 계산하기

- 32.4÷0.4의 계산
  32.4 cm=324 mm
  0.4 cm=4 mm
  ➔ 32.4÷0.4=324÷4
- 3.24÷0.04의 계산
  3.24 m=324 cm
  0.04 m=4 cm
  ➔ 3.24÷0.04=324÷4

2 (소수)÷(소수) (2) → 자릿수가 같은 (소수)÷(소수)

예 1.68÷0.24의 계산

방법 1 분수의 나눗셈으로 계산하기

$$1.68 \div 0.24 = \frac{168}{100} \div \frac{24}{100} = 168 \div 24 = 7$$

방법 2 세로로 계산하기

$0.24\overline{)1.68}$ ➔ $0.24\overline{)1.68}$ ➔ $24\overline{)168}$ = 7 (168, 0)

나누는 수와 나누어지는 수의 소수점을 오른쪽으로 똑같이 옮겨 계산

개념 PLUS

세로로 계산하는 경우 몫의 소수점은 처음 소수점의 위치가 아닌 옮긴 소수점의 위치에 찍어야 함에 주의합니다.

3 (소수)÷(소수) (3) → 자릿수가 다른 (소수)÷(소수)

예 3.12÷0.6의 계산

방법 1 자연수의 나눗셈을 이용하여 계산하기

$3.12 \div 0.6 = 5.2$ (100배) $312 \div 60 = 5.2$ (100배)

방법 2 세로로 계산하기

$0.6\overline{)3.12}$ ➔ $0.6\overline{)3.12}$ ➔ $6\overline{)31.2}$ = 5.2 (30, 12, 12, 0)

몫을 쓸 때 옮긴 소수점의 위치에 소수점을 찍어.

개념 PLUS

3.12÷0.6의 나누어지는 수와 나누는 수를 각각 10배씩 하여 계산할 수도 있습니다.

$3.12 \div 0.6 = 5.2$ (10배, 10배) → $31.2 \div 6 = 5.2$

1 색 테이프 24.6 cm를 0.6 cm씩 자르려고 합니다. □ 안에 알맞은 수를 써넣으시오.

(1) 24.6 cm=□mm, 0.6 cm=6 mm
색 테이프 24.6 cm를 0.6 cm씩 자르는 것은 색 테이프 □mm를 6 mm씩 자르는 것과 같습니다.

(2) □÷6=□ → 24.6÷0.6=□

2 □ 안에 알맞은 수를 써넣으시오.

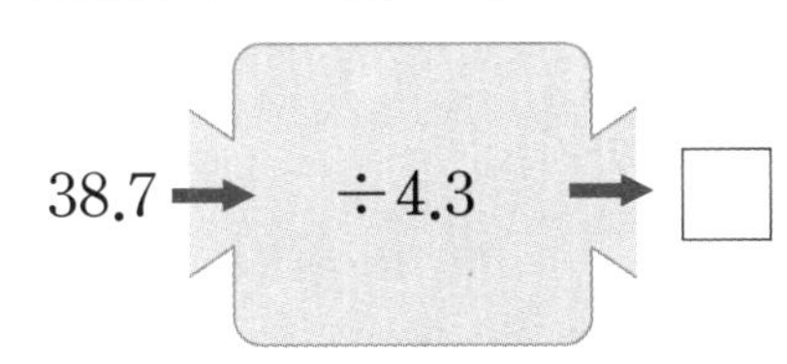

3 큰 수를 작은 수로 나눈 몫을 구하시오.

25.76	4.6

(　　　　　　　　)

4 선주네 집에서 놀이공원까지의 거리는 선주네 집에서 미술관까지의 거리의 몇 배입니까?

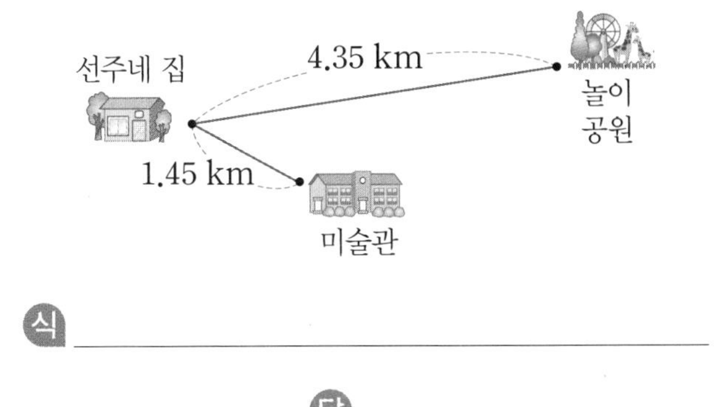

식 ________________

답 ________________

5 빈칸에 알맞은 수를 써넣으시오.

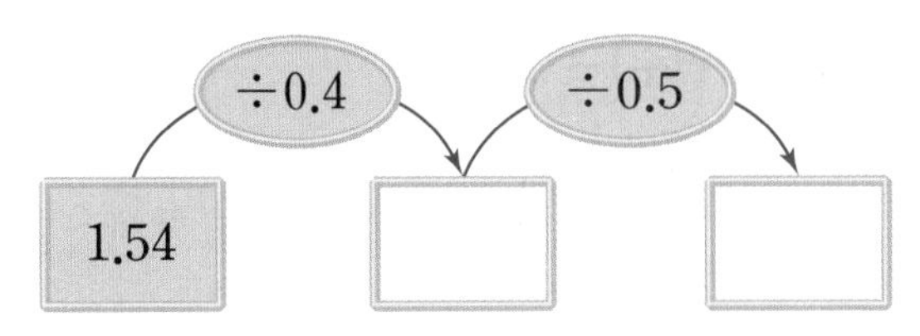

6 몫이 더 작은 것을 찾아 기호를 쓰시오.

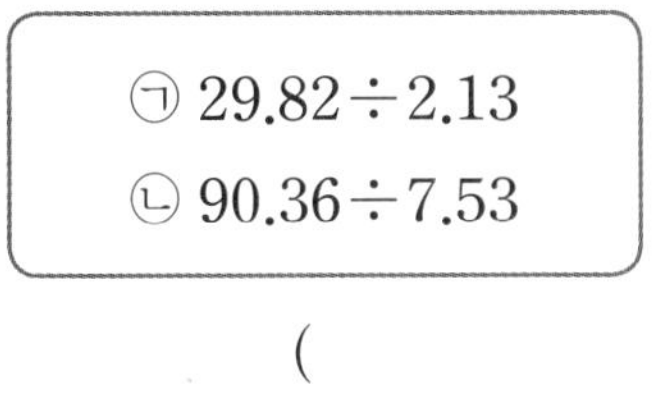

㉠ 29.82÷2.13
㉡ 90.36÷7.53

(　　　　　　　　)

7 어떤 수를 9.7로 나누어야 할 것을 잘못하여 곱했더니 15.52가 되었습니다. 어떤 수를 구하시오.

(　　　　　　　　)

8 **보기**에서 두 소수를 골라 □ 안에 한 번씩만 써넣어 몫이 가장 큰 나눗셈식을 만들려고 합니다. 이 나눗셈식의 몫을 구하시오.

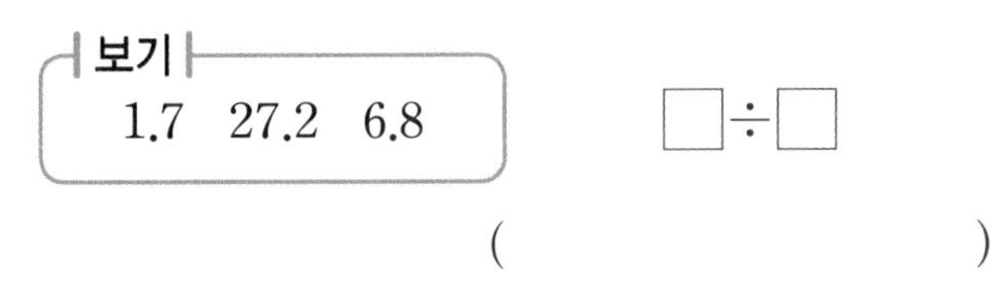

보기
1.7　27.2　6.8

□÷□

(　　　　　　　　)

4 (자연수)÷(소수)

예 17÷3.4의 계산

방법 1 분수의 나눗셈으로 계산하기

$$17\div3.4=\frac{170}{10}\div\frac{34}{10}=170\div34=5$$

방법 2 세로로 계산하기

$3.4\overline{)17}$ ➔ $3.4\overline{)17.0}$ ➔ $34\overline{)170}$, 몫 5, 170, 0

나누는 수가 자연수가 되도록 나누어지는 수와 나누는 수의 소수점을 오른쪽으로 똑같이 옮겨서 계산해.

5 몫을 반올림하여 나타내기

몫이 나누어떨어지지 않을 때는 구하려는 자리보다 한 자리 아래까지 몫을 구해 반올림합니다.

예 4.3÷3의 계산

$4.3\div3=1.433\cdots\cdots$

(1) 몫을 반올림하여 소수 첫째 자리까지 나타내기

➔ $1.43\cdots\cdots\rightarrow1.4$

└ 5보다 작은 수이므로 버립니다.

(2) 몫을 반올림하여 소수 둘째 자리까지 나타내기

➔ $1.433\cdots\cdots\rightarrow1.43$

6 나누어 주고 남는 양 알아보기

예 물 19.4 L를 한 사람에게 6 L씩 나누어 줄 때 나누어 줄 수 있는 사람 수, 남는 물의 양 구하기

방법 1 뺄셈식으로 구하기

$19.4-6-6-6=1.4$

3번 → 나누어 줄 수 있는 사람 수, 1.4 → 남는 물의 양

방법 2 나눗셈으로 구하기

$6\overline{)19.4}$, 몫 3 → 나누어 줄 수 있는 사람 수, 18, 1.4 → 남는 물의 양

➔ 3명에게 나누어 줄 수 있고 남는 물의 양은 1.4 L입니다.

주의 나눗셈으로 계산할 때 사람 수는 자연수이므로 몫을 자연수까지만 구합니다.

개념 PLUS

* 자연수의 나눗셈을 이용하여 계산하기

$17\div3.4=2$ → 10배 → $170\div34=5$ (17과 3.4를 각각 10배)

중1 연계

* 무한소수: 소수점 아래에 0이 아닌 숫자가 무한이 계속되는 수

예 $2.89451382\cdots\cdots$

* 순환소수: 소수점 아래 어떤 자리에서부터 같은 숫자가 규칙적으로 반복되는 무한소수

예 $2.2323\cdots\cdots$

1 □ 안에 알맞은 수를 써넣으시오.

$105 \div 21 = 5$

$105 \div 2.1 = \square$

$105 \div 0.21 = \square$

2 몫을 반올림하여 소수 둘째 자리까지 나타내시오.

$7.9 \div 3$

(　　　　　　　　)

3 계산 결과를 비교하여 ○ 안에 $>$, $=$, $<$를 알맞게 써넣으시오.

69÷7의 몫을 반올림하여 자연수로 나타낸 수 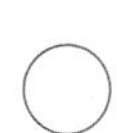 69÷7

4 찹쌀가루 21.4 g으로 꽈배기 한 개를 만들 수 있습니다. 찹쌀가루 749 g으로 만들 수 있는 꽈배기는 몇 개입니까?

식 ______________________

답 ______________

5 빈칸에 알맞은 수를 써넣으시오.

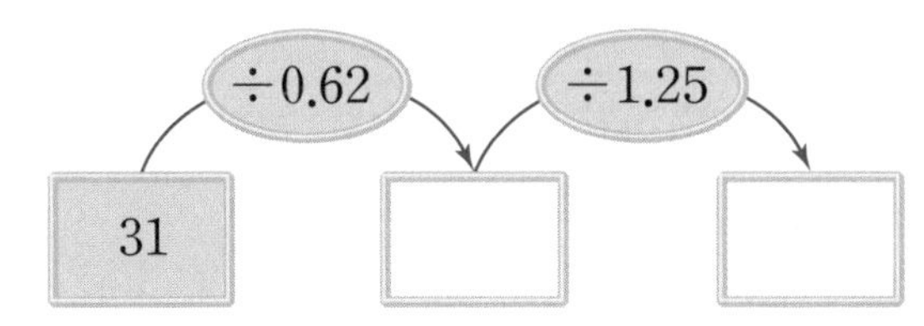

6 금 3 g으로 귀걸이 한 개를 만든다고 합니다. 금 80.6 g으로는 귀걸이를 몇 개까지 만들 수 있고 남는 금은 몇 g인지 차례로 구하시오.

(　　　　　　　　), (　　　　　　　　)

7 일정한 빠르기로 1시간 15분 동안 70 km를 달리는 버스가 있습니다. 이 버스가 같은 빠르기로 1시간 동안 달리면 몇 km를 갈 수 있습니까?

(　　　　　　　　)

8 밀가루 30.2 kg을 한 봉지에 6 kg씩 나누어 담으려고 합니다. 나누어 담을 수 있는 봉지 수와 남는 밀가루의 양을 두 가지 방법으로 구하시오.

방법 1

나누어 담을 수 있는 봉지 수: □봉지

남는 밀가루의 양: □ kg

방법 2

나누어 담을 수 있는 봉지 수: □봉지

남는 밀가루의 양: □ kg

1 (소수 한 자리 수)÷(소수 한 자리 수)

나눗셈에서 나누어지는 수가 같으면 나누는 수가 더 작은 식의 몫이 더 큽니다.

예 $4.8 \div 0.8 = 6$

$4.8 \div 1.2 = 4$

➔ 나누어지는 수가 같고 나누는 수가 $0.8 < 1.2$이므로 $4.8 \div 0.8$의 몫이 더 큽니다.

❶ 개념 플러스 문제

몫이 가장 큰 것을 찾아 기호를 쓰시오.

㉠ $9.6 \div 0.4$
㉡ $9.6 \div 1.6$
㉢ $9.6 \div 1.2$

( )

2 자릿수가 같은 (소수)÷(소수)

■는 ▲의 몇 배입니까?
➔ ■÷▲

예 포도의 무게가 2.52 kg, 귤의 무게가 0.21 kg일 때 포도의 무게는 귤의 무게의 몇 배입니까?

➔ $2.52 \div 0.21 = 12$(배)

❷ 개념 플러스 문제

성연이의 몸무게는 41.84 kg, 고양이의 무게는 5.23 kg입니다. 성연이의 몸무게는 고양이의 무게의 몇 배입니까?

( )

3 자릿수가 다른 (소수)÷(소수)

세로로 계산할 경우 나누어지는 수와 나누는 수의 소수점을 오른쪽으로 똑같이 옮겨 계산합니다.

예

$5.4\overline{)19.98}$ ➔ $54\overline{)199.8}$

나누는 수가 자연수가 되도록 소수점을 옮깁니다.

```
        3.7
54 ) 199.8
     162
      378
      378
        0
```

몫을 쓸 때에는 옮긴 소수점의 위치에 소수점을 찍습니다.

❸ 개념 플러스 문제

잘못 계산한 곳을 찾아 바르게 고치시오.

```
       0.63
2.4 ) 15.12
      14 4
        72
        72
         0
```

➔

$2.4\overline{)15.12}$

4 나누어지는 수, 나누는 수, 몫의 관계

• 나누어지는 수가 같을 때

■÷▲=★
■÷0.▲=★0
■÷0.0▲=★00

➔ 나누는 수가 $\frac{1}{10}$배씩 작아지면 몫은 10배씩 커집니다.

• 나누는 수가 같을 때

0.0■÷0.0▲=★
0.■÷0.0▲=★0
■÷0.0▲=★00

➔ 나누어지는 수가 10배씩 커지면 몫도 10배씩 커집니다.

4 개념 플러스 문제

□ 안에 알맞은 수를 써넣으시오.

(1) $72 \div 6 =$ □

$72 \div 0.6 =$ □

$72 \div 0.06 =$ □

(2) $2.46 \div 0.06 =$ □

$24.6 \div 0.06 =$ □

$246 \div 0.06 =$ □

5 몫을 반올림하여 나타내기

• 몫을 반올림하여 나타내기

└→ 반올림: 구하려는 자리 바로 아래 자리의 숫자가 0, 1, 2, 3, 4이면 버리고, 5, 6, 7, 8, 9이면 올리는 방법

소수 첫째 자리까지: 소수 둘째 자리에서 반올림
소수 둘째 자리까지: 소수 셋째 자리에서 반올림

5 개념 플러스 문제

배의 무게는 사과의 무게의 몇 배인지 반올림하여 소수 둘째 자리까지 나타내시오.

배: 3.2 kg, 사과: 3 kg

(　　　　　　　　)

6 나눗셈의 몫을 자연수 부분까지 구하기

~개까지 ~ 할 수 있습니까?
➔ 몫을 자연수 부분까지 구합니다.

예 상자 하나를 묶는 데 끈 2 m가 필요하다고 합니다. 끈 4.7 m로는 같은 상자를 몇 개까지 묶을 수 있고 남는 끈은 몇 m입니까?

$$\begin{array}{r} 2 \\ 2\overline{)4.7} \\ 4 \\ \hline 0.7 \end{array}$$

➔ 2개까지 묶을 수 있고 0.7 m가 남습니다.

6 개념 플러스 문제

상자 하나를 포장하는 데 리본이 3 m 필요합니다. 길이가 76.8 m인 리본으로 같은 상자를 몇 개까지 포장할 수 있고 남는 리본은 몇 m인지 구하시오.

➔ 상자를 □개까지 포장할 수 있고 남는 리본은 □m입니다.

2 단원 소수의 나눗셈

대표 유형 1 도형의 넓이를 이용하여 길이를 구하는 문제

오른쪽은 가로가 6.7 cm, 넓이가 33.5 cm^2인 직사각형입니다. 이 직사각형의 세로는 몇 cm입니까?

6.7 cm
넓이: 33.5 cm^2

문제해결 Key

(직사각형의 넓이)
=(가로)×(세로)임을
이용하여 직사각형의
세로를 구합니다.

(1) 직사각형의 세로를 ■ cm라 할 때 □ 안에 알맞은 수를 써넣으시오.

(직사각형의 넓이)=6.7×■=□(cm^2)

(2) 직사각형의 세로는 몇 cm입니까?

(　　　　　　)

체크 1-1 세로가 2.9 cm, 넓이가 13.92 cm^2인 직사각형입니다. 이 직사각형의 가로는 몇 cm입니까?

넓이:
13.92 cm^2
2.9 cm

(　　　　　　)

체크 1-2 밑변의 길이가 8.4 cm, 넓이가 45.36 cm^2인 평행사변형입니다. 이 평행사변형의 높이는 몇 cm입니까?

넓이: 45.36 cm^2
8.4 cm

(　　　　　　)

대표 유형 2 어떤 수를 구하는 문제

어떤 수를 8로 나누어 몫을 자연수 부분까지 구하면 몫은 6이고 1.7이 남습니다. 어떤 수를 구하시오.

문제해결 Key
(나누는 수)×(몫)에 남는 양을 더하면 어떤 수가 됩니다.

(1) 어떤 수를 ■라 할 때 □ 안에 알맞은 수를 써넣으시오.

■÷8을 계산하면 몫은 6이고, 남는 양은 □입니다.

(2) 어떤 수를 구하시오.

(　　　　　　)

체크 2-1 어떤 수를 4로 나누어 몫을 자연수 부분까지 구하면 몫은 4이고 2.3이 남습니다. 어떤 수를 구하시오.

(　　　　　　)

체크 2-2 어떤 수를 7로 나누어 몫을 자연수 부분까지 구하면 몫은 3이고 1.4가 남습니다. 어떤 수를 구하시오.

(　　　　　　)

체크 2-3 어떤 수를 3으로 나누어 몫을 자연수 부분까지 구하면 몫은 14이고 0.7이 남습니다. 어떤 수는 얼마인지 풀이 과정을 쓰고 답을 구하시오. 5점

풀이

답

대표 유형 3 소수의 나눗셈을 활용하는 문제

길이가 15.12 m인 도로 한쪽에 0.42 m 간격으로 처음부터 끝까지 깃발을 세웠습니다. 세운 깃발은 모두 몇 개입니까? (단, 깃발의 두께는 생각하지 않습니다.)

문제해결 Key

- 먼저 깃발 사이의 간격 수를 구합니다.
- (깃발의 수) =(깃발 사이의 간격 수)+1

(1) 깃발 사이의 간격 수는 몇 군데입니까?

( )

(2) 도로 한쪽에 처음부터 끝까지 세운 깃발은 모두 몇 개입니까?

( )

체크 3-1

길이가 0.6 km인 도로 한쪽에 2.5 m 간격으로 처음부터 끝까지 가로등을 세웠습니다. 세운 가로등은 모두 몇 개입니까? (단, 가로등의 두께는 생각하지 않습니다.)

( )

체크 3-2

길이가 0.56 km인 도로 양쪽에 1.4 m 간격으로 처음부터 끝까지 나무를 심었습니다. 심은 나무는 모두 몇 그루인지 풀이 과정을 쓰고 답을 구하시오. (단, 나무의 두께는 생각하지 않습니다.) 5점

풀이

답

대표 유형 4 몫이 나누어떨어지지 않는 나눗셈의 몫의 소수 ■째 자리 숫자를 구하는 문제

다음 나눗셈의 몫의 소수 100째 자리 숫자를 구하시오.

$8.9 \div 3$

문제해결 Key

나눗셈의 몫을 구하여 몫에서 반복되는 숫자를 찾습니다.

(1) 몫을 소수 넷째 자리까지 구하시오.

( )

(2) 몫의 소수 둘째 자리부터 반복되는 숫자를 구하시오.

( )

(3) 몫의 소수 100째 자리 숫자를 구하시오.

( )

체크 4-1 다음 나눗셈의 몫의 소수 55째 자리 숫자를 구하시오.

$7.1 \div 11$

( )

체크 4-2 다음 나눗셈의 몫을 반올림하여 소수 99째 자리까지 나타내었을 때 몫의 소수 99째 자리 숫자를 구하시오.

$41.9 \div 0.9$

( )

대표 유형 5 수 카드를 이용하여 나눗셈식을 만들어 몫을 구하는 문제

4장의 수 카드 3, 7, 8, 9를 □ 안에 한 번씩만 넣어 몫이 가장 크게 되도록 나눗셈식을 완성하고 몫을 구하시오.

0.□) □.□□

문제해결 Key

나눗셈식을 만들 때 먼저 몫이 가장 크게 되도록 나누어지는 수를 정합니다.

(1) 몫이 가장 크게 되도록 나눗셈식을 만들 때 나누어지는 수는 얼마입니까?

( )

(2) 몫이 가장 크게 되도록 나눗셈식을 만들 때 나누는 수는 얼마입니까?

( )

(3) 몫이 가장 크게 되도록 위의 나눗셈식을 완성하고 몫을 구하시오.

( )

체크 5-1

4장의 수 카드 1, 3, 5, 9를 □ 안에 한 번씩만 넣어 몫이 가장 작게 되도록 나눗셈식을 완성하고 몫을 구하시오.

0.□) □.□□

( )

체크 5-2

5장의 수 카드 7, 0, 6, 2, 8을 □ 안에 한 번씩만 넣어 몫이 가장 크게 되도록 나눗셈식을 만들고 몫을 구하시오.

□.□□ ÷ □.□

( )

대표 유형 6 창의 · 융합형 문제

다음과 같은 음표에 따른 박자표를 이용하여 오선지에 음표를 그리려고 합니다. 첫째 마디에 ♩(4분음표)를 한 개 그렸습니다. ♪.(점8분음표)만을 더 그려서 첫째 마디를 완성하려면 ♪.(점8분음표)를 몇 개 그려야 합니까? (단, $\frac{4}{4}$박자에서 위의 숫자 4는 마디당 4박자임을 나타내고, 아래 숫자 4는 한 박이 ♩(4분음표)임을 나타냅니다.)

음표	𝅗𝅥(2분음표)	♩.(점4분음표)	♩(4분음표)	♪.(점8분음표)	♪(8분음표)
박자	2박자	1.5박자	1박자	0.75박자	0.5박자

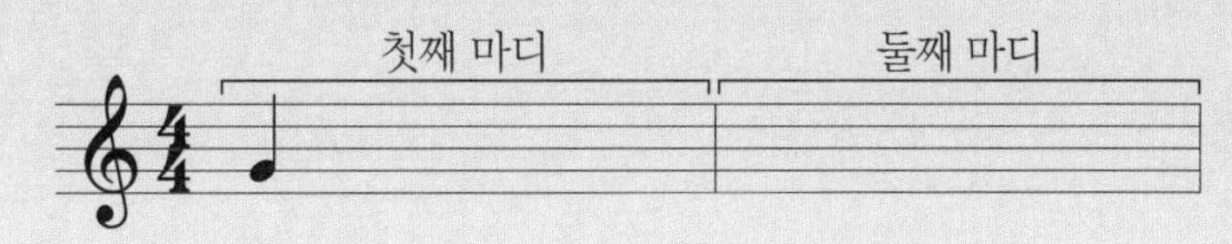

문제해결 Key

먼저 4박자에서 ♩의 박자 수를 제외한 남은 박자 수를 구합니다.

(1) ♩(4분음표)는 몇 박자입니까?

( )

(2) 첫째 마디에 더 그려야 할 박자는 몇 박자입니까?

( )

(3) ♪.(점8분음표)만을 더 그려서 첫째 마디를 완성하려면 ♪.(점8분음표)를 몇 개 그려야 합니까?

( )

체크 6-1

다음과 같은 음표에 따른 박자표를 이용하여 오선지에 음표를 그리려고 합니다. 둘째 마디에 ♪(8분음표)를 두 개 그렸습니다. ♩.(점4분음표)만을 더 그려서 둘째 마디를 완성하려면 ♩.(점4분음표)를 몇 개 그려야 합니까? (단, $\frac{4}{4}$박자에서 위의 숫자 4는 마디당 4박자임을 나타내고, 아래 숫자 4는 한 박이 ♩(4분음표)임을 나타냅니다.)

음표	𝅗𝅥(2분음표)	♩.(점4분음표)	♩(4분음표)	♪.(점8분음표)	♪(8분음표)
박자	2박자	1.5박자	1박자	0.75박자	0.5박자

( )

1 ㉠과 ㉡에 알맞은 수를 각각 구하시오.

◀ 곱셈과 나눗셈의 관계를 이용하여 어떤 수를 구하는 문제

$5.92 \div \boxed{㉠} = 1.6$

$2.7 \times \boxed{㉡} = 9.18$

㉠ ( )

㉡ ( )

창의 · 융합

2 타조알은 모든 알 가운데 가장 크고 한 개의 무게가 약 2 kg에 달한다고 합니다. 타조알과 달걀의 단면의 길이를 비교해 보려고 합니다. 그림과 같이 타조알의 단면의 길이는 12.5 cm이고 달걀은 3 cm입니다. 타조알의 단면의 길이는 달걀의 단면의 길이의 몇 배인지 반올림하여 소수 18째 자리까지 나타낼 때, 소수 18째 자리 숫자를 구하시오.

◀ 반올림하여 나타낸 몫의 소수 ■째 자리 숫자를 구하는 문제

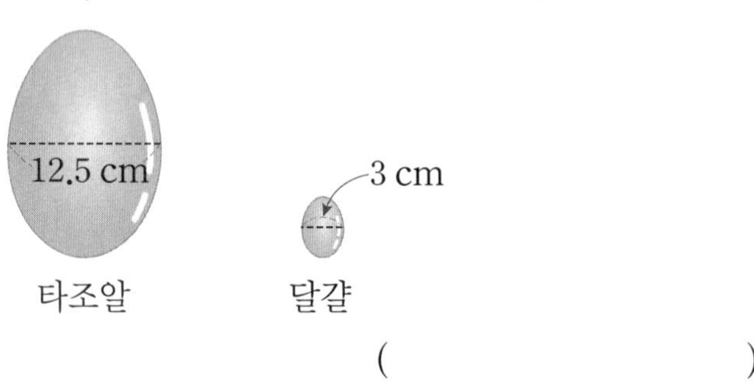

( )

3 물통에 물이 62.56 L 들어 있습니다. 이 물통에 있는 물을 하루에 5 L씩 쓴다면 며칠 만에 물을 모두 쓰게 됩니까?

◀ 몫을 자연수 부분까지 구했을 때 남는 양의 활용 문제

( )

4 □ 안에 들어갈 수 있는 자연수는 모두 몇 개입니까?

$41.04 \div 5.4 < \square < 45.6 \div 2.4$

(　　　　　　　　)

◀ 소수의 나눗셈을 이용하여 조건에 알맞은 수의 개수를 구하는 문제

5 넓이가 $32.94\ \mathrm{cm}^2$인 마름모입니다. □ 안에 알맞은 수를 구하시오.

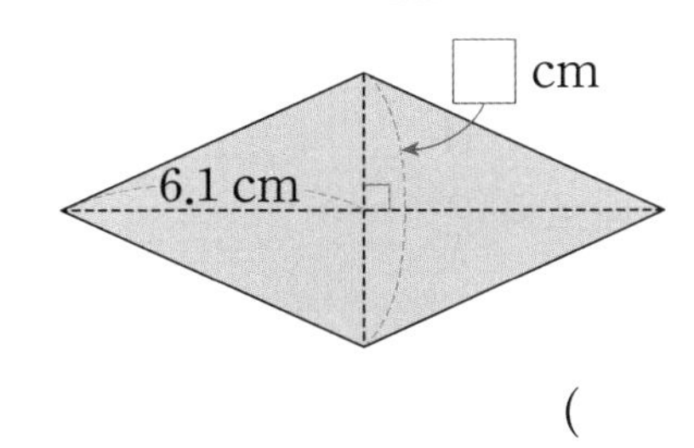

(　　　　　　　　)

◀ 도형의 넓이를 이용하여 길이를 구하는 문제

6 7장의 수 카드 중 6장을 뽑아 □ 안에 한 번씩만 넣어 몫이 가장 크게 되도록 나눗셈식을 만들고 몫을 구하시오.

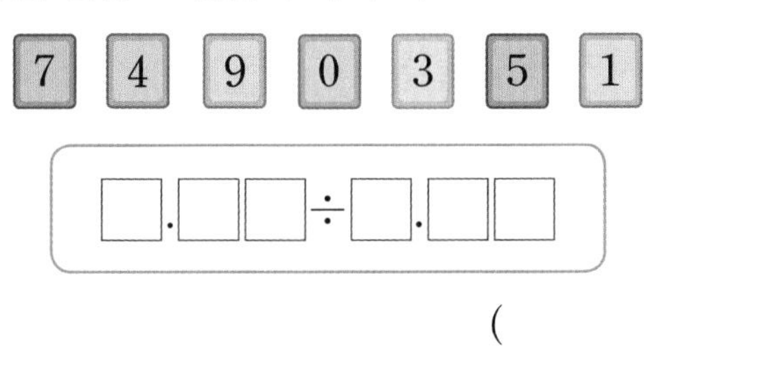

(　　　　　　　　)

◀ 수 카드를 이용하여 나눗셈식을 만들어 몫을 구하는 문제

1 1.3 L들이 그릇으로 물을 가득 채워 42번 부었더니 빈 물탱크가 가득 찼습니다. 이 물탱크의 물을 들이가 2 L인 그릇으로 가득 채워 퍼 낸다면 몇 번까지 퍼낼 수 있고, 몇 L가 남는지 차례로 구하시오.

( ), ( )

풀이

경시문제 유형

2 다음 나눗셈의 몫이 소수 첫째 자리에서 나누어떨어지도록 나누어지는 수에서 얼마를 빼려고 합니다. 될 수 있는 대로 작은 수를 빼려면 얼마를 빼야 하는지 구하시오.

$26.32 \div 3.6$

( )

풀이

3 휘발유 23.02 L로 460.4 km를 달리는 자동차가 있습니다. 이 자동차가 65 km를 달리려고 하는데 휘발유가 2.5 L 있다면 더 필요한 휘발유는 몇 L입니까?

( )

풀이

4 길이가 15.9 cm인 양초가 있습니다. 이 양초에 불을 붙이면 일정한 빠르기로 10분에 0.18 cm씩 탑니다. 양초에 불을 붙인 다음 몇 시간 몇 분 만에 양초의 길이가 9.96 cm가 되겠습니까?

( )

풀이

5 두 변의 길이가 0.25 m로 같은 왼쪽의 이등변삼각형 모양의 타일을 오른쪽과 같은 직사각형 모양의 바닥에 빈틈없이 이어 붙이려고 합니다. 타일은 몇 장 필요합니까?

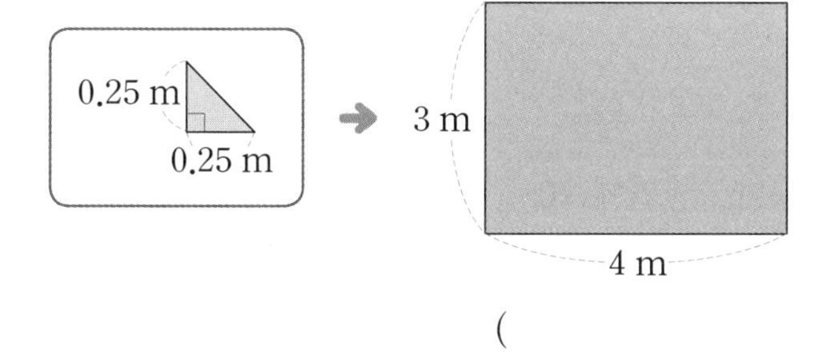

( )

풀이

6 어떤 물건을 원가의 0.4배만큼 이익을 붙여 정가를 매겼습니다. 이 물건을 정가의 0.15배만큼 할인하여 팔면 3800원의 이익이 생긴다고 합니다. 이 물건의 원가는 얼마입니까?

( )

풀이

7 색칠한 도형은 넓이가 $10.656\,m^2$인 사다리꼴입니다. 이 사다리꼴의 높이가 3.2 m이고 윗변의 길이가 2.52 m일 때 선분 ㄱㄴ의 길이는 몇 m입니까?

2.52 m ㄱ ㄴ
3.2 m
$10.656\,m^2$

(　　　　　　　　　　)

풀이

코딩형

8 다음은 나눗셈 과정을 순서도로 나타낸 것입니다. □ 안에 20 이상 30 이하인 5의 배수를 차례로 한 개씩 넣을 때 출력되는 값의 합은 얼마입니까?

시작
↓
□ 입력
↓
□ ÷ 2.5
↓
몫을 출력
↓
끝

(　　　　　　　　　　)

풀이

9 지구와 다른 행성에서 무게를 재면 중력이 다르기 때문에 무게가 다르게 나타납니다. 지구에서 32 kg인 수지의 몸무게를 A 행성에서 재면 지구에서 잰 몸무게의 몇 배인 48 kg이 되고 B 행성에서 재면 지구에서 잰 몸무게의 0.85배가 됩니다. 수지의 어머니가 B 행성에서 잰 몸무게가 41.65 kg이라면 A 행성에서 잰 몸무게는 몇 kg입니까?

( )

풀이

10 나눗셈의 몫을 반올림하여 소수 첫째 자리까지 나타내면 0.6입니다. 0부터 9까지의 숫자 중에서 □ 안에 알맞은 숫자를 모두 구하시오.

2.□3÷4

( )

풀이

11 그림에서 삼각형 ㄱㄴㄷ의 넓이는 삼각형 ㄹㅁㄷ의 넓이의 1.25배입니다. 삼각형 ㄱㄴㄷ의 넓이가 13.44 cm^2라면 선분 ㄴㅁ의 길이는 몇 cm입니까?

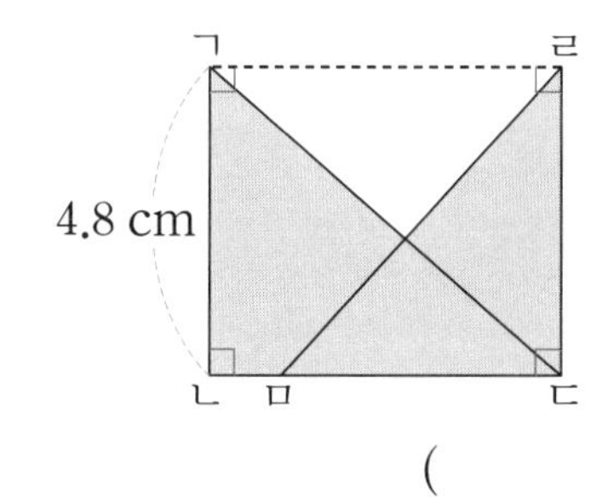

( )

풀이

12 떨어뜨린 높이의 0.8배만큼 튀어 오르는 공이 있습니다. 이 공을 다음 그림과 같이 떨어뜨렸을 때 세 번째 튀어 오른 높이는 가장 높은 계단보다 49.24 cm 높았습니다. □ 안에 알맞은 수를 구하시오.

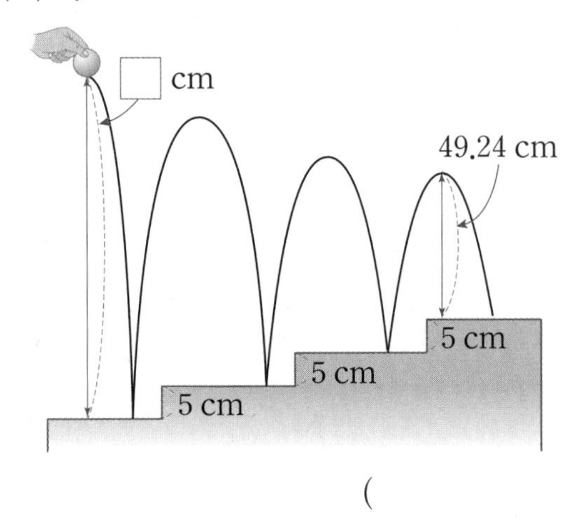

( )

풀이

13 길이가 81.4 m인 기차가 일정한 빠르기로 한 시간에 147.6 km씩 달리고 있습니다. 이 기차가 길이가 720 m인 터널을 완전히 통과하는 데 걸리는 시간은 몇 초인지 반올림하여 자연수로 나타내시오.

( )

풀이

Brainstorming **1**

가 ◉ 나의 계산을 **보기** 와 같이 약속할 때 다음의 계산 결과를 반올림하여 소수 넷째 자리까지 구하시오.

보기

가>나일 때, 가 ◉ 나$=\dfrac{가\div 나}{가-나}$

가<나 또는 가=나일 때, 가 ◉ 나$=\dfrac{가\div 나}{가+나}$

(6 ◉ 2) ◉ (4 ◉ 16)

풀이

답 ____________

Brainstorming **2**

오른쪽 사다리꼴 ㄱㄴㄷㄹ의 넓이는 $32.4\,cm^2$이고, 삼각형 ㄱㄴㄷ의 넓이는 삼각형 ㄱㄷㄹ의 넓이의 1.5배입니다. □ 안에 알맞은 수를 구하시오.

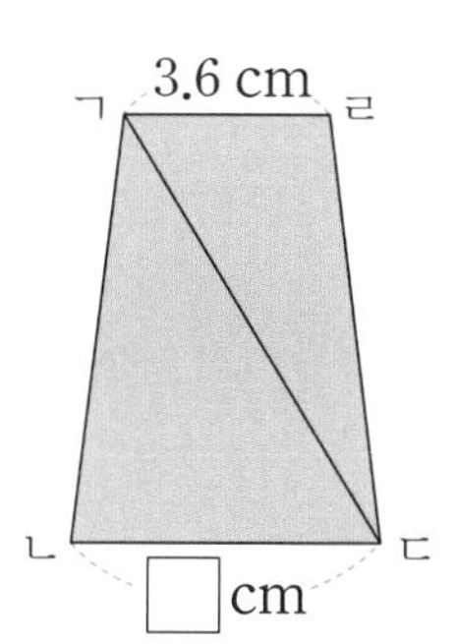

풀이

답 ____________

Brainstorming **3**

한 시간에 2.5 km의 빠르기로 강물이 흐르는 강의 상류와 하류에 각각 가와 나 마을이 있습니다. 배가 강을 따라 내려갈 때의 빠르기는 올라갈 때의 빠르기의 1.2배라고 합니다. 이 배가 가와 나 마을 사이를 왕복하는 데 1시간 50분이 걸렸다면 가와 나 두 마을 사이의 거리는 몇 km인지 구하시오.

풀이

경시대회 본선 기출문제

Brainstorming **4**

1부터 9까지의 수 카드가 한 장씩 있습니다. 그중 3장을 뽑아 가장 큰 수를 자연수로 하는 대분수를 만들려고 합니다. 만들 수 있는 대분수 중에서 분자를 분모로 나누었을 때 몫이 소수로 나누어떨어지는 대분수의 합을 ●, 분자를 분모로 나누었을 때 몫이 소수로 나누어떨어지지 않는 대분수의 합을 ▲라고 합니다. 이때 ●÷▲의 몫을 반올림하여 소수 첫째 자리까지 나타내시오. (단, 만들 수 있는 대분수의 분수 부분은 기약분수입니다.)

풀이

답 ____________

계산을 싫어한 수학자 푸앵카레

수학자라면 당연히 어렸을 때부터 수학을 잘했을 거라 생각하겠지만 그렇지 않은 수학자도 있답니다. 바로, 프랑스의 유명한 수학자이자 과학자인 푸앵카레 이야기예요. 푸앵카레는 몇 년 전에 읽은 책의 몇 쪽에 무슨 내용이 있다는 것까지 기억할 정도로 머리가 매우 좋았다고 합니다. 하지만 수학 문제를 계산할 때 실수를 많이 했다고 해요.

푸앵카레는 수학을 좋아했지만 계산을 싫어했어요.
하지만 대학 졸업 후 위상수학이라는 학문을 연구하여 수학의 발전에 큰 공을 세웠다고 해요.
푸앵카레는 눈앞의 계산보다 수학의 전반적인 숨은 질서를 찾는 것을 더 중요하다고 생각했대요.
그리고 이런 생각을 다른 학문에도 적용하여 양자 이론, 상대성 이론 등 우리가 한번쯤은 들어본 유명한 이론을 발전시키는 데 공헌했어요. 그리고 수학과 과학을 널리 알리는 데 힘썼답니다.

공간과 입체

단원의 흐름

이전에 배운 내용 [5-2] 직육면체, [6-1] 직육면체의 부피와 겉넓이

이번에 배울 내용

여러 방향에서 본 모양 알아보기

쌓은 모양과 쌓기나무의 개수 알아보기 (1), (2), (3), (4)

여러 가지 모양 만들기

다음에 배울 내용 [6-2] 원기둥, 원뿔, 구

꼭! 알아야 할 대표 유형

유형 1 쌓기나무의 개수가 주어질 때 위, 앞, 옆에서 본 모양을 그리는 문제

유형 2 각 층에 쌓은 쌓기나무의 개수를 구하는 문제

유형 3 빼내거나 더 필요한 쌓기나무의 개수를 구하는 문제

유형 4 쌓기나무가 가장 적을 때 또는 가장 많을 때의 개수를 구하는 문제

유형 5 창의 · 융합형 문제

유형 6 쌓기나무 1개를 더 붙여서 만들 수 있는 모양의 가짓수를 구하는 문제

1 물건을 여러 방향에서 본 모양

• 보는 위치와 방향에 따라 보이는 모습이 다릅니다.

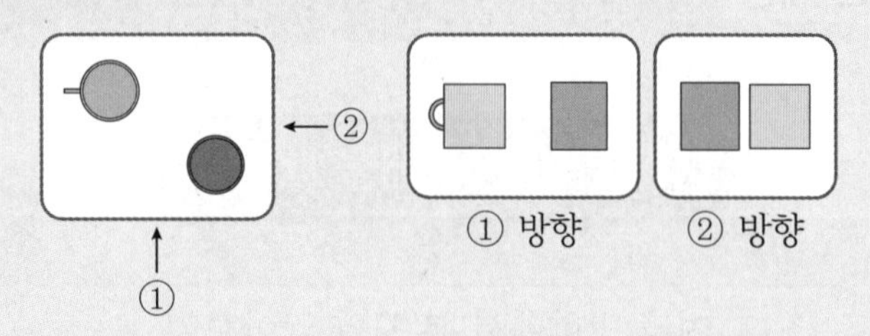

2 쌓은 모양과 쌓기나무의 개수 알아보기 (1)

• 쌓은 모양과 위에서 본 모양을 보고, 쌓기나무의 개수를 알 수 있습니다.

위에서 본 모양을 보면 뒤쪽에 숨겨진 쌓기나무가 없습니다.

➔ (쌓기나무의 개수)=6개

3 쌓은 모양과 쌓기나무의 개수 알아보기 (2)

(1) 쌓기나무로 쌓은 모양을 위, 앞, 옆에서 본 모양 그리기

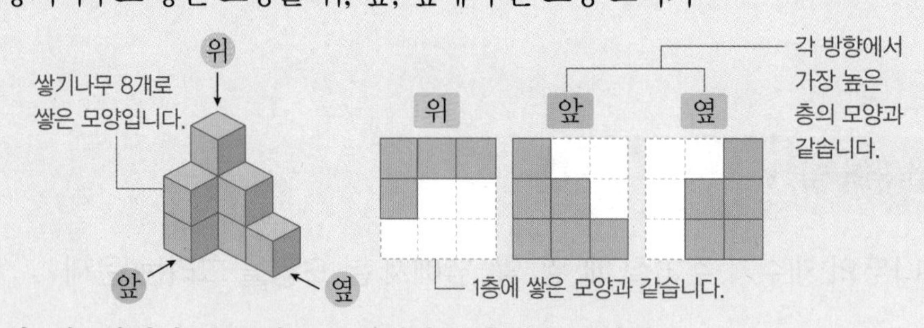

(2) 위, 앞, 옆에서 본 모양으로 쌓기나무의 개수 구하기

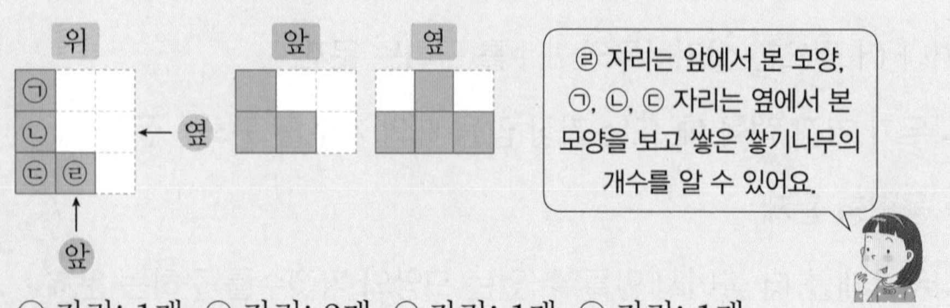

㉠ 자리: 1개, ㉡ 자리: 2개, ㉢ 자리: 1개, ㉣ 자리: 1개

➔ (쌓기나무의 개수)$=1+2+1+1=5$(개)

초6-2 연계

＊ 입체도형을 위, 앞, 옆에서 본 모양

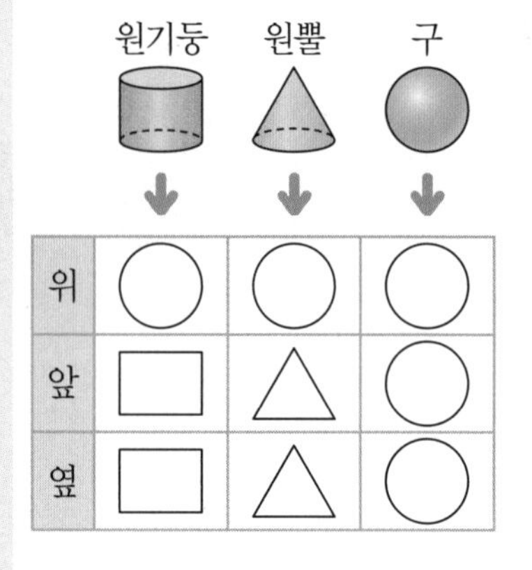

개념 PLUS

위에서 본 모양과 쌓은 모양에서 보이는 위의 면들이 서로 다르면 뒤에 보이지 않는 쌓기나무가 있습니다.

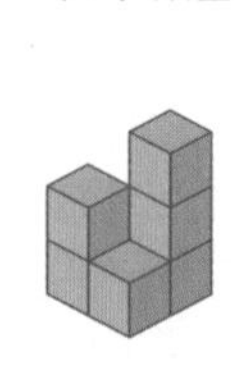
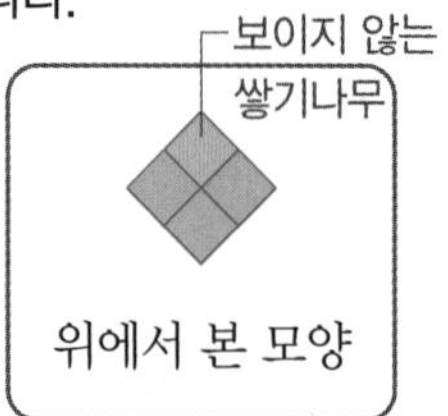

➔ 뒤쪽에 보이지 않는 쌓기나무가 1개 있습니다.

1 건물을 여러 방향에서 사진을 찍었습니다. 각 사진은 어느 방향에서 찍은 것인지 찾아 번호를 쓰시오.

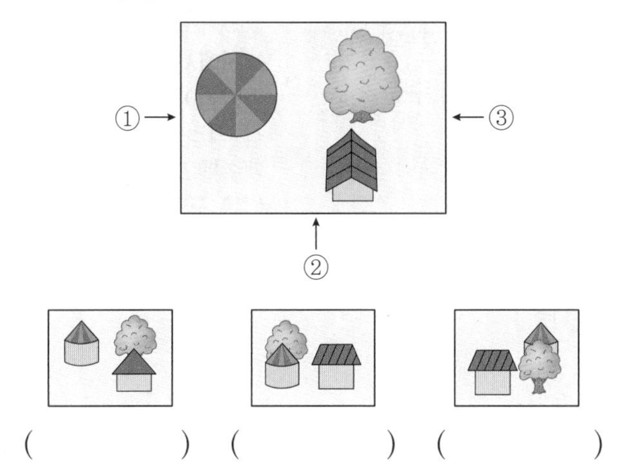

( ) ( ) ( )

2 쌓기나무로 쌓은 모양과 위에서 본 모양입니다. 앞과 옆에서 본 모양을 각각 그리시오.

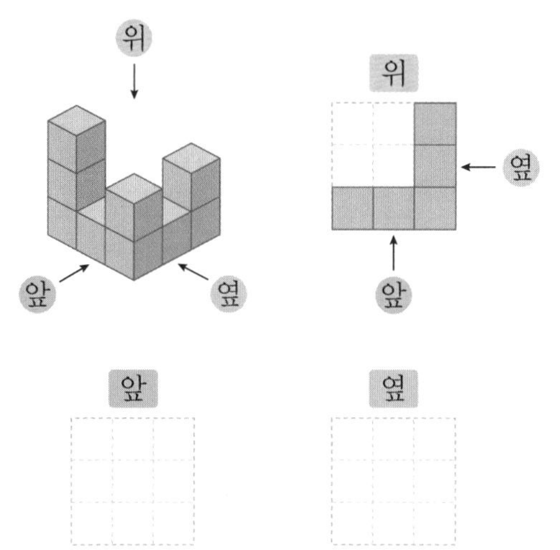

3 주어진 모양과 똑같이 쌓는 데 필요한 쌓기나무의 개수를 구하시오.

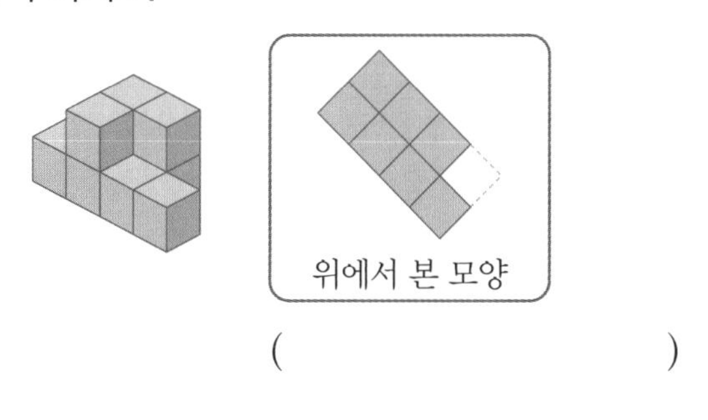

( )

[4~5] 쌓기나무로 쌓은 모양을 위, 앞, 옆에서 본 모양입니다. 물음에 답하시오.

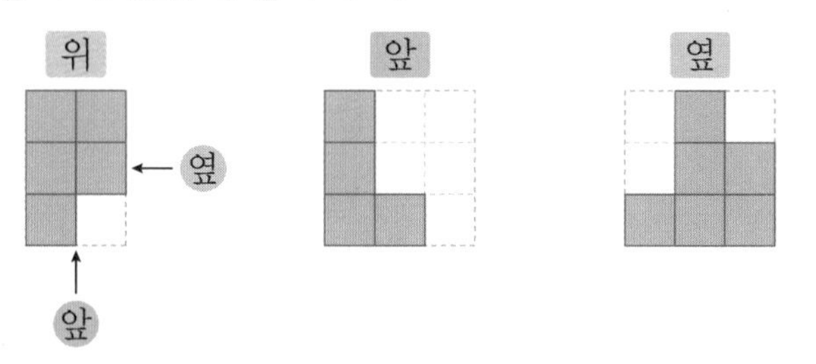

4 쌓은 모양의 기호를 쓰시오.

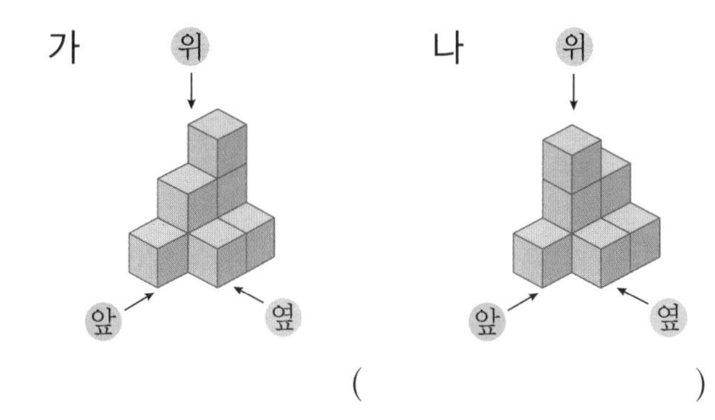

( )

5 위 **4**에서 찾은 쌓은 모양에서 사용한 쌓기나무는 몇 개입니까?

( )

6 유이는 쌓기나무 11개를 가지고 있습니다. 다음과 같은 모양을 만들고 남은 쌓기나무는 몇 개입니까?

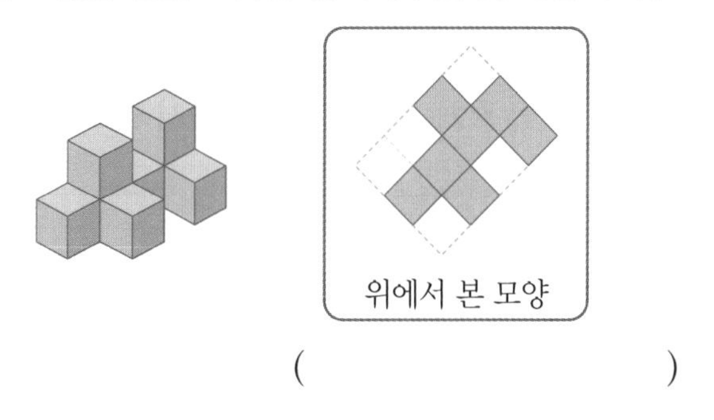

( )

4 쌓은 모양과 쌓기나무의 개수 알아보기 (3)

• 위에서 본 모양에 수를 쓰는 방법으로 나타내면 보이지 않는 부분의 쌓기나무의 개수도 알 수 있기 때문에 쌓은 모양의 쌓기나무의 개수를 정확하게 알 수 있습니다.

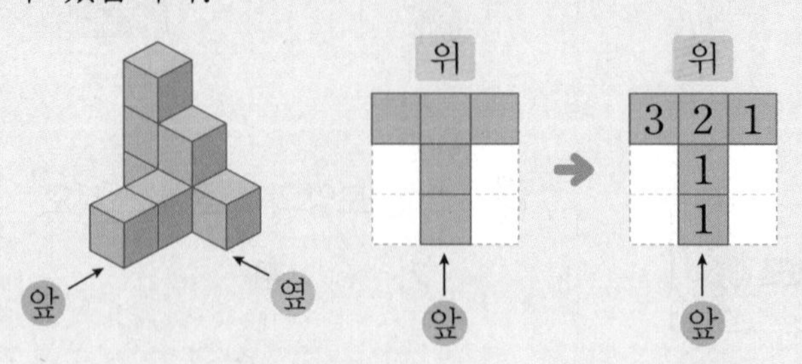

➔ (쌓기나무의 개수)$=3+2+1+1+1=8$(개)

개념 PLUS

* **위에서 본 모양에 수를 쓰는 방법이 좋은 점**

각 자리에 사용된 쌓기나무의 개수를 모두 알 수 있기 때문에 쌓은 모양이 한 가지로만 나타나 쌓은 모양을 정확하게 알 수 있습니다.

5 쌓은 모양과 쌓기나무의 개수 알아보기 (4)

• 층별로 나타낸 모양으로 표현하면 층마다 모양을 알 수 있기 때문에 쌓기나무의 개수를 정확하게 알 수 있습니다.

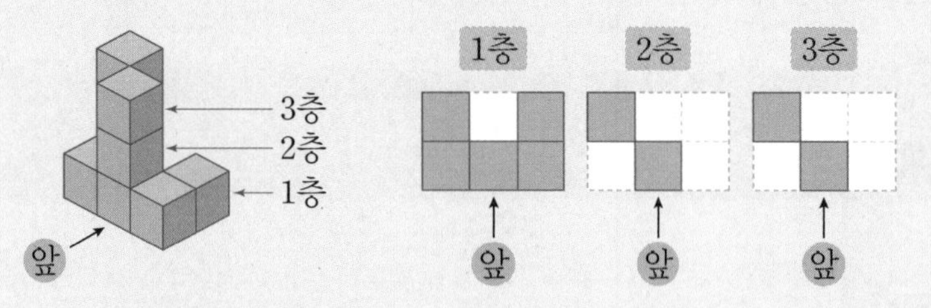

1층: 5개, 2층: 2개, 3층: 2개

➔ (쌓기나무의 개수)$=5+2+2=9$(개)

개념 PLUS

* **쌓기나무로 쌓은 모양을 층별로 나타내기**

① 쌓기나무로 쌓은 모양을 층별로 나타낼 때 쌓기나무가 있는 아래층에도 쌓기나무가 있어야 합니다.

② 층별로 모양을 나타낼 때 같은 위치에 쌓은 쌓기나무는 층별로 같은 위치에 그려야 합니다.

6 여러 가지 모양 만들기

(1) 쌓기나무 4개로 만들 수 있는 서로 다른 모양은 모두 8가지입니다.

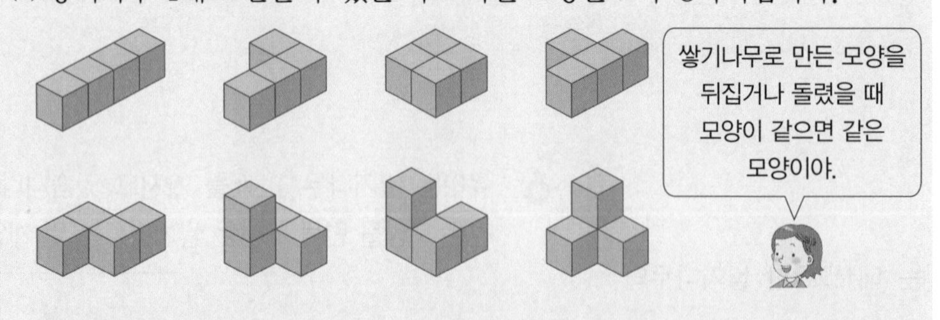

쌓기나무로 만든 모양을 뒤집거나 돌렸을 때 모양이 같으면 같은 모양이야.

(2) 쌓기나무 4개를 붙여서 만든 두 가지 모양을 사용하여 여러 가지 모양을 만들 수 있습니다.

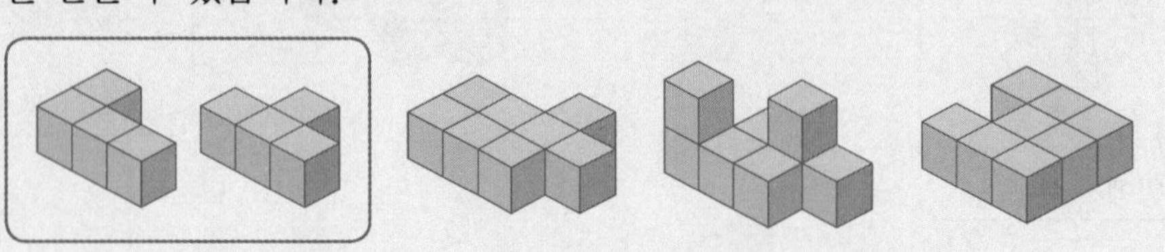

개념 PLUS

다음 7개의 모양으로 정육면체를 만들 수 있습니다.

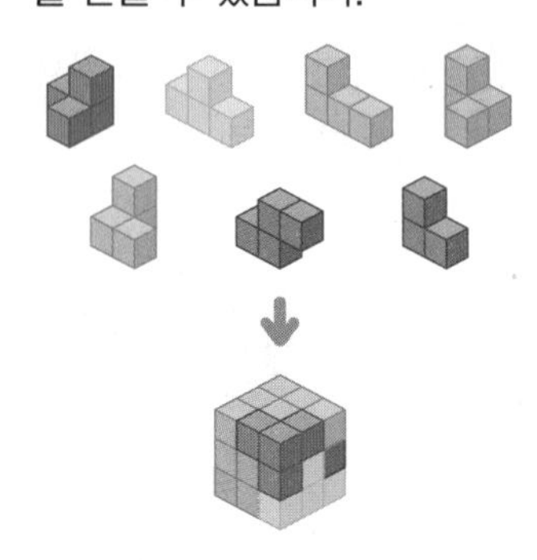

1 쌓기나무로 쌓은 모양을 보고 위에서 본 모양에 수를 써넣으시오.

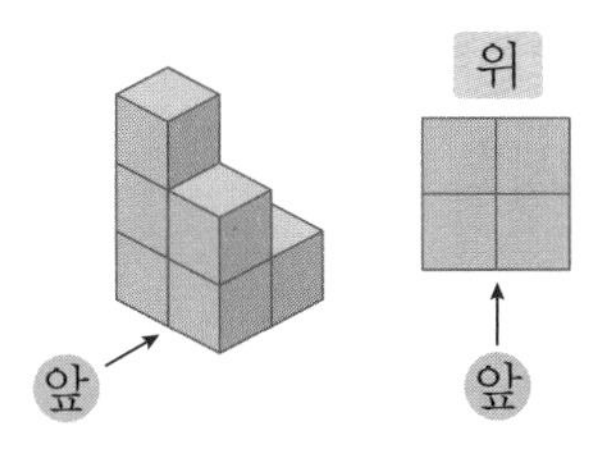

2 쌓기나무로 쌓은 모양과 1층 모양을 보고 2층과 3층 모양을 각각 그리시오.

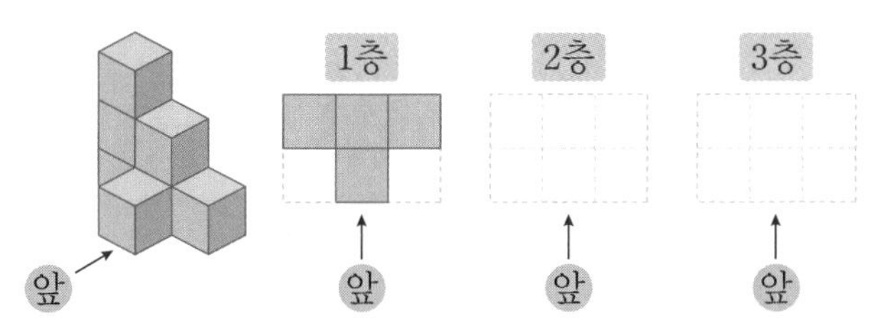

[3~4] 쌓기나무로 쌓은 모양을 보고 위에서 본 모양에 수를 쓴 것입니다. 앞에서 본 모양을 그리시오.

3

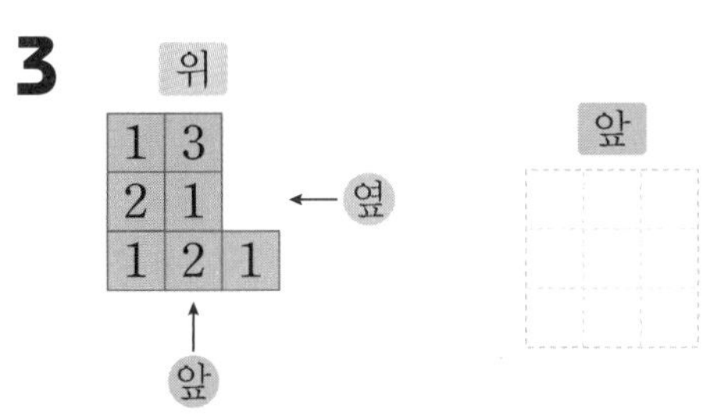

4

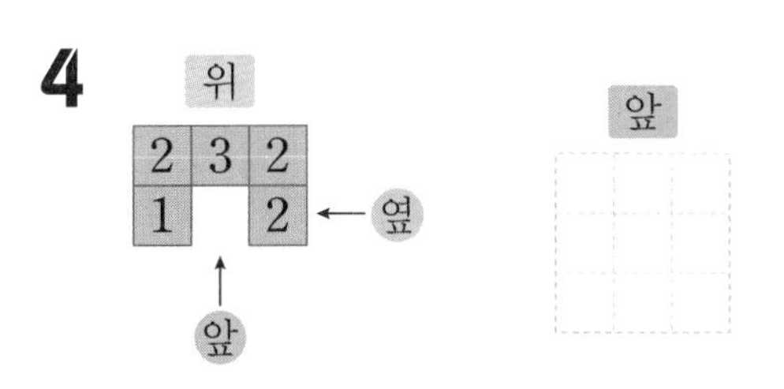

5 오른쪽은 쌓기나무 4개를 붙여서 만든 모양입니다. 같은 모양을 모두 찾아 기호를 쓰시오.

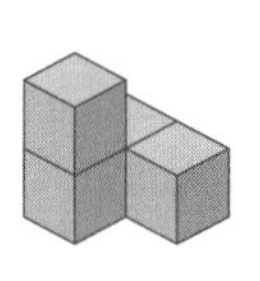

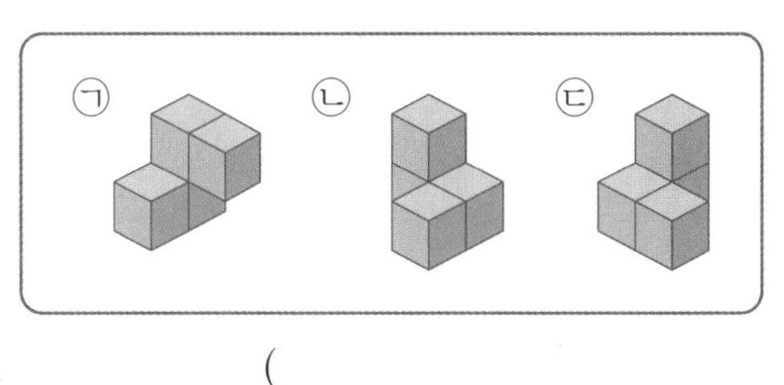

( )

6 쌓기나무로 쌓은 모양을 층별로 나타낸 모양을 보고 위에서 본 모양에 수를 쓰는 방법으로 나타내고, 똑같은 모양으로 쌓는 데 필요한 쌓기나무의 개수를 구하시오.

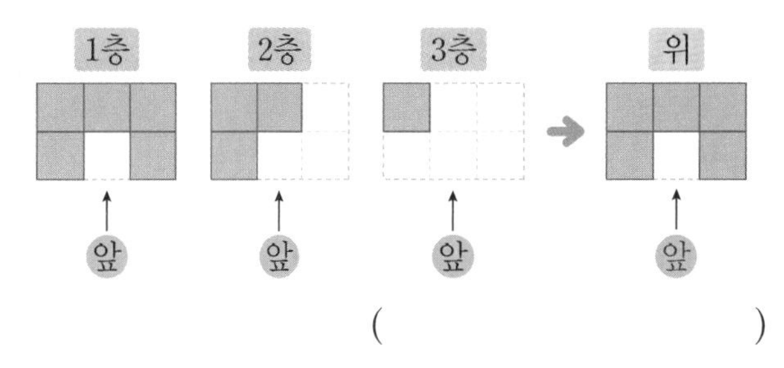

( )

7 오른쪽의 두 가지 모양을 사용하여 만들 수 있는 모양이 아닌 것을 찾아 기호를 쓰시오.

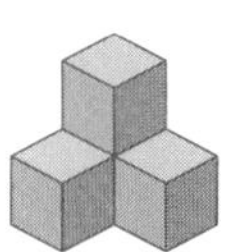

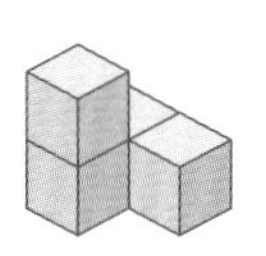

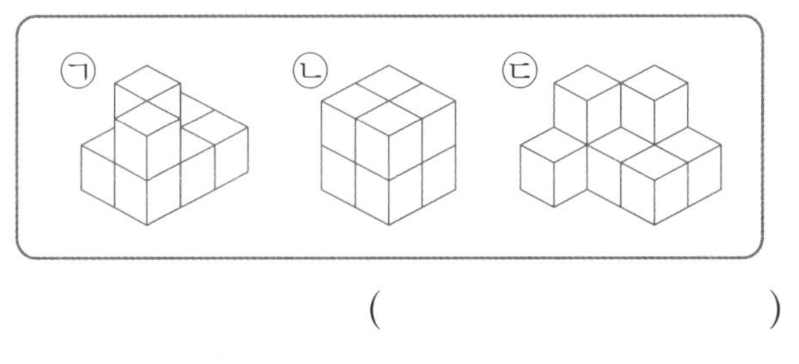

( )

1 쌓기나무의 개수 구하기

같은 모양으로 보이지만 위에서 본 모양이 다른 경우 쌓기나무의 개수가 다릅니다.

예

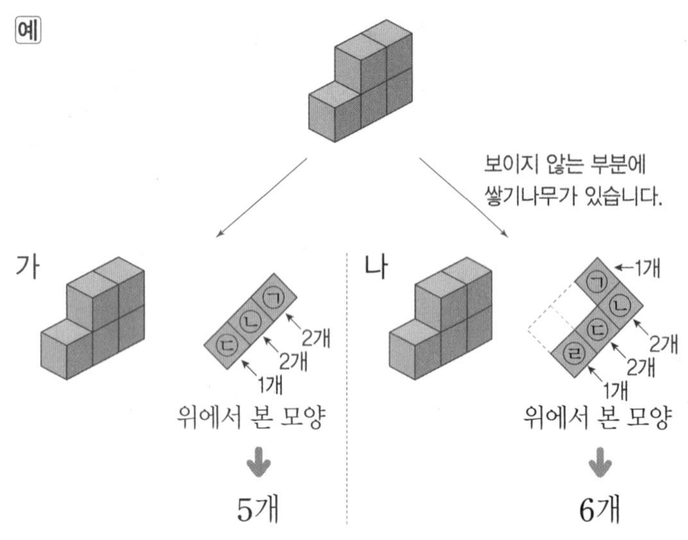

➔ 나는 보이지 않는 부분에 쌓기나무가 있어서 가와 쌓기나무의 개수가 다릅니다.

❶ 개념 플러스 문제

주어진 모양과 똑같이 쌓는 데 필요한 쌓기나무의 개수를 구하시오.

(1)

(2)

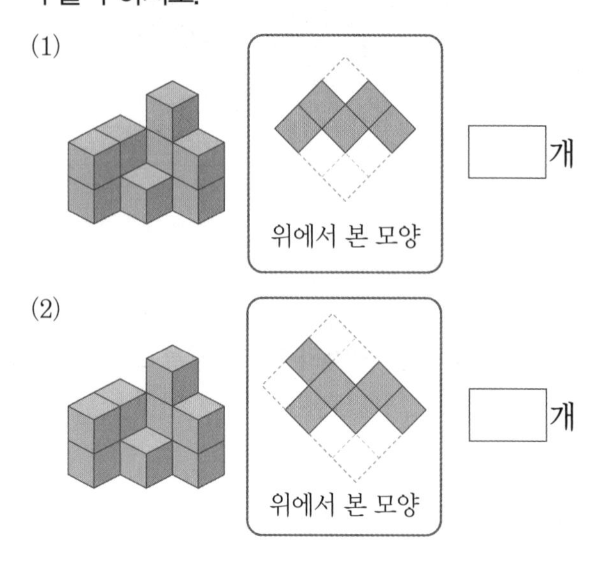

2 위, 앞, 옆에서 본 모양 그리기

위에서 본 모양에 수를 쓴 것을 보고 앞, 옆에서 본 모양을 그릴 때 각 방향에서 줄별로 가장 높은 층만큼 그립니다.

예

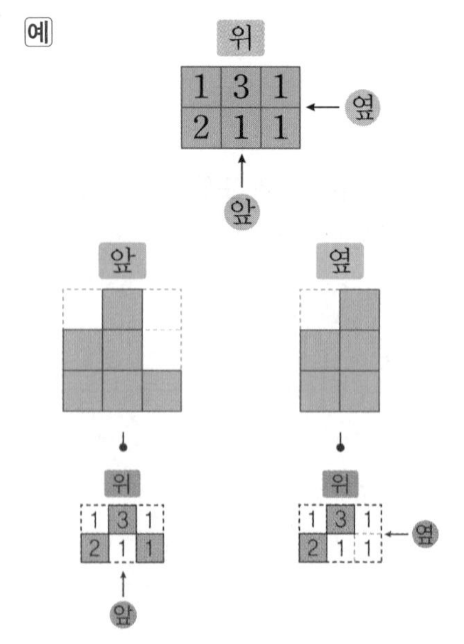

앞에서 본 모양은 왼쪽부터: 2층, 3층, 1층
옆에서 본 모양은 왼쪽부터: 2층, 3층

❷ 개념 플러스 문제

쌓기나무로 쌓은 모양을 보고 위에서 본 모양에 수를 쓴 것입니다. 앞에서 본 모양과 옆에서 본 모양을 각각 그리시오.

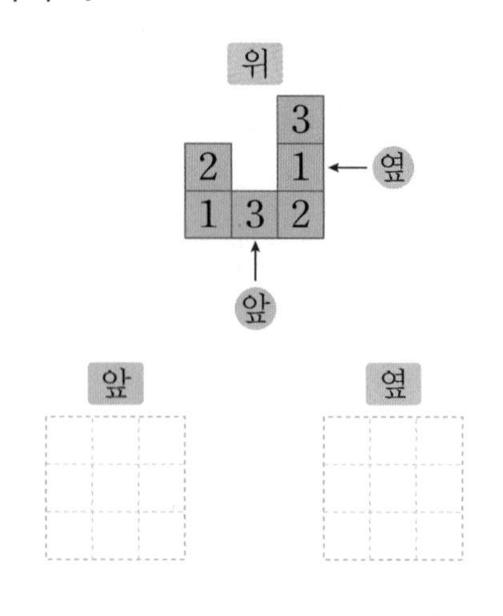

3 쌓기나무가 가장 적은 경우는 몇 개인지 알아보기

• 위, 앞, 옆에서 본 모양을 보고 똑같은 모양으로 쌓는 데 필요한 쌓기나무가 가장 적은 경우 알아보기

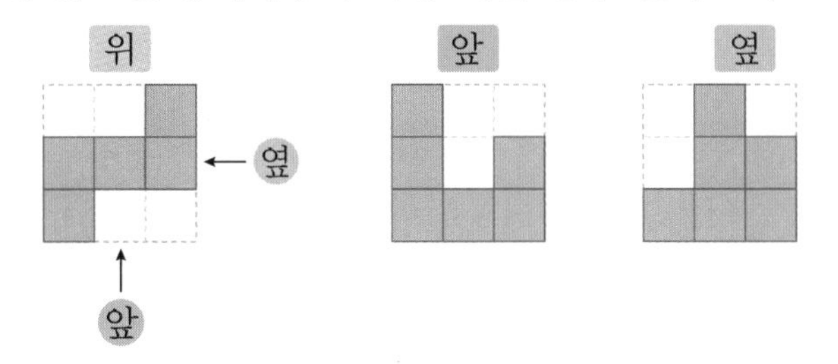

① 앞, 옆에서 본 모양을 보고, 위에서 본 모양의 각 자리에 쌓은 쌓기나무의 개수를 수로 써넣습니다.

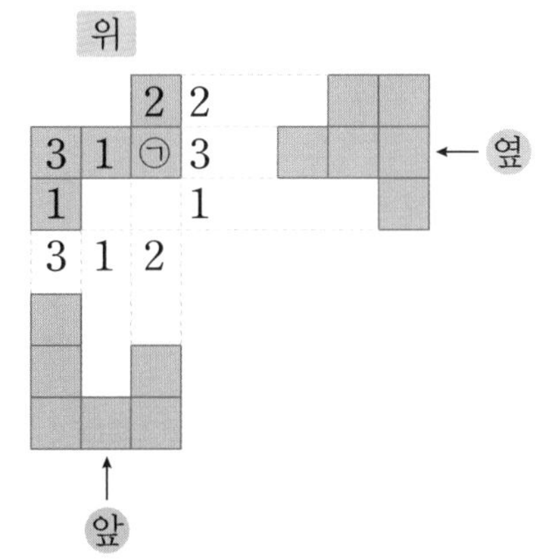

② ㉠ 자리에는 쌓기나무가 1개 또는 2개가 있습니다.

➔ 가장 적을 때: $2+3+1+\underset{㉠}{1}+1=8$(개)

❸ 개념 플러스 문제

위, 앞, 옆에서 본 모양이 다음과 같을 때, 쌓은 쌓기나무의 수가 가장 적은 경우는 몇 개입니까?

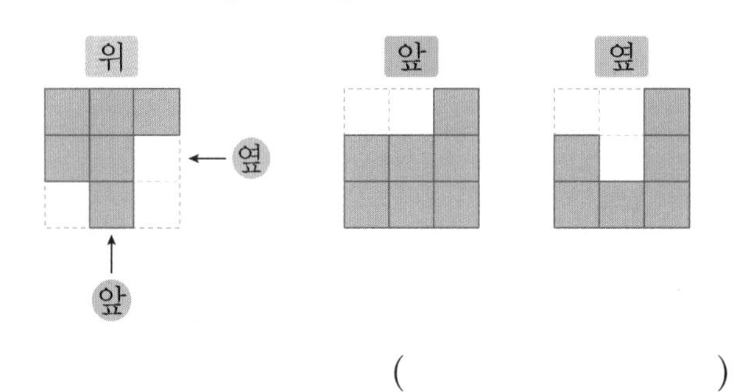

( )

4 여러 가지 모양 만들기

• 쌓기나무 4개를 붙여서 만든 두 가지 모양으로 여러 가지 새로운 모양 만들기

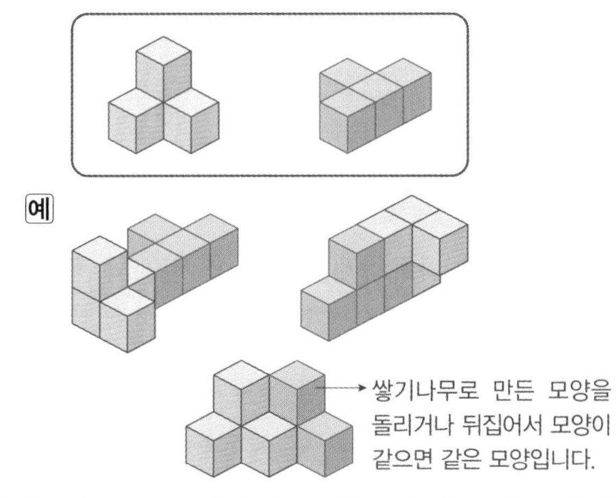

예
쌓기나무로 만든 모양을 돌리거나 뒤집어서 모양이 같으면 같은 모양입니다.

➔ 모양을 돌리거나 뒤집어서 쌓기나무를 연결하여 여러 가지 모양을 만들 수 있습니다.

❹ 개념 플러스 문제

쌓기나무 4개를 붙여서 만든 두 가지 모양으로 새로운 모양을 만들었습니다. 어떻게 만들었는지 연두색과 분홍색으로 구분하여 색칠하시오.

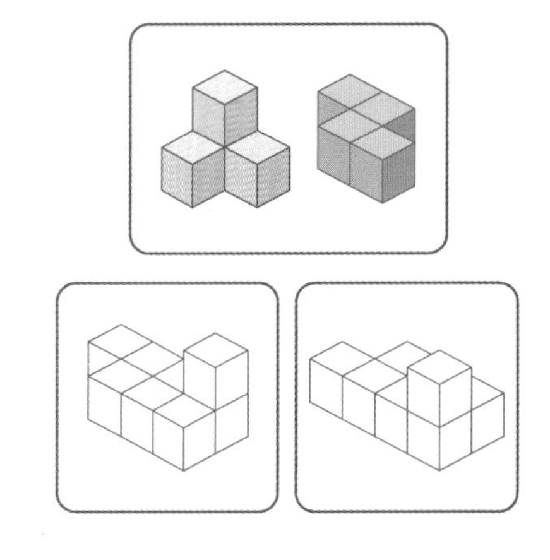

하이레벨 탐구

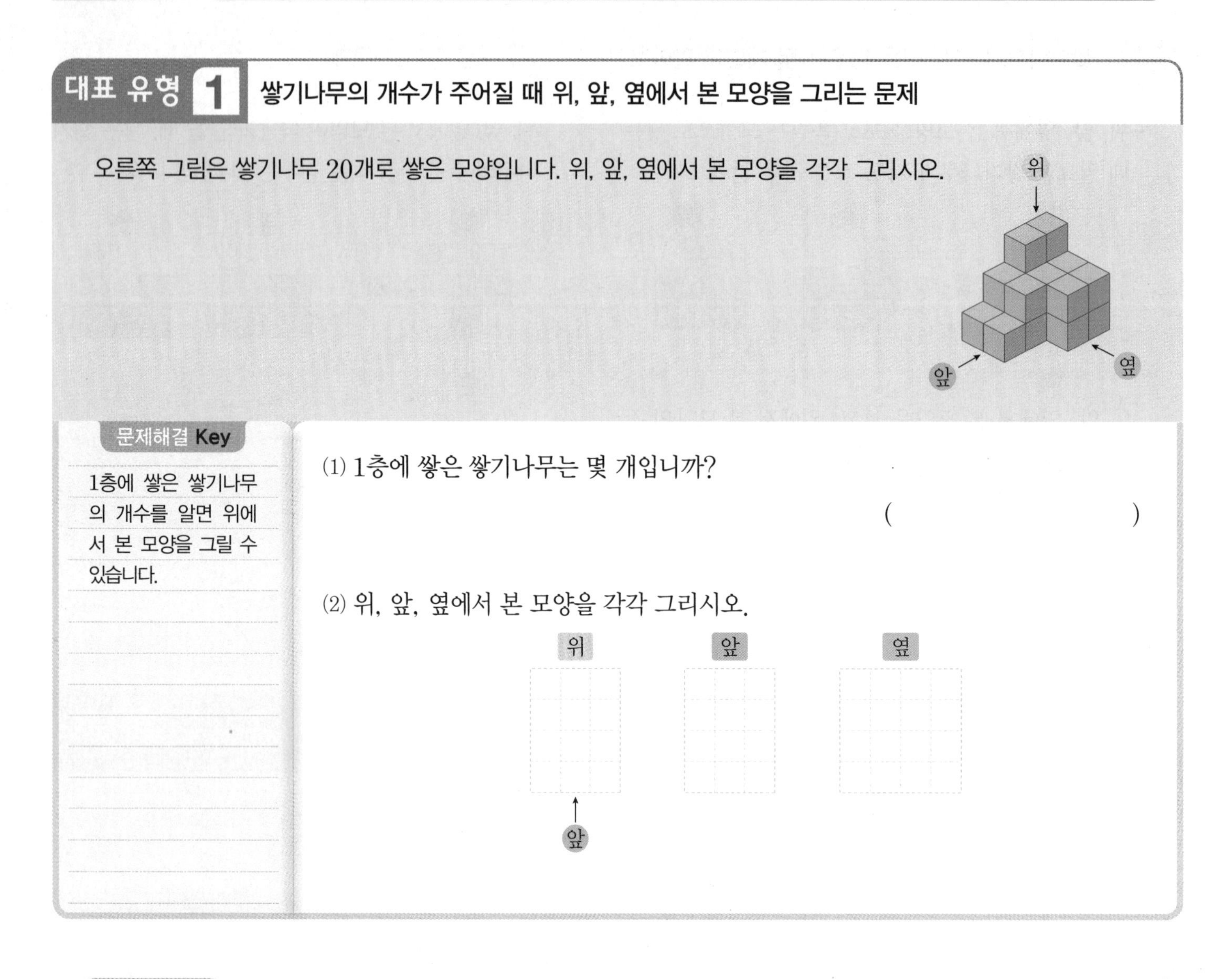

대표 유형 1 쌓기나무의 개수가 주어질 때 위, 앞, 옆에서 본 모양을 그리는 문제

오른쪽 그림은 쌓기나무 20개로 쌓은 모양입니다. 위, 앞, 옆에서 본 모양을 각각 그리시오.

문제해결 Key

1층에 쌓은 쌓기나무의 개수를 알면 위에서 본 모양을 그릴 수 있습니다.

(1) 1층에 쌓은 쌓기나무는 몇 개입니까?

(　　　　　　　)

(2) 위, 앞, 옆에서 본 모양을 각각 그리시오.

체크 1-1 쌓기나무 15개로 쌓은 모양입니다. 위, 앞, 옆에서 본 모양을 각각 그리시오.

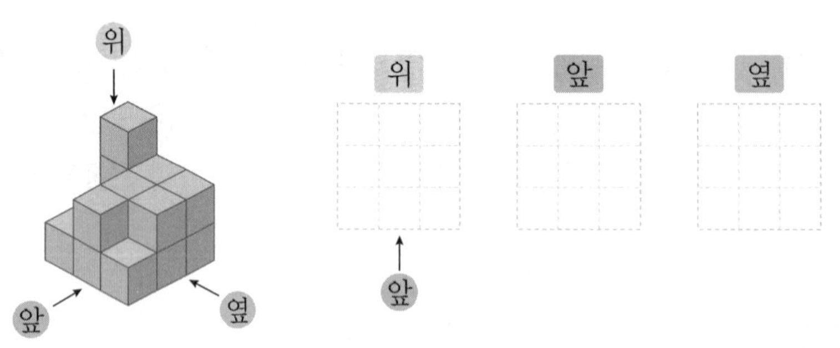

체크 1-2 쌓기나무 14개로 쌓은 모양입니다. 빗금 친 쌓기나무 4개를 빼낸 후 옆에서 본 모양을 그리시오.

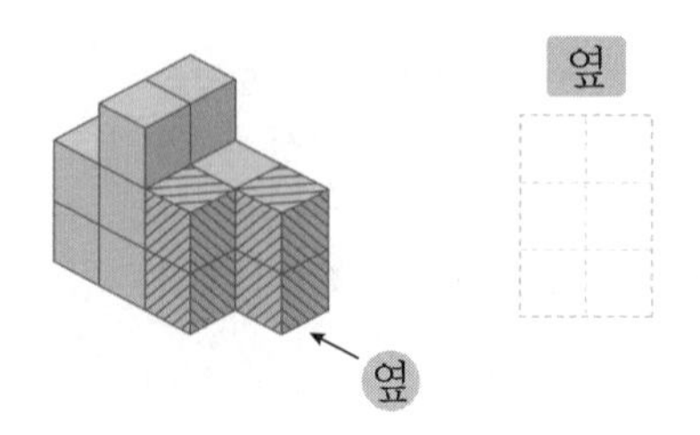

대표 유형 2 각 층에 쌓은 쌓기나무의 개수를 구하는 문제

오른쪽 그림은 쌓기나무로 쌓은 모양을 보고 위에서 본 모양에 수를 쓴 것입니다. 2층 이상의 층에 쌓은 쌓기나무는 몇 개입니까?

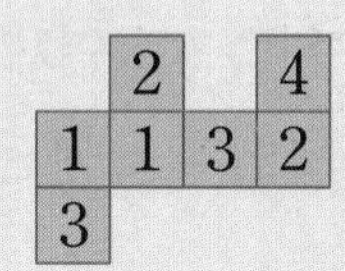

문제해결 Key

전체 쌓기나무의 개수에서 1층에 쌓은 쌓기나무의 개수를 뺍니다.

(1) 전체 쌓기나무의 개수를 구하시오.

( )

(2) 1층에 쌓은 쌓기나무의 개수를 구하시오.

( )

(3) 2층 이상의 층에 쌓은 쌓기나무의 개수를 구하시오.

( )

체크 2-1

오른쪽 그림은 쌓기나무로 쌓은 모양을 보고 위에서 본 모양에 수를 쓴 것입니다. 2층 이상의 층에 쌓은 쌓기나무는 몇 개인지 구하시오.

	2	3	
4	1	1	1
3			2

( )

체크 2-2

오른쪽 그림은 쌓기나무로 쌓은 모양을 보고 위에서 본 모양에 수를 쓴 것입니다. 전체 쌓기나무의 개수에서 1층과 2층에 쌓은 쌓기나무의 개수를 빼면 몇 개인지 풀이 과정을 쓰고 답을 구하시오. 5점

4	3	1	3
	2		1

풀이

답

대표 유형 3 빼내거나 더 필요한 쌓기나무의 개수를 구하는 문제

왼쪽 정육면체 모양에서 쌓기나무를 몇 개 빼냈더니 오른쪽 모양이 되었습니다. 빼낸 쌓기나무는 몇 개입니까?

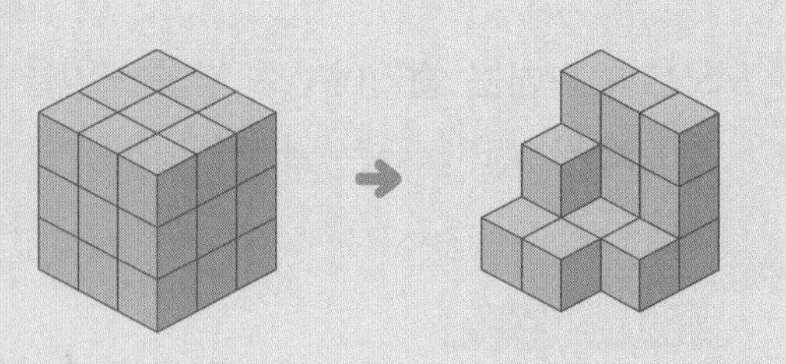

문제해결 Key

(왼쪽 쌓기나무의 개수)
−(오른쪽 쌓기나무의 개수)
=(빼낸 쌓기나무의 개수)

(1) 정육면체 모양의 쌓기나무의 개수를 구하시오.

(　　　　　)

(2) 각 층별로 남은 쌓기나무 개수를 알아보고 합을 구하시오.

(　　　　　)

(3) 빼낸 쌓기나무의 개수를 구하시오.

(　　　　　)

체크 3-1 왼쪽 정육면체 모양에서 쌓기나무를 몇 개 빼냈더니 오른쪽 모양이 되었습니다. 빼낸 쌓기나무는 몇 개입니까?

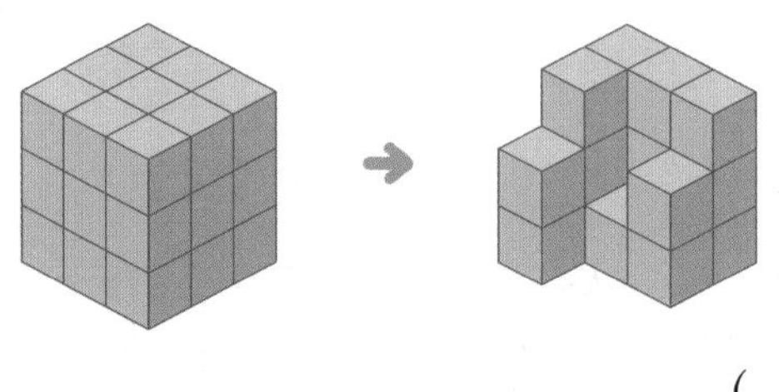

(　　　　　)

체크 3-2 오른쪽 그림과 같은 모양으로 쌓기나무를 쌓았습니다. 여기에 쌓기나무를 더 쌓아 가장 작은 정육면체 모양을 만들 때 더 필요한 쌓기나무는 몇 개입니까? (단, 뒤에 숨어 있는 쌓기나무는 없습니다.)

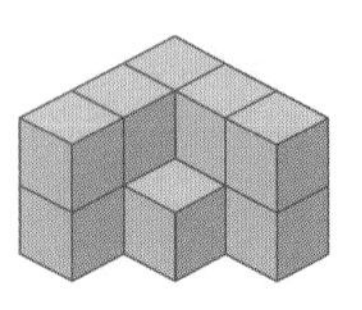

(　　　　　)

대표 유형 4 쌓기나무가 가장 적을 때 또는 가장 많을 때의 개수를 구하는 문제

오른쪽 쌓기나무 모양에서 뒤쪽에 쌓은 쌓기나무는 보이지 않을 수 있습니다. 쌓기나무가 가장 적을 때와 가장 많을 때 쌓기나무는 각각 몇 개입니까?

문제해결 Key

쌓기나무가 가장 적을 때와 가장 많을 때 위에서 본 모양을 각각 그려 봅니다.

(1) 쌓기나무가 가장 적을 때 쌓기나무는 몇 개입니까?

( )

(2) 쌓기나무가 가장 많을 때 쌓기나무는 몇 개입니까?

( )

체크 4-1

오른쪽 쌓기나무 모양에서 뒤쪽에 쌓은 쌓기나무는 보이지 않을 수 있습니다. 쌓기나무가 가장 적을 때와 가장 많을 때 쌓기나무는 각각 몇 개입니까?

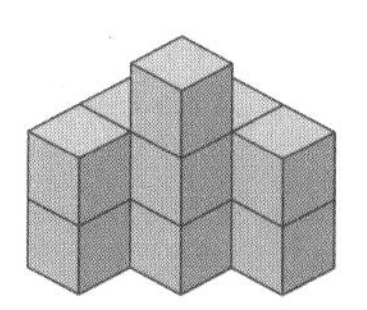

가장 적을 때 ( )

가장 많을 때 ( )

체크 4-2

오른쪽 쌓기나무 모양에서 뒤쪽에 쌓은 쌓기나무는 보이지 않습니다. 사용된 쌓기나무의 개수가 가장 많을 때, 앞, 옆에서 본 모양을 각각 그리시오.

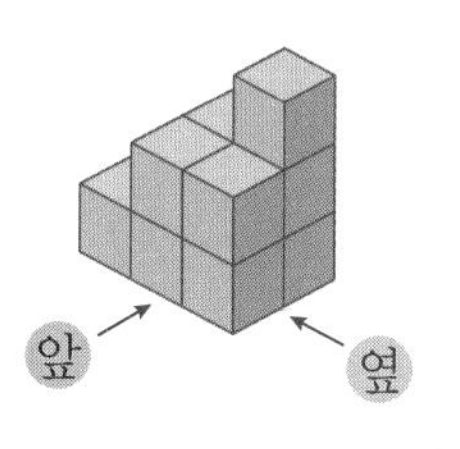

앞

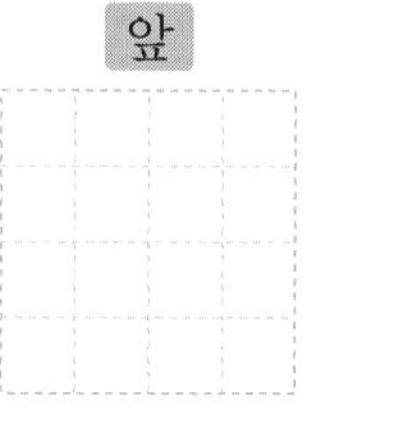

옆

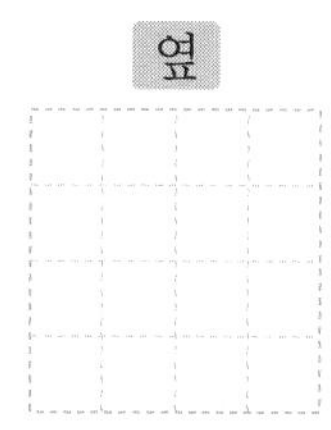

대표 유형 5 창의 · 융합형 문제

경상북도 경주시 서악동에는 신라 제 29대 태종무열왕의 무덤이 있습니다. 수빈이는 태종무열왕릉을 보고 한 모서리의 길이가 2 cm인 쌓기나무 35개로 왕릉 모양을 만들었습니다. 쌓기나무로 쌓은 모양의 겉면의 넓이는 몇 cm^2입니까? (단, 바닥에 닿는 면도 포함합니다.)

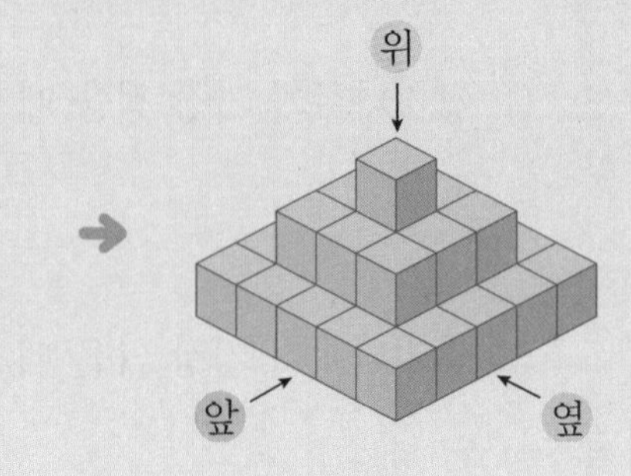

문제해결 Key

쌓기나무 한 면의 넓이에 보이는 면의 수를 곱하면 겉면의 넓이를 구할 수 있습니다.

(1) 쌓기나무 한 면의 넓이는 몇 cm^2입니까?

( )

(2) 쌓기나무로 쌓은 모양에서 보이는 면의 수는 모두 몇 개입니까?

( )

(3) 쌓기나무로 쌓은 모양의 겉면의 넓이는 몇 cm^2입니까?

( )

체크 5-1

한 모서리의 길이가 3 cm인 쌓기나무를 위 대표 유형 **5**에서 쌓기나무를 쌓은 규칙으로 4층까지 쌓았습니다. 쌓기나무로 4층까지 쌓은 모양의 겉면의 넓이는 몇 cm^2인지 풀이 과정을 쓰고 답을 구하시오. (단, 바닥에 닿는 면도 포함합니다.) 5점

풀이

답

대표 유형 6 쌓기나무 1개를 더 붙여서 만들 수 있는 모양의 가짓수를 구하는 문제

승기는 오른쪽과 같이 쌓기나무 5개를 붙여서 모양을 만든 후 바닥에 붙였습니다. 이 모양에 쌓기나무를 1개 더 붙여서 새로운 모양을 만들려고 합니다. 만들 수 있는 모양은 모두 몇 가지입니까?
(단, 다른 방향에서 보았을 때 모양이 같으면 같은 모양으로 생각합니다.)

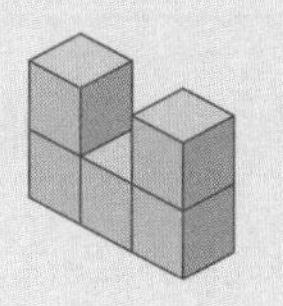

문제해결 Key

쌓기나무 1개를 1층, 2층, 3층에 붙일 수 있는 방법을 모두 생각해 봅니다.

(1) 쌓기나무 1개를 1층에 붙였을 때 만들 수 있는 모양은 몇 가지입니까?

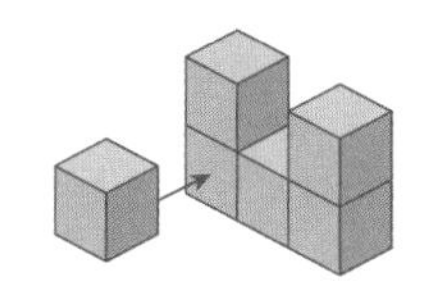
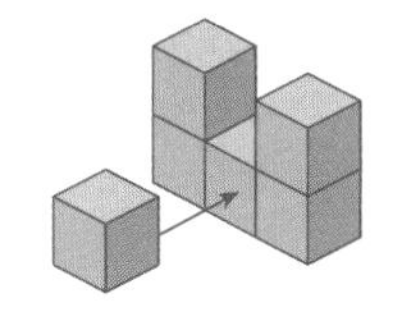
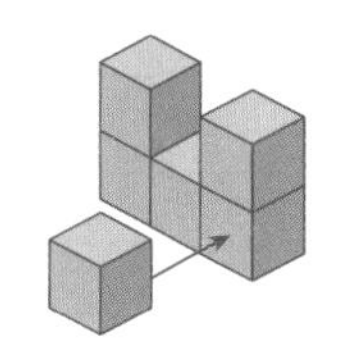
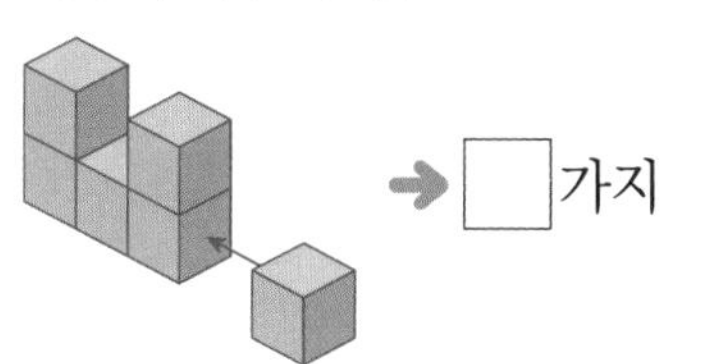

➔ □가지

(2) 쌓기나무 1개를 2층과 3층에 붙였을 때 만들 수 있는 모양은 각각 몇 가지입니까?

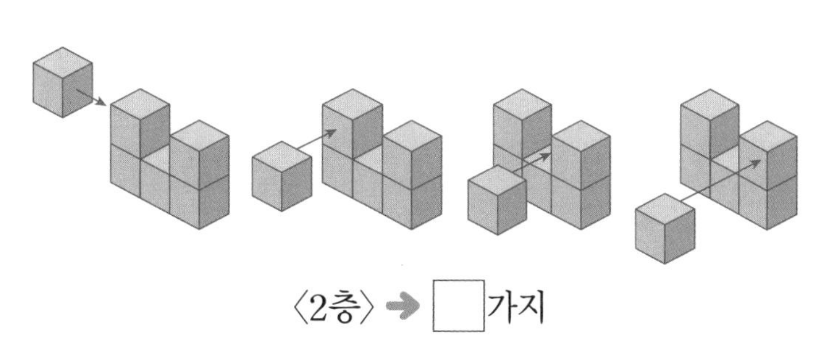
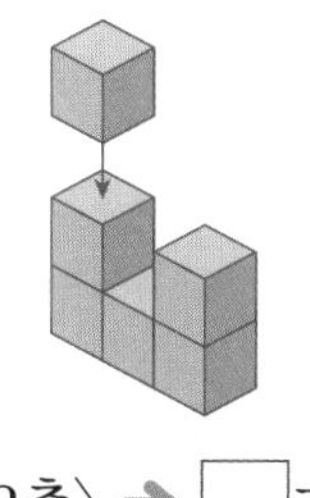

〈2층〉 ➔ □가지　　〈3층〉 ➔ □가지

(3) 만들 수 있는 모양은 모두 몇 가지입니까?

(　　　　　　)

체크 6-1

다음은 쌓기나무 6개를 붙여서 만든 모양입니다. 이 모양 그대로 바닥에 붙인 후 쌓기나무를 1개 더 붙여서 새로운 모양을 만들려고 합니다. 만들 수 있는 모양은 모두 몇 가지입니까?
(단, 다른 방향에서 보았을 때 모양이 같으면 같은 모양으로 생각합니다.)

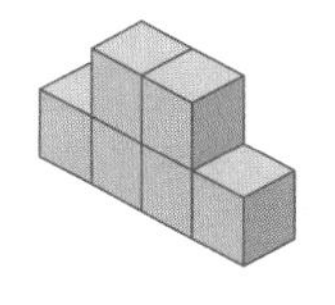

(　　　　　　)

1 오른쪽 모양은 쌓기나무 9개로 쌓은 것입니다. 이 모양을 위, 앞, 옆에서 본 모양을 각각 그리시오.

◀ 쌓기나무의 개수가 주어질 때 위, 앞, 옆에서 본 모양을 그리는 문제

위 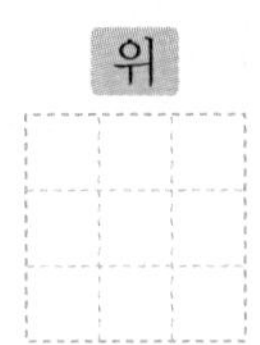
앞 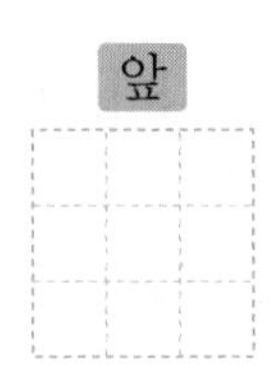
옆 

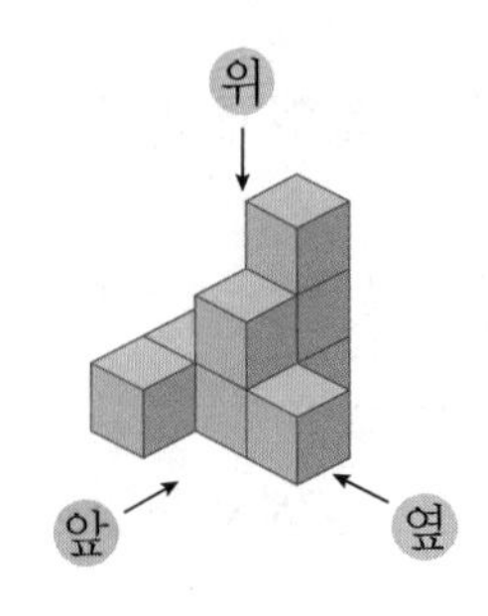

2 쌓기나무로 쌓은 모양과 위에서 본 모양입니다. 왼쪽 모양에 쌓기나무를 더 쌓아서 오른쪽과 같은 모양이 되도록 만들 때, 필요한 쌓기나무는 적어도 몇 개입니까?

◀ 빼내거나 더 필요한 쌓기나무의 개수를 구하는 문제

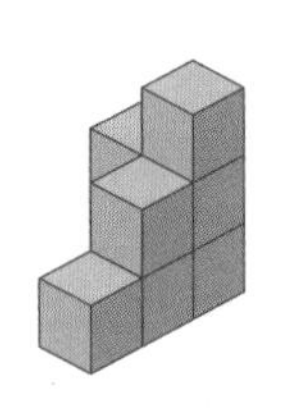
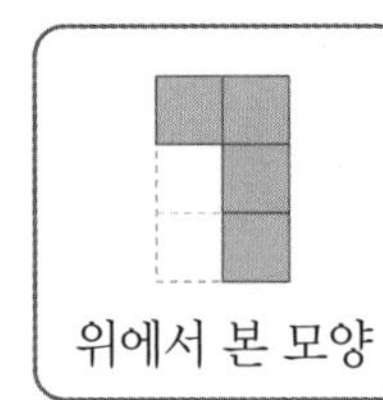

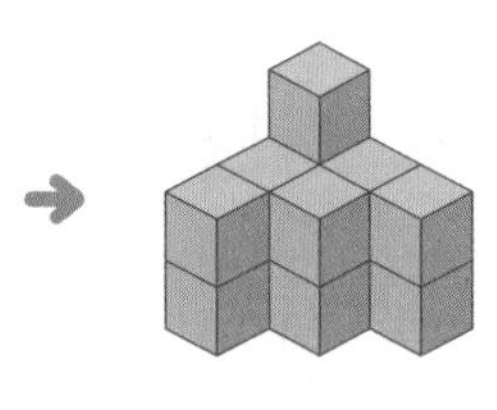
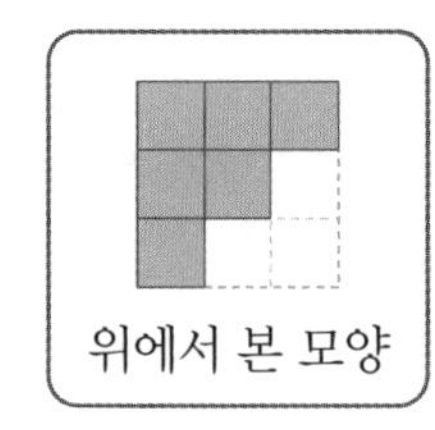

( )

3 쌓기나무로 쌓은 모양과 위에서 본 모양입니다. ㉮와 ㉯에 사용된 쌓기나무 개수의 차는 몇 개입니까?

◀ 쌓기나무의 개수를 구하는 문제

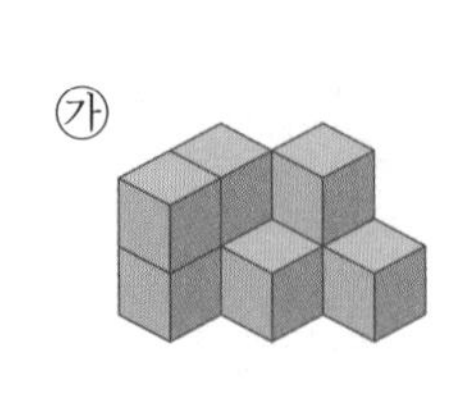

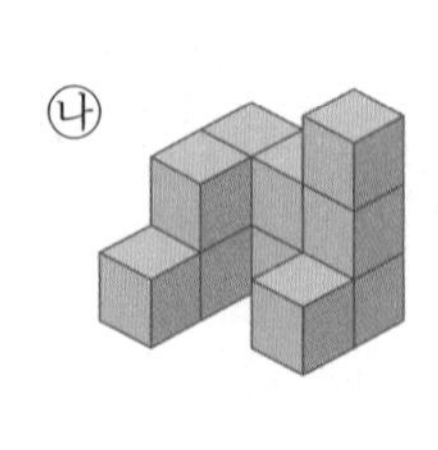

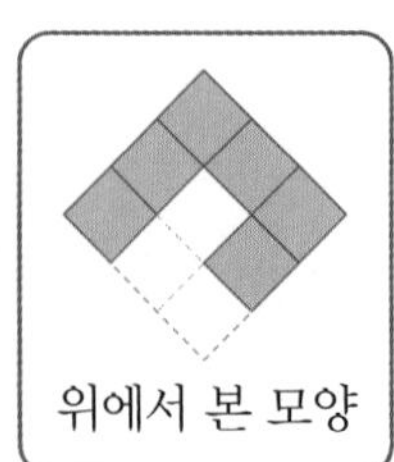

( )

4 모양에 쌓기나무 1개를 더 붙여서 만들 수 있는 모양은 모두 몇 가지입니까? (단, 뒤집거나 돌려서 모양이 같으면 같은 모양입니다.)

( )

◀ 쌓기나무로 여러 가지 모양을 만드는 문제

5 쌓기나무로 쌓은 모양을 보고 위에서 본 모양에 수를 썼습니다. ㉮와 ㉯에서 4층에 쌓은 쌓기나무는 모두 몇 개입니까?

㉮

4	5	3	4
3	2	1	5
3		2	

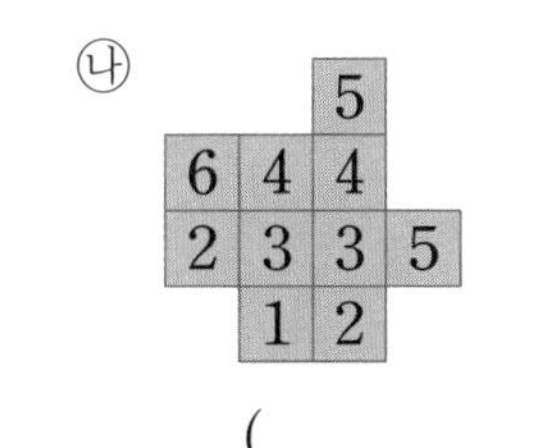

( )

◀ 각 층에 쌓은 쌓기나무의 개수를 구하는 문제

6 쌓기나무로 쌓은 모양을 보고 위에서 본 모양에 수를 썼습니다. 오른쪽 모양은 ㉮~㉱ 중 어느 방향에서 본 것입니까?

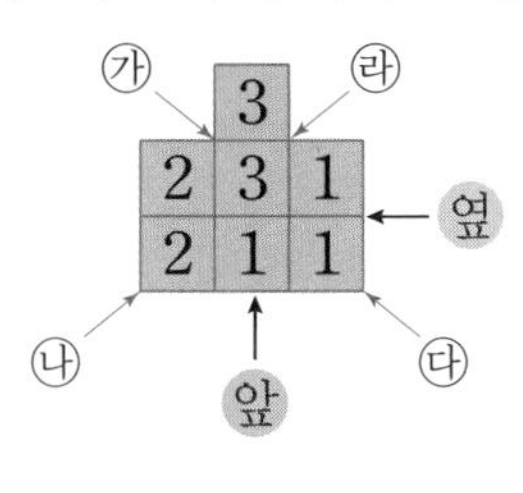

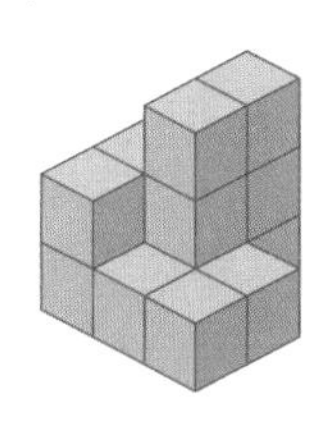

( )

◀ 쌓기나무를 여러 방향에서 본 모양을 알아보는 문제

1 다음은 쌓기나무를 붙여서 만든 7가지 조각입니다.

㉮ ㉯ ㉰ ㉱

㉲ ㉳ ㉴

위 7가지 조각 중 서로 다른 3가지를 골라 한 번씩만 사용하여 다음과 같은 모양을 만들었습니다. 쌓기나무가 모두 11개일 때 사용한 조각의 기호를 □ 안에 써넣으시오.

→ ㉱, □, □

풀이

2 다음 모양과 똑같은 모양으로 쌓는 데 필요한 쌓기나무가 가장 많을 때는 몇 개인지 구하시오. (단, 쌓기나무로 쌓은 모양은 면끼리 맞닿게 쌓았습니다.)

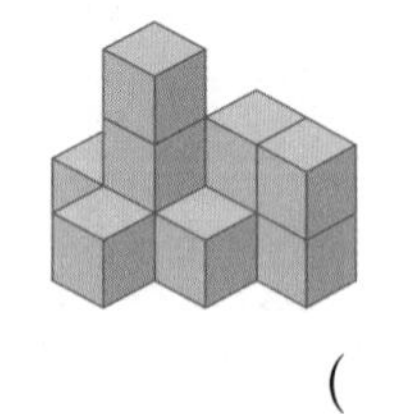

(　　　　　　　　)

풀이

3 오른쪽의 쌓기나무 10개로 쌓은 모양에서 빗금 친 쌓기나무 2개를 빼낸 후 위, 앞, 옆에서 본 모양을 각각 그리시오.

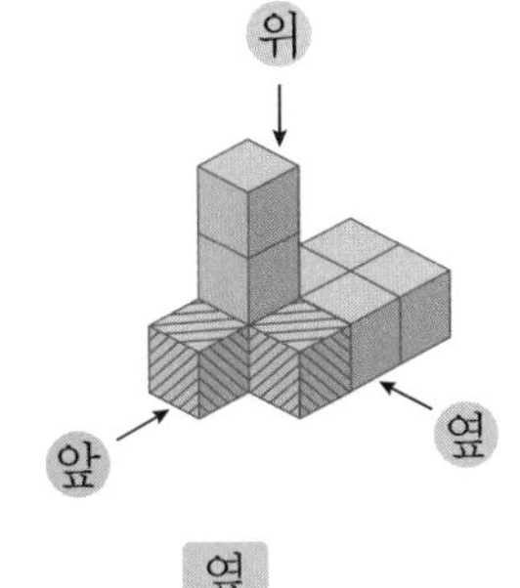

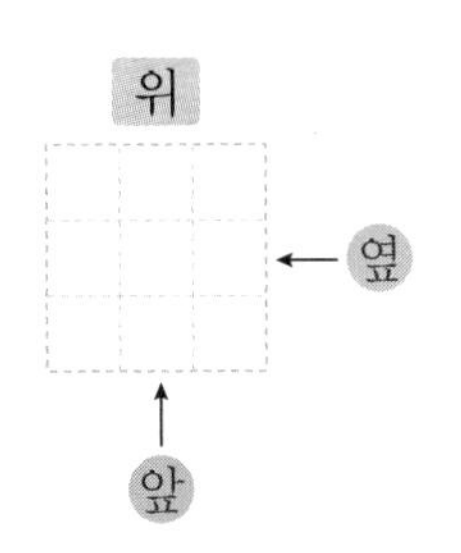

풀이

4 쌓기나무로 쌓은 모양과 위에서 본 모양입니다. 쌓기나무 모양에 쌓기나무를 더 쌓아 가장 작은 정육면체 모양을 만들려고 합니다. 더 필요한 쌓기나무는 몇 개입니까?

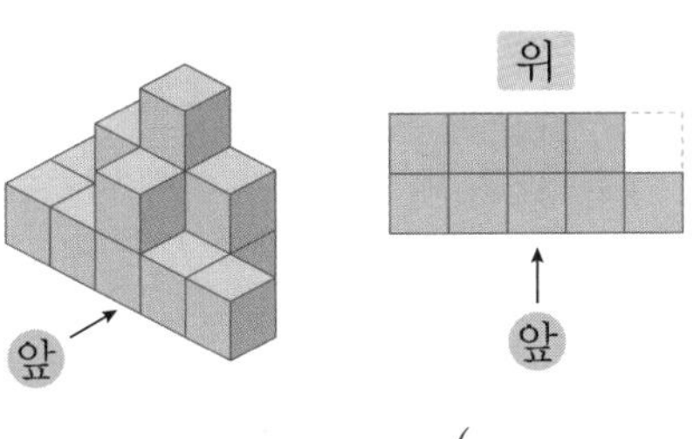

(　　　　　　　　)

풀이

경시문제 유형

5 쌓기나무로 쌓은 모양을 위, 앞, 옆에서 본 모양이 다음과 같이 되도록 쌓을 때 필요한 쌓기나무가 가장 많을 때는 몇 개입니까?

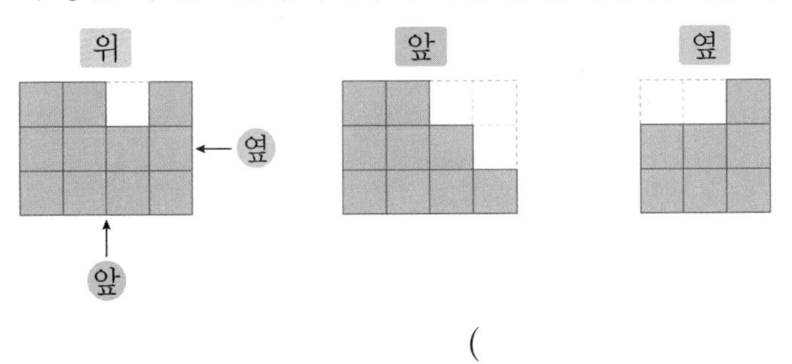

(　　　　　　　　)

풀이

6 쌓기나무로 쌓은 모양과 위에서 본 모양입니다. 앞에서 본 모양이 변하지 않도록 ㉠과 ㉡ 자리에 쌓기나무를 더 쌓으려고 할 때 쌓을 수 있는 쌓기나무는 모두 몇 개입니까?

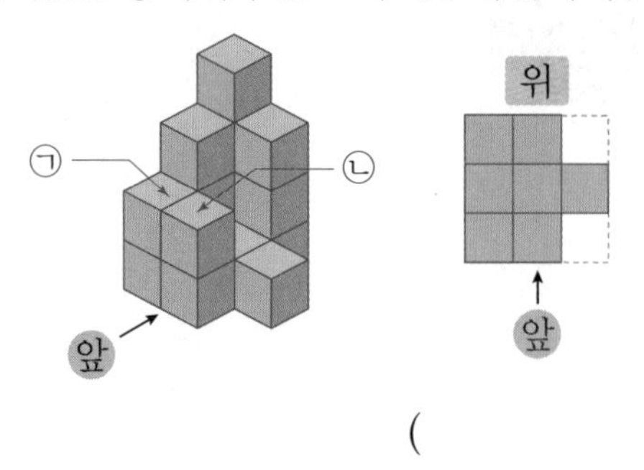

(　　　　　　　　)

풀이

7 쌓기나무로 쌓은 모양을 보고 위에서 본 모양에 수를 썼습니다. 앞과 옆에서 본 모양이 같은 것의 기호를 쓰시오.

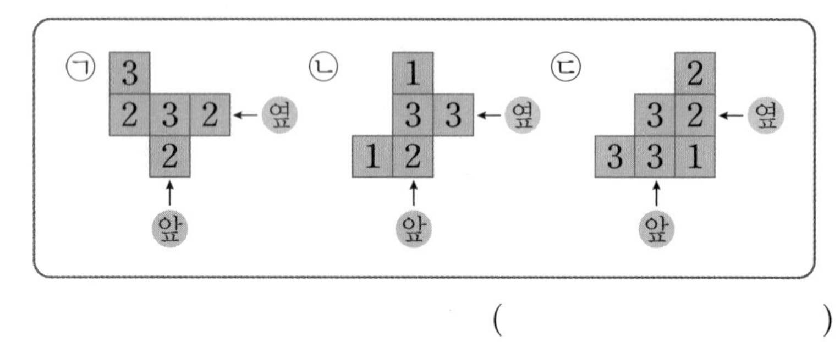

(　　　　　　　　)

풀이

8 쌓기나무 6개를 쌓아서 다음과 같은 모양을 만들었습니다. 쌓기나무 1개를 더 사용하여 만들 수 있는 새로운 모양은 모두 몇 가지입니까? (단, 뒤집거나 돌렸을 때 모양이 같으면 같은 모양으로 생각합니다.)

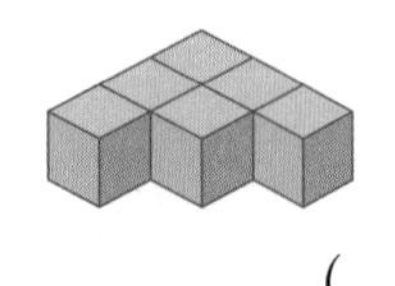

(　　　　　　　　)

풀이

코딩형

9 쌓기나무로 모양을 만들고 있습니다. | 조건 |에 따라 위에서 아래 층으로 만들면 쌓기나무를 모두 몇 개 사용합니까?

| 조건 |
- 각 층의 모양을 위에서 보면 정사각형 모양입니다.
- 맨 위의 층에는 쌓기나무가 1개입니다.
- 아래 층에는 바로 윗층의 쌓기나무 모양보다 가로, 세로로 1개씩 더 많게 쌓습니다.
- 맨 아래 층의 쌓기나무가 100개일 때까지 쌓습니다.

(   )

풀이

10 다음은 쌓기나무 15개로 쌓은 모양을 위, 앞, 옆에서 본 모양을 그린 것입니다. 쌓은 모양을 앞에서 볼 때 보이지 않는 쌓기나무는 모두 몇 개입니까?

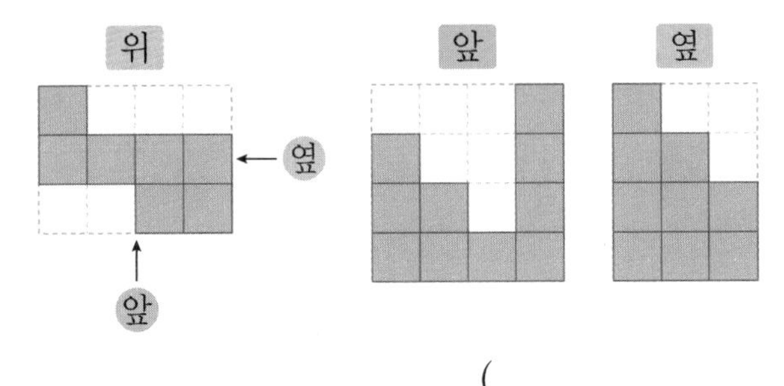

(   )

풀이

11 앞, 옆(오른쪽)에서 본 모양이 다음과 같이 되도록 쌓을 때 필요한 쌓기나무가 가장 많을 때와 가장 적을 때는 각각 몇 개입니까? (단, 쌓기나무로 쌓은 모양은 면끼리 맞닿게 쌓았습니다.)

앞 옆

가장 많을 때 (　　　　　　　　)

가장 적을 때 (　　　　　　　　)

풀이

경시문제 유형

12 다음은 쌓기나무로 쌓은 모양을 위, 앞, 옆에서 본 모양입니다. 이와 같은 모양이 되도록 쌓기나무를 쌓는 방법은 모두 몇 가지입니까?

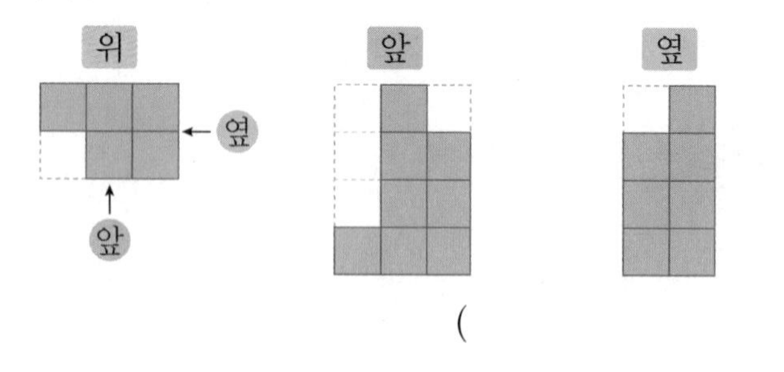

(　　　　　　　　)

풀이

Brainstorming 1

위, 옆에서 본 모양이 각각 다음과 같도록 쌓기나무를 쌓으려고 합니다. 만들 수 있는 모양은 모두 몇 가지인지 구하시오.

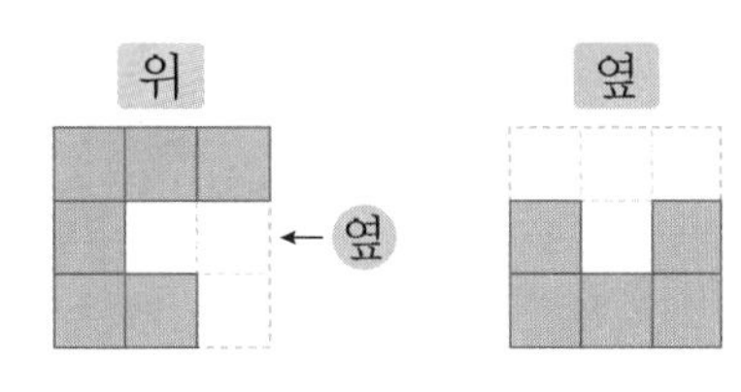

풀이

답

Brainstorming 2

오른쪽 그림과 같은 규칙에 따라 쌓기나무를 7층까지 쌓은 후 바닥을 포함한 모든 겉면에 색을 칠하였습니다. 색이 2면만 칠해진 쌓기나무는 모두 몇 개인지 구하시오.

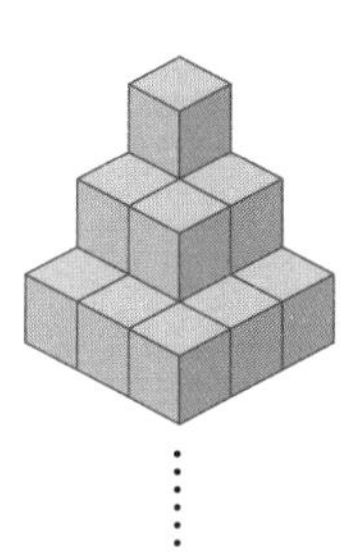

풀이

답

Brainstorming 3

정육면체 모양으로 쌓기나무를 쌓은 후 바닥을 포함한 모든 겉면에 색을 칠하였습니다. 쌓기나무를 모두 떼어 놓았을 때, 색이 2면만 칠해진 쌓기나무가 84개라면 정육면체 모양으로 쌓은 쌓기나무는 모두 몇 개인지 구하시오.

답 ____________

경시대회 본선 기출문제

오른쪽 그림과 같이 180개의 쌓기나무를 직육면체 모양으로 쌓아서 붙인 후 표시된 삼각형 모양으로 반대편까지 관통하여 모두 자르려고 합니다. 자르게 될 쌓기나무는 모두 몇 개입니까?

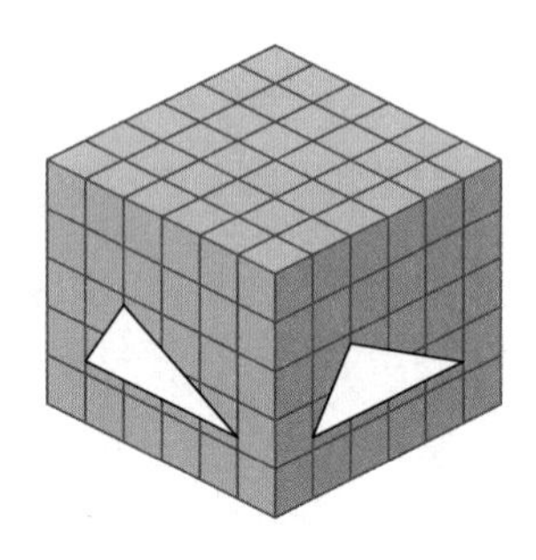

풀이

답 ____________

육각형의 비밀

주변을 둘러보면 육각형으로 이루어진 물건들이 많이 있어요. 6은 완전수라고 해서 어느 한쪽으로 치우치지 않기 때문에 우리 생활에서 쉽게 찾아볼 수 있지요.

6의 약수: 1, 2, 3, 6 ➔ 1+2+3=6

자신을 제외한 약수들을 더했을 때 그 값이 자신이 되는 것.

육각형의 대표적인 예로 벌집이 있어요. 우리 주위에는 벌집과 같은 형태를 응용한 것이 많다고 해요. 벽걸이 텔레비전에 사용하는 액정화면의 구조, 문구점에서 살 수 있는 골판지, 휴대폰의 무선이동통신 기지국 설계에도 벌집의 육각형이 응용된답니다.

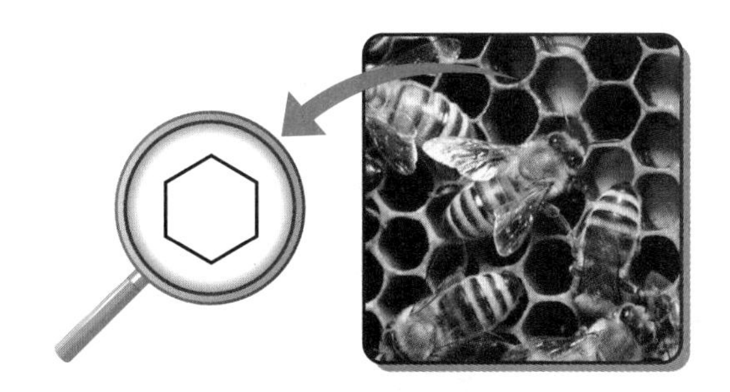

또 육각형에는 어떤 것들이 있을까요? 볼트나 너트도 다양한 디자인이 있지만 기본적인 모양은 육각형이에요. 겨울에 내리는 눈의 결정도 육각형이지요.
또 우리 주변에서 흔히 볼 수 있는 볼트, 연필, 크레파스에서도 육각형 모양을 찾을 수 있어요.

볼트

연필

크레파스

물건을 쌓을 때에도 육각형 모양으로 쌓으면 효율적이라고 하는데요.
이렇게 쌓으면 버려지는 공간이 적어져서 보다 많은 물건을 쌓을 수 있다고 하네요.
이처럼 우리의 생활 주변에 육각형으로 이루어진 것들은 모두 힘의 효율성을 생각한 것이고 그 안에 완전함이 숨어 있답니다.

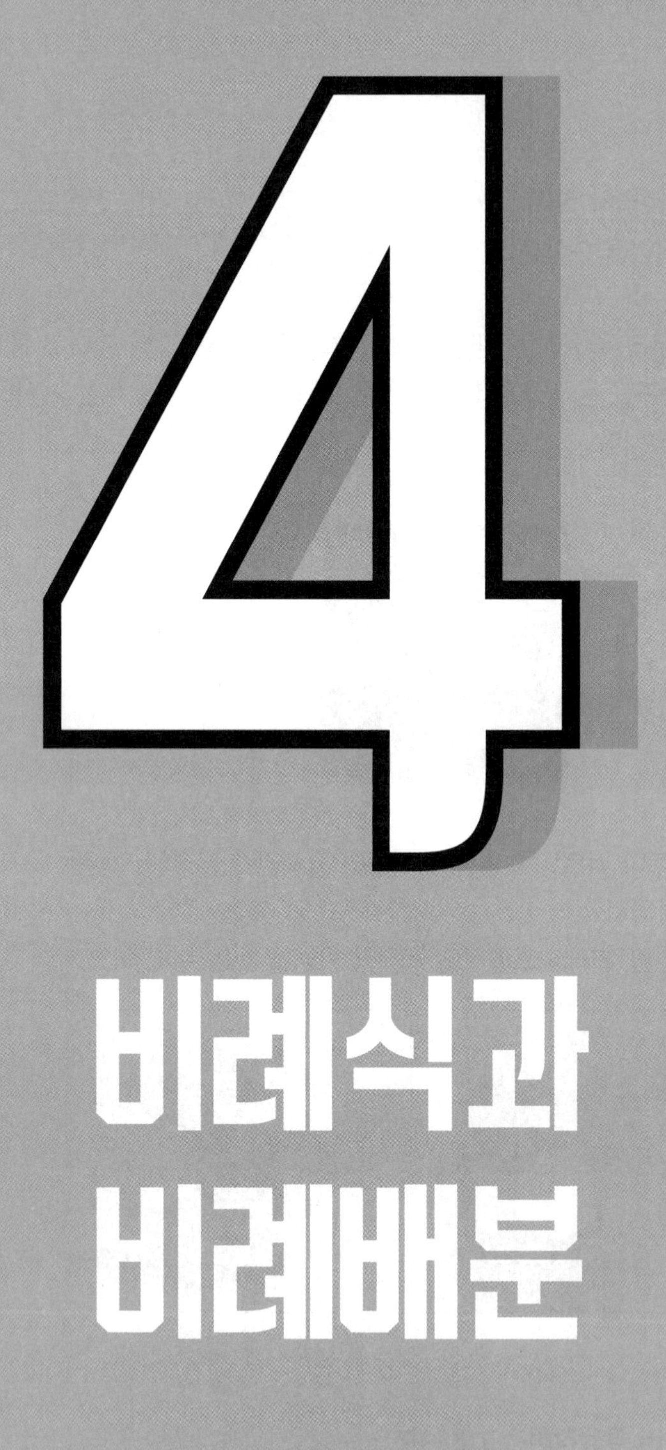

4 비례식과 비례배분

단원의 흐름

이전에 배운 내용 [6-1] 비와 비율

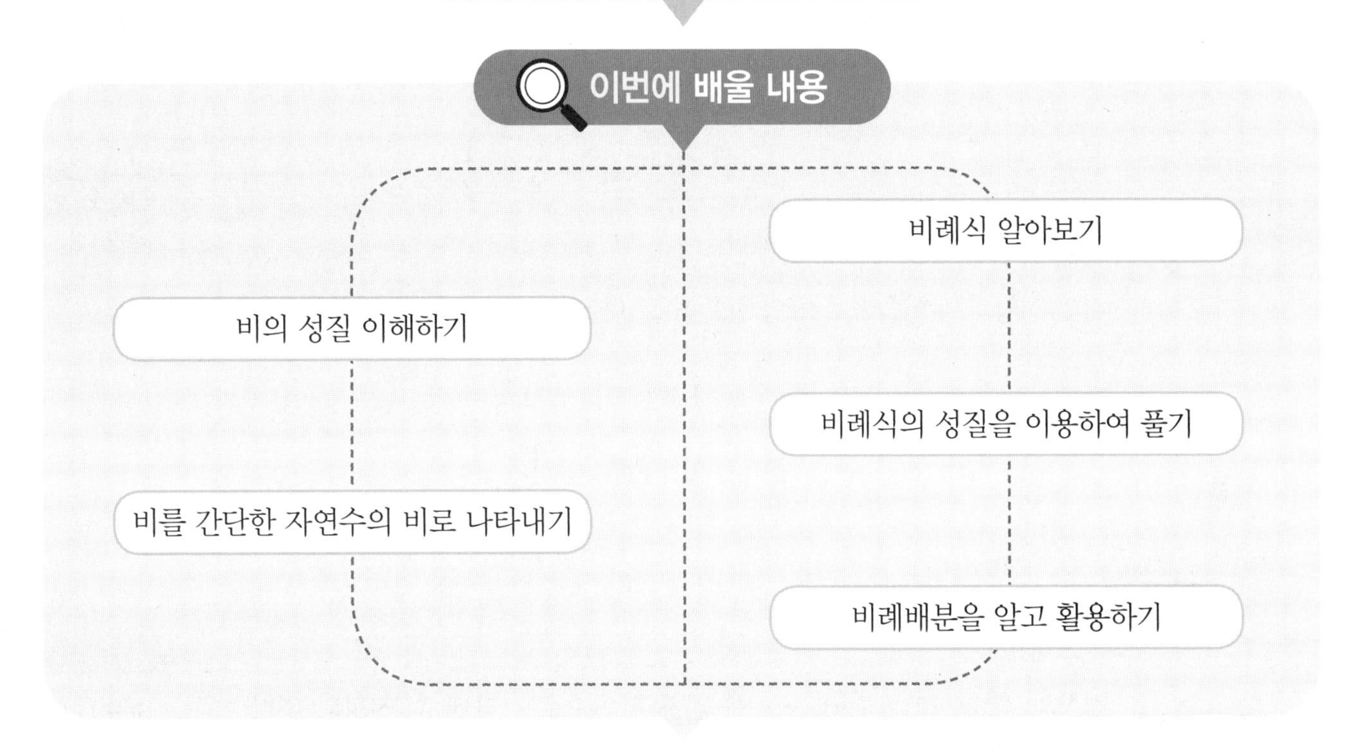

이번에 배울 내용
비의 성질 이해하기
비를 간단한 자연수의 비로 나타내기
비례식 알아보기
비례식의 성질을 이용하여 풀기
비례배분을 알고 활용하기

다음에 배울 내용 [중학교] 정비례와 반비례

꼭! 알아야 할 대표 유형

유형 1 넓이의 비를 간단한 자연수의 비로 나타내는 문제

유형 2 조건에 알맞은 비를 구하는 문제

유형 3 분 단위를 시간 단위로 나타내어 비례식을 활용하는 문제

유형 4 전체를 구한 후 비례배분하는 문제

유형 5 비례배분한 양으로 전체의 양을 구하는 문제

유형 6 겹쳐진 부분이 있는 도형에서 넓이의 비를 알아보는 문제

유형 7 톱니바퀴의 톱니 수와 회전수를 알아보는 문제

유형 8 창의 · 융합형 문제

1 STEP 하이레벨 입문 High Level

1 비의 성질

• 비의 성질 (1)

비의 전항과 후항에 0이 아닌 같은 수를 곱하여도 비율은 같습니다.

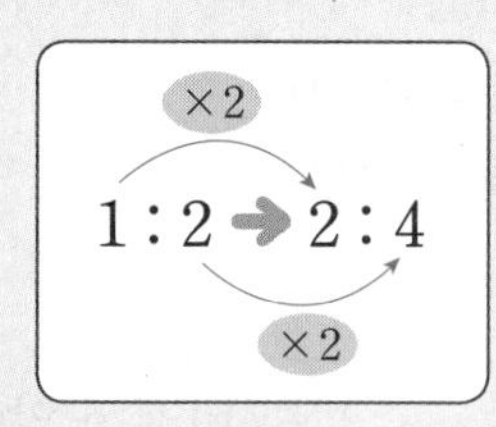

1 : 2의 비율 → $\frac{1}{2}$

2 : 4의 비율 → $\frac{2}{4}=\frac{1}{2}$

• 비의 성질 (2)

비의 전항과 후항을 0이 아닌 같은 수로 나누어도 비율은 같습니다.

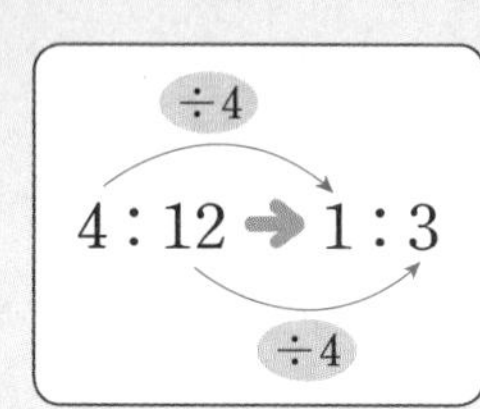

4 : 12의 비율 → $\frac{4}{12}=\frac{1}{3}$

1 : 3의 비율 → $\frac{1}{3}$

개념 PLUS

* 비의 전항과 후항에 0을 곱하면 비율이 달라집니다.
  예 2 : 3 → (2×0) : (3×0) → 0 : 0 ↳ 처음 비율과 달라집니다.
* 비의 전항과 후항을 0으로 나눌 수 없습니다.
  예 2 : 3 → $(2\div0)$: $(3\div0)$ ↳ 0으로는 나눌 수 없습니다.

2 간단한 자연수의 비로 나타내기

• 소수의 비

전항과 후항에 10, 100, ……을 곱해 자연수로 나타낸 후 전항과 후항을 공약수로 나눕니다.

예 0.6 : 2.4 → (0.6×10) : (2.4×10) → 6 : 24
→ $(6\div6)$: $(24\div6)$ → 1 : 4

• 분수의 비

전항과 후항에 두 분모의 공배수를 곱합니다.

예 $\frac{1}{4}:\frac{1}{5}$ → $\left(\frac{1}{4}\times20\right):\left(\frac{1}{5}\times20\right)$ → 5 : 4

• 분수와 소수의 비

분수를 소수로 또는 소수를 분수로 바꾼 후 간단한 자연수의 비로 나타냅니다.

개념 PLUS

* (분수) : (소수)를 간단한 자연수의 비로 나타내기
  $\frac{1}{2}$: 1.3 ─ 분수를 소수로 바꾸기
  → 0.5 : 1.3
  → (0.5×10) : (1.3×10)
  → 5 : 13

3 비례식

• 비례식: 비율이 같은 두 비를 기호 '='를 사용하여 나타낸 식

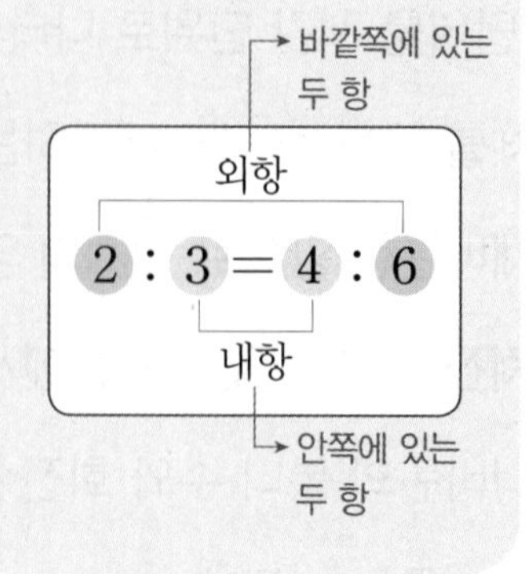

중1 연계

등식: 수나 식을 등호(=)로 연결한 식
예 3+4=7, 2×□=10

1 비례식에서 외항과 내항을 모두 찾아 쓰시오.

$5:8=30:48$

외항 (　　　　　　　　)

내항 (　　　　　　　　)

2 비의 성질을 이용하여 비율이 같은 비를 찾아 이어 보시오.

$2:5$ •	• $6:5$
$30:25$ •	• $5:3$
$15:9$ •	• $6:15$

3 밑변과 높이의 비가 $4:5$인 삼각형을 모두 찾아 기호를 쓰시오.

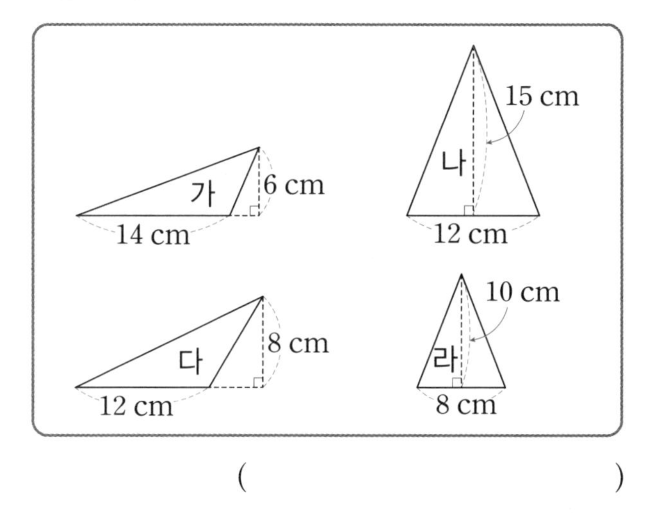

(　　　　　　　　)

4 비율이 같은 비를 찾아 비례식으로 나타내시오.

$2:5$　　$3:7$　　$6:8$　　$8:20$

(　　　　　　　　)

5 간단한 자연수의 비로 바르게 나타낸 사람은 누구입니까?

〈희수〉 $3.2:4.8=2:5$

〈재호〉 $\frac{4}{5}:\frac{2}{7}=14:5$

(　　　　　　　　)

6 측우기는 비의 양을 측정할 수 있도록 만들어진 도구입니다. 측우기로 잰 어제와 오늘의 비의 양의 비는 $9:6\frac{3}{4}$입니다. 이 비를 간단한 자연수의 비로 나타내시오.

(　　　　　　　　)

7 외항이 7과 4, 내항이 1과 28인 비례식을 만드시오.

(　　　　　　　　)

8 재우와 희정이가 같은 양의 숙제를 하는 데 재우는 2시간, 희정이는 3시간이 걸렸습니다. 재우와 희정이가 1시간 동안 한 숙제의 양의 비를 간단한 자연수의 비로 나타내시오.

(　　　　　　　　)

4 비례식의 성질, 비례식을 이용하여 문제 해결하기

• 비례식의 성질

비례식에서 외항의 곱과 내항의 곱은 같습니다.

외항의 곱: $3\times10=30$

$3:5=6:10$

내항의 곱: $5\times6=30$

• 비례식을 이용하여 문제 해결하기

예 휘발유 3 L로 45 km를 달리는 자동차가 휘발유 6 L로 달릴 수 있는 거리는 몇 km입니까?

① 구하려고 하는 것을 □라 하고 비례식을 세웁니다.

➔ 휘발유 6 L로 달릴 수 있는 거리를 □km라 하고 비례식을 세우면 $3:45=6:\square$입니다.

② 비례식의 성질을 이용하여 □의 값을 구합니다.

➔ $3\times\square=45\times6$, $3\times\square=270$, $\square=90$

개념 PLUS

비례식을 세워 문제를 해결할 때 비의 성질을 이용할 수도 있습니다.

예 $3:45=6:\square$ (×2, ×2)

➔ $\square=45\times2$, $\square=90$

개념 PLUS

곱셈식을 비례식으로 나타내기

예 ㉮×2=㉯×3

➔ ㉮ : ㉯=3 : 2,
㉮ : 3=㉯ : 2,
2 : ㉯=3 : ㉮,
2 : 3=㉯ : ㉮

5 비례배분, 비례배분의 활용

• 비례배분: 전체를 주어진 비로 배분하는 것

• 전체 ●를 가 : 나=■ : ▲로 나누기

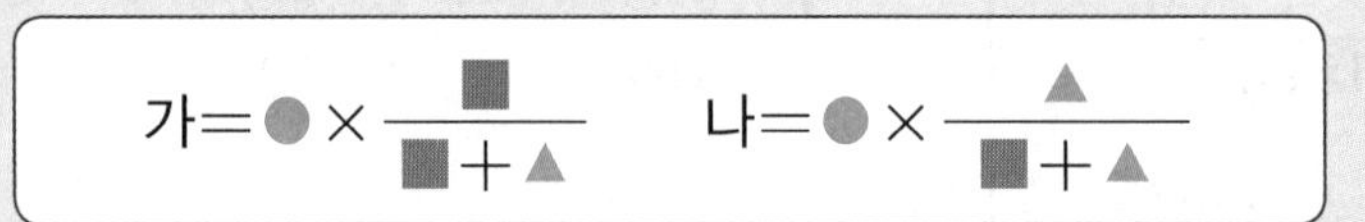

예 32를 3 : 5로 나누기

$32\times\frac{3}{3+5}=32\times\frac{3}{8}=12$, $32\times\frac{5}{3+5}=32\times\frac{5}{8}=20$

전체에 대하여 각 부분이 차지하는 비율

• 비례배분의 활용

예 4000원짜리 과자를 사려고 합니다. 돈을 A와 B가 2 : 3으로 나누어 낸다면 각각 얼마를 내야 합니까?

A: $4000\times\frac{2}{2+3}=4000\times\frac{2}{5}=1600$(원)

B: $4000\times\frac{3}{2+3}=4000\times\frac{3}{5}=2400$(원)

$1600+2400=4000$ 비례배분한 양의 합은 전체의 양과 같습니다.

개념 PLUS

비례식을 세워서 비의 성질을 이용하여 비례배분을 할 수도 있습니다.

예 4000을 2 : 3으로 비례배분하기

① $2:(2+3)=\square:4000$ (×800, ×800)

➔ $\square=2\times800$, $\square=1600$

② $3:(2+3)=\triangle:4000$ (×800, ×800)

➔ $\triangle=3\times800$, $\triangle=2400$

1 비례식을 모두 찾아 기호를 쓰시오.

㉠ $5:8=10:16$	㉡ $4:6=6:9$
㉢ $8:3=10:2$	㉣ $12:6=23:11$

( )

2 160을 주어진 비로 나누시오.

가 : 나 $=3:5$

가 ( )
나 ( )

3 다음 비례식의 외항의 곱이 140일 때 ㉠과 ㉡에 알맞은 수를 각각 구하시오.

㉠ $:7=$ ㉡ $:35$

㉠ ( )
㉡ ( )

4 밑변과 높이의 비가 $4:3$이고 밑변의 길이가 64 cm인 평행사변형이 있습니다. 이 평행사변형의 높이는 몇 cm입니까?

( )

5 구슬 50개를 형과 동생에게 $3:2$로 나누어 주려고 합니다. 형은 동생보다 구슬을 몇 개 더 많이 가지게 됩니까?

( )

6 복사기는 5초에 4장을 복사할 수 있습니다. 36장을 복사하려면 몇 초 걸립니까?

( )

7 다음 식을 이용하여 ●와 ▲의 비를 구하시오.

$5\times$ ▲ $=8\times$ ●

( )

8 진호와 지선이는 가로가 25 cm, 세로가 20 cm인 직사각형 모양의 도화지를 넓이의 비가 $3:7$이 되도록 나누어 가지려고 합니다. 진호와 지선이가 가지게 되는 도화지의 넓이는 각각 몇 cm^2입니까?

진호 ( )
지선 ( )

1 비의 성질

심화 개념

- 비의 전항과 후항에 0을 곱하거나 전항과 후항을 0으로 나누면 안 되는 이유

(1) $3:4 \rightarrow (3\times0):(4\times0) \rightarrow 0:0$

→ 비가 0이 되어 처음과 다릅니다. ←

(2) $3:4 \rightarrow (3\div0):(4\div0)$

↓ 모든 수는 0으로 나눌 수 없습니다.

❶ 개념 플러스 문제

비의 전항과 후항에 0이 아닌 같은 수를 곱하여도 비율은 같습니다. 이 성질을 이용하여 $4:7$과 비율이 같은 비를 2개 쓰시오.

( )

2 간단한 자연수의 비로 나타내기

- (분수):(소수)의 비를 간단한 자연수의 비로 나타내기

$$\frac{1}{5}:0.7$$

(1) 분수를 소수로 바꾼 후 나타내기

$\frac{1}{5}:0.7 \rightarrow 0.2:0.7 \rightarrow 2:7$

(2) 소수를 분수로 바꾼 후 나타내기

$\frac{1}{5}:0.7 \rightarrow \frac{1}{5}:\frac{7}{10} \rightarrow \frac{2}{10}:\frac{7}{10} \rightarrow 2:7$

❷ 개념 플러스 문제

민희와 지우의 몸무게의 비는 $1\frac{3}{4}:2.25$입니다. 민희와 지우의 몸무게의 비를 간단한 자연수의 비로 나타내시오.

( )

3 비례식

- 비례식 찾기 → 비율(비의 값)이 같음을 이용

① 두 비로 이루어져야 함.

② 등호를 사용한 식이어야 함.

③ 비율(비의 값)이 같아야 함.

심화 개념

- 셋 이상의 비를 한꺼번에 나타낼 수도 있습니다. 이것을 **연비**라고 합니다.

비	연비
2 : 3	2 : 1 : 3

❸ 개념 플러스 문제

비례식을 모두 찾아 기호를 쓰시오.

㉠ $18\div6=3$　　㉡ $4:1=8:3$

㉢ $2:5=6:15$　　㉣ $28=7:4$

㉤ $5:4=4:5$　　㉥ $2:3=1:1.5$

( )

4 비례식으로 문제 해결하기

• 비례식을 세울 때 주의할 점

➔ 두 비의 각 항에 놓이는 항목이 같아야 합니다.

예 식탁에 있는 사탕과 과자 수의 비가 5 : 2이고 사탕이 20개 있습니다. 과자는 몇 개 있습니까?

사탕 과자 사탕 과자 □개

$5:2=20:\square$

$5\times\square=2\times20$

$5\times\square=40$

$\square=8$

➔ 과자는 8개 있습니다.

Check Point
비례식을 $5:2=\square:20$으로 만들면 안 됩니다.

• 비례식을 여러 가지로 표현하기

㉠ : ㉡ = ㉢ : ㉣

➔ $\frac{㉠}{㉡}=\frac{㉢}{㉣}$, $\frac{㉠+㉡}{㉡}=\frac{㉢+㉣}{㉣}$,

$\frac{㉠}{㉠+㉡}=\frac{㉢}{㉢+㉣}$, $\frac{㉠+㉡}{㉠-㉡}=\frac{㉢+㉣}{㉢-㉣}$

❹ 개념 플러스 문제

어느 야구 선수가 12타수마다 안타를 3번씩 쳤습니다. 이와 같은 타율로 친다면 100타수 중에서 안타를 몇 번 칠 것으로 예상되는지 알아보시오.

(1) 비례식을 세워 보시오.

( )

(2) 100타수 중에서 안타를 몇 번 칠 것으로 예상됩니까?

( )

5 비례배분

• 비례배분은 간단한 자연수의 비로 나타낸 후 계산하는 것이 편리합니다.

예 500을 $1:\frac{1}{4}$로 나누기

$1:\frac{1}{4}$ ➔ $(1\times4):\left(\frac{1}{4}\times4\right)$ ➔ $4:1$

500을 4 : 1로 나누는 것과 같습니다.

$500\times\frac{4}{4+1}=400$, $500\times\frac{1}{4+1}=100$

• 셋 이상의 비를 한꺼번에 나타낸 연비로 비례배분할 수도 있습니다.

예 30을 1 : 2 : 3으로 나누기

$30\times\frac{1}{1+2+3}=5$, $30\times\frac{2}{1+2+3}=10$,

$30\times\frac{3}{1+2+3}=15$

❺ 개념 플러스 문제

용돈 10000원을 단희와 동생이 $1.5:\frac{1}{2}$로 나누어 가지려고 합니다. 단희와 동생이 각각 얼마씩 가져야 하는지 알아보시오.

(1) 단희와 동생이 나누어 가지려는 용돈의 비를 간단한 자연수의 비로 나타내시오.

( )

(2) 단희와 동생은 각각 얼마씩 가져야 합니까?

단희 ( )

동생 ( )

대표 유형 1 넓이의 비를 간단한 자연수의 비로 나타내는 문제

가로가 0.4 m, 세로가 0.8 m인 직사각형과 한 변의 길이가 0.6 m인 정사각형이 있습니다. 이 직사각형과 정사각형의 넓이의 비를 간단한 자연수의 비로 나타내시오.

문제해결 Key

각 도형의 넓이를 구한 후 소수의 비를 간단한 자연수의 비로 나타냅니다.

(1) 직사각형의 넓이는 몇 m^2입니까?

( )

(2) 정사각형의 넓이는 몇 m^2입니까?

( )

(3) 직사각형과 정사각형의 넓이의 비를 간단한 자연수의 비로 나타내시오.

( )

체크 1-1 가로가 0.8 m, 세로가 0.5 m인 직사각형과 밑변의 길이가 1.4 m, 높이가 0.3 m인 평행사변형이 있습니다. 직사각형과 평행사변형의 넓이의 비를 간단한 자연수의 비로 나타내시오.

( )

체크 1-2 삼각형과 평행사변형의 넓이의 비를 간단한 자연수의 비로 나타내시오.

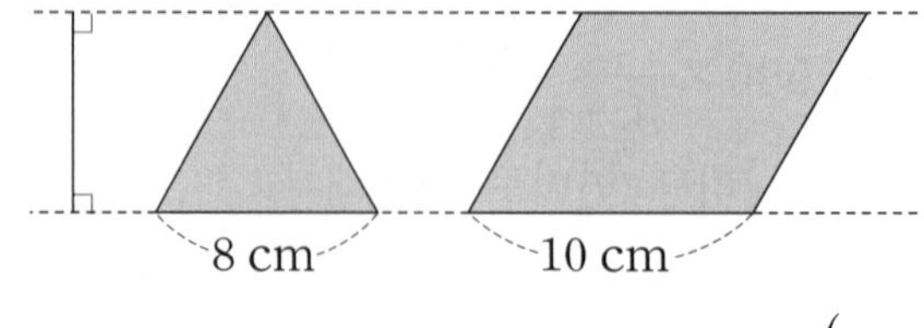

( )

대표 유형 2 조건에 알맞은 비를 구하는 문제

15 : 30과 비율이 같은 비를 구하려고 합니다. 각 항이 자연수로 이루어진 비 중에서 전항이 6보다 작은 비는 모두 몇 개인지 구하시오.

문제해결 Key

주어진 비를 가장 간단한 자연수의 비로 나타낸 후 비의 성질을 이용하여 비율이 같은 비를 구합니다.
가장 간단한 자연수의 비로 나타내려면 두 항의 최대공약수로 나눕니다.

(1) 15 : 30을 가장 간단한 자연수의 비로 나타내시오.

( )

(2) 가장 간단한 자연수의 비의 각 항을 1배, 2배, 3배, 4배, 5배, 6배 한 비를 차례로 쓰시오.

( )

(3) 조건을 만족하는 비는 모두 몇 개인지 구하시오.

( )

체크 2-1

21 : 6과 비율이 같은 비를 구하려고 합니다. 각 항이 자연수로 이루어진 비 중에서 전항이 26보다 작은 비는 모두 몇 개인지 구하시오.

( )

체크 2-2

24 : 40과 비율이 같은 비를 구하려고 합니다. 각 항이 자연수로 이루어진 비 중에서 후항이 30보다 작은 비는 모두 몇 개인지 구하시오.

( )

체크 2-3

48 : 42와 비율이 같은 비를 구하려고 합니다. 각 항이 자연수로 이루어진 비 중에서 전항이 15보다 크고 25보다 작은 비는 모두 몇 개인지 구하시오.

( )

대표 유형 3 분 단위를 시간 단위로 나타내어 비례식을 활용하는 문제

재영이는 자전거를 타고 15분 동안 일정한 빠르기로 3 km를 달렸습니다. 재영이가 같은 빠르기로 자전거를 타고 1시간 25분 동안 달린다면 달린 거리는 몇 km입니까?

문제해결 Key

1시간 25분 동안 달린 거리를 ■ km라 놓고 비례식을 세웁니다. 이때 시간 단위를 하나로 통일하여 비례식을 세워야 합니다.

(1) 15분과 1시간 25분은 몇 시간인지 구하시오.

$$15\text{분}=\frac{\square}{60}\text{시간}=\frac{\square}{4}\text{시간},\ 1\text{시간 }25\text{분}=1\frac{\square}{60}\text{시간}=1\frac{\square}{12}\text{시간}$$

(2) 1시간 25분 동안 달린 거리를 ■ km라 놓고 비례식을 세워 보시오.

( )

(3) 재영이가 1시간 25분 동안 달린 거리는 몇 km입니까?

( )

체크 3-1 어느 공장에서는 2시간 20분 동안 일정한 빠르기로 7대의 냉장고를 만들어 냅니다. 이 공장에서 15시간 동안 만들 수 있는 냉장고는 몇 대입니까?

( )

체크 3-2 미소는 이모의 가게에서 4시간 동안 일하고 42000원을 받았습니다. 한 시간당 같은 금액을 받고 하루에 3시간 30분씩 2주일 동안 일한다면 얼마를 받을 수 있는지 풀이 과정을 쓰고 답을 구하시오. 5점

풀이

답

대표 유형 4 전체를 구한 후 비례배분하는 문제

다음을 읽고 혜민이는 경민이보다 색종이를 몇 장 더 많이 가졌는지 구하시오.

미정: 색종이가 68장 있었는데 내가 전체의 $\frac{1}{4}$을 사용했어.
경민: 남은 색종이를 나와 혜민이가 $8:9$로 나누어 가졌지.
혜민: 그럼, 내가 경민이보다 색종이를 몇 장 더 많이 가진 거야?

문제해결 Key
경민이와 혜민이가 나누어 가지는 색종이 수가 각각 몇 장인지 생각해 봅니다.

(1) 미정이가 사용하고 남은 색종이는 몇 장입니까?

( )

(2) 경민이와 혜민이가 나누어 가진 색종이의 수를 각각 구하시오.

경민 ( ), 혜민 ( )

(3) 혜민이는 경민이보다 색종이를 몇 장 더 많이 가졌습니까?

( )

체크 4-1 민재는 연필을 75자루 가지고 있었는데 전체의 $\frac{1}{3}$을 동생에게 주고, 남은 연필을 형과 민재가 $2:3$으로 나누어 가졌습니다. 민재는 형보다 연필을 몇 자루 더 많이 가졌습니까?

( )

체크 4-2 둘레가 240 cm인 직사각형이 있습니다. 직사각형의 가로와 세로의 비가 $5:7$일 때, 직사각형의 넓이는 몇 cm^2입니까?

( )

대표 유형 5 비례배분한 양으로 전체의 양을 구하는 문제

어떤 수를 두 수 가와 나로 비례배분하였습니다. 가 : 나가 3 : 5이고 나가 25라면 어떤 수는 얼마입니까?

문제해결 Key

어떤 수를 ■라 하고 비례배분하여 나를 구하는 식을 써 봅니다.

(1) 어떤 수를 ■라 할 때 ■를 비례배분하여 나를 구하는 식을 쓰시오.

$$■ \times \frac{\square}{3+5} = \square$$

(2) 어떤 수는 얼마입니까?

( )

체크 5-1 어떤 수를 두 수 가와 나로 비례배분하였습니다. 가 : 나가 11 : 14이고 가가 33이라면 어떤 수는 얼마입니까?

( )

체크 5-2 바구니에 있던 사탕을 정연이와 시연이가 7 : 4로 나누어 가졌습니다. 정연이가 가진 사탕이 28개일 때, 처음 바구니에 있던 사탕은 모두 몇 개인지 풀이 과정을 쓰고 답을 구하시오. 5점

풀이

답

대표 유형 6 겹쳐진 부분이 있는 도형에서 넓이의 비를 알아보는 문제

오른쪽과 같이 마름모 ㉮와 ㉯가 겹쳐져 있습니다. 겹쳐진 부분은 ㉮의 $\frac{2}{3}$이고 ㉯의 $\frac{1}{4}$입니다. 마름모 ㉮와 ㉯의 넓이의 비를 간단한 자연수의 비로 나타내시오.

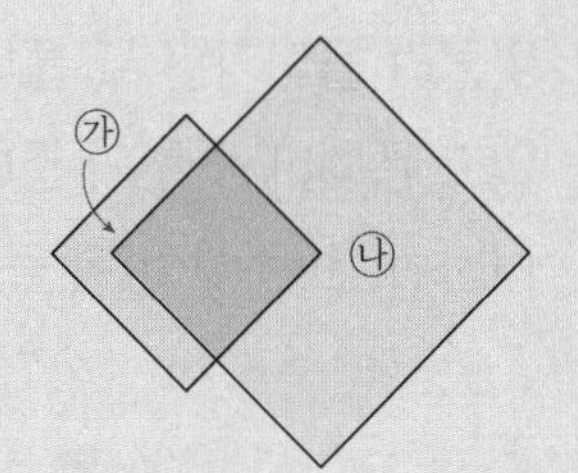

문제해결 Key

두 마름모에서 겹쳐진 부분의 넓이는 서로 같음을 이용하여 등식을 세워 봅니다.

(1) 겹쳐진 부분의 넓이를 나타낸 것입니다. □ 안에 알맞은 수를 써넣으시오.

㉮ × □ = ㉯ × □

(2) 위 (1)의 곱셈식을 이용하여 마름모 ㉮와 ㉯의 넓이의 비를 나타내시오.

(　　　　　　　　　)

(3) 마름모 ㉮와 ㉯의 넓이의 비를 간단한 자연수의 비로 나타내시오.

(　　　　　　　　　)

체크 6-1

오른쪽과 같이 원 ㉮와 직사각형 ㉯가 겹쳐져 있습니다. 겹쳐진 부분은 ㉮의 0.5이고 ㉯의 $\frac{2}{5}$입니다. ㉮와 ㉯의 넓이의 비를 간단한 자연수의 비로 나타내시오.

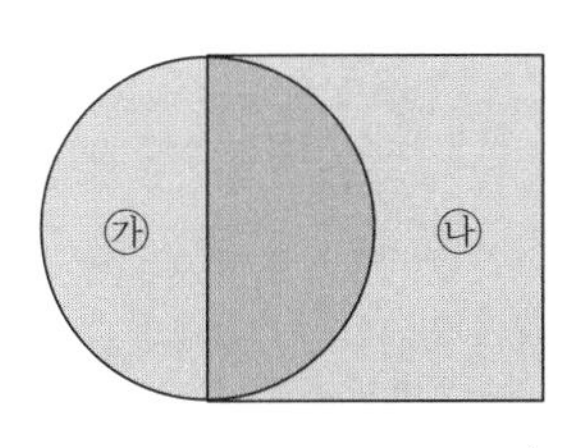

(　　　　　　　　　)

체크 6-2

오른쪽과 같이 정사각형 ㉮와 ㉯가 겹쳐져 있습니다. 겹쳐진 부분은 ㉮의 $\frac{1}{4}$이고 ㉯의 10 %입니다. ㉮의 넓이가 37.4 cm^2일 때, ㉯의 넓이는 몇 cm^2입니까?

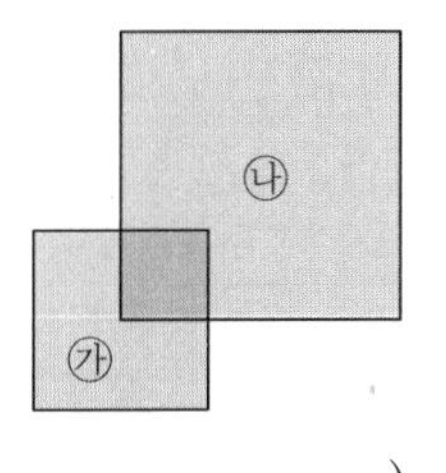

(　　　　　　　　　)

대표 유형 7 톱니바퀴의 톱니 수와 회전수를 알아보는 문제

맞물려 돌아가는 두 톱니바퀴 ㉮와 ㉯가 있습니다. 톱니바퀴 ㉮의 톱니는 16개이고 톱니바퀴 ㉯의 톱니는 20개입니다. 톱니바퀴 ㉮가 10바퀴를 도는 동안 톱니바퀴 ㉯는 몇 바퀴 돌겠습니까?

맞물려 돌아가는 두 톱니바퀴 ㉮와 ㉯에서 ㉮와 ㉯의 맞물린 톱니 수는 같습니다.
(㉮의 톱니 수)×(㉮의 회전수)=(㉯의 톱니 수)×(㉯의 회전수)
➔ 톱니 수가 많으면 회전수는 적고, 톱니 수가 적으면 회전수는 많습니다.

문제해결 Key

두 톱니바퀴가 회전하면서 맞물리는 톱니 수는 같습니다. 이때 톱니 수와 회전수의 비를 생각해 봅니다.

(1) ㉮의 톱니 수와 ㉯의 톱니 수의 비를 구하시오.

( )

(2) ㉮와 ㉯의 회전수의 비를 간단한 자연수의 비로 나타내시오.

( )

(3) ㉮가 10바퀴 도는 동안 ㉯는 몇 바퀴 돌겠습니까?

( )

체크 7-1

맞물려 돌아가는 두 톱니바퀴 ㉮와 ㉯가 있습니다. 톱니바퀴 ㉮의 톱니는 32개이고, 톱니바퀴 ㉯의 톱니는 18개입니다. 톱니바퀴 ㉯가 48바퀴를 도는 동안 톱니바퀴 ㉮는 몇 바퀴 돌겠습니까?

( )

체크 7-2

두 바퀴 ㉮와 ㉯가 벨트로 연결되어 돌아가고 있습니다. 바퀴 ㉮의 반지름은 16 cm이고 바퀴 ㉯의 반지름은 12 cm입니다. 바퀴 ㉮가 24바퀴를 도는 동안 바퀴 ㉯는 몇 바퀴 돌겠습니까?

( )

대표 유형 8 창의 · 융합형 문제

사람이 보기에 가장 균형적이고 이상적으로 보이는 비율을*황금비라고 합니다. 고대 그리스 시대의 유명한 조각 작품인 밀로의 비너스에서도 황금비 $1:1.6$을 2번 찾아볼 수 있습니다. 진호는 이와 같은 황금비로 오른쪽에 사람을 그렸습니다. 머리끝부터 배꼽까지의 길이가 19.5 cm라면 무릎부터 발끝까지의 길이인 ㉠은 몇 cm입니까?

*황금비: 한 선분을 두 부분으로 나눌 때, 전체에 대한 큰 부분의 비와 큰 부분에 대한 작은 부분의 비가 같게 한 비로 대략 1 : 1.618이나 간단히 1 : 1.6으로 나타내기도 합니다.

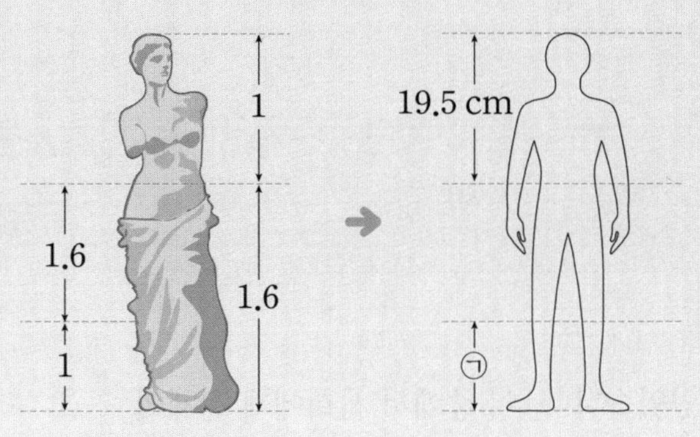

문제해결 Key

황금비를 이용하여 배꼽부터 발끝까지의 길이를 먼저 구해 봅니다.

(1) 배꼽부터 발끝까지의 길이는 몇 cm입니까?

( )

(2) 배꼽부터 무릎까지의 길이와 무릎부터 발끝까지의 길이의 비를 간단한 자연수의 비로 나타내시오.

( )

(3) 무릎부터 발끝까지의 길이인 ㉠은 몇 cm입니까?

( )

체크 8-1

평행사변형을 나눈 두 도형 가와 나의 넓이의 비는 $11:5$입니다. 선분 ㄱㅁ과 선분 ㅁㄹ의 길이의 비를 간단한 자연수의 비로 나타내시오.

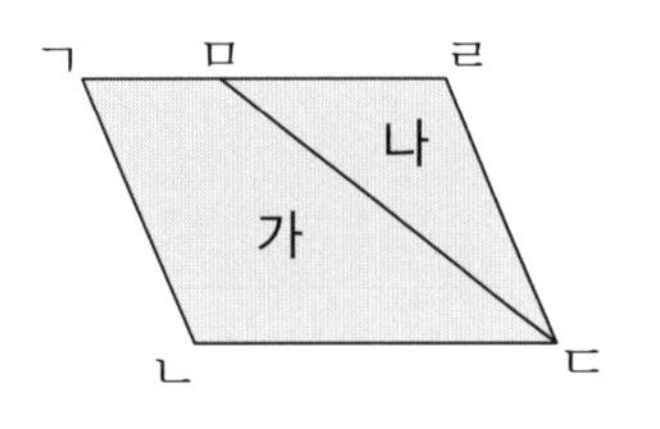

( )

1 ㉯에 대한 ㉮의 비율이 $\frac{7}{9}$입니다. ㉯가 54일 때 ㉮는 얼마인지 구하시오.

( )

◀ 비율을 이용하여 항의 값을 구하는 문제

2 준수는 연필 7타를 가지고 있었습니다. 이 중에서 서희에게 전체의 $\frac{1}{4}$을 주고, 나머지는 윤하와 우진이에게 5 : 4로 나누어 주었습니다. 준수는 우진이에게 연필을 몇 자루 주었습니까? (단, 연필 1타는 12자루입니다.)

( )

◀ 전체를 구한 후 비례배분하는 문제

3 맞물려 돌아가는 두 톱니바퀴 ㉮와 ㉯가 있습니다. 톱니바퀴 ㉮가 85바퀴 도는 동안 톱니바퀴 ㉯는 119바퀴 돈다고 합니다. 톱니바퀴 ㉮의 톱니가 42개일 때, 두 톱니바퀴 ㉮와 ㉯의 톱니 수의 차는 몇 개입니까?

( )

◀ 톱니바퀴의 톱니 수와 회전수를 알아보는 문제

4 똑같은 책 한 권을 읽는 데 서윤이는 30일 걸렸고, 윤재는 42일 걸렸습니다. 서윤이와 윤재가 하루에 책을 읽은 양을 간단한 자연수의 비로 나타내시오. (단, 매일 책을 읽은 양은 각자 같습니다.)

(　　　　　　　　)

◀ 간단한 자연수의 비로 나타내는 문제

창의 · 융합

5 다음은 공기 중에 들어 있는 질소, 산소, 기타의 백분율을 나타낸 것입니다. 공기 120 g 안에 있는 질소와 산소는 모두 몇 g입니까? (단, 온도는 일정합니다.)

질소	산소	기타	합계
78 %	21 %	1 %	100 %

(　　　　　　　　)

◀ 비례식을 활용하여 모르는 값을 구하는 문제

6 수연이네 학교의 6학년 남학생과 여학생 수의 비는 4 : 3입니다. 이 중에서 여학생 수의 $\frac{1}{3}$인 30명이 축구를 좋아한다면 수연이네 학교 6학년 전체 학생은 몇 명입니까?

(　　　　　　　　)

◀ 비례배분과 부분을 이용하여 전체를 구하는 문제

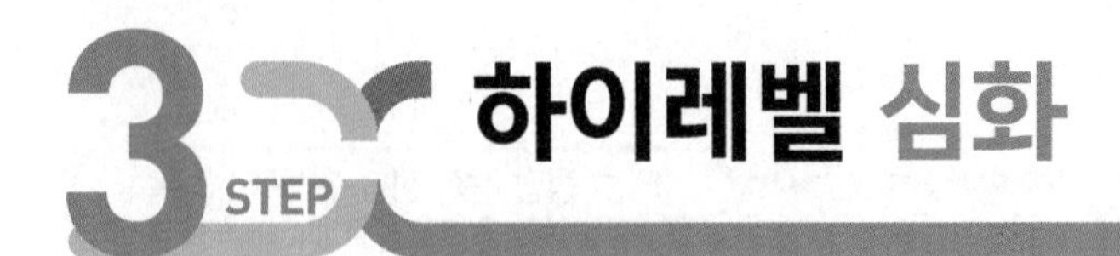

1 ㉮ : ㉯의 비율은 0.18입니다. ㉮ : ㉯를 자연수의 비로 나타낼 때 두 항의 차가 100 미만인 비를 모두 쓰시오.

( )

풀이

2 어느 문구점의 필통 가격이 10 % 올라서 4950원이라고 합니다. 필통 가격이 오르기 전과 오른 후의 가격의 비를 간단한 자연수의 비로 나타내시오.

( )

3 다음 정사각형의 가로만 줄여서 가로와 세로의 비가 2 : 5가 되는 직사각형을 만들려고 합니다. 처음의 정사각형과 만들어지는 직사각형의 넓이의 비를 간단한 자연수의 비로 나타내시오.

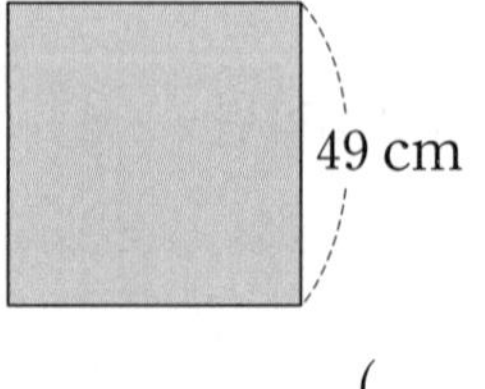

( )

4 하루에 4분씩 느려지는 시계가 있습니다. 어느 날 정오에 시계를 12시로 정확히 맞추었다면 다음날 오전 6시에 이 시계가 가리키는 시각은 오전 몇 시 몇 분입니까?

(　　　　　　　　　　)

풀이

5 직각삼각형 ㉮와 정사각형 ㉯의 넓이의 비는 8 : 3입니다. 두 도형의 겹쳐진 부분의 넓이는 ㉮의 넓이의 $\frac{6}{25}$일 때 겹쳐진 부분의 넓이는 ㉯의 넓이의 몇 %입니까?

㉮ ㉯

(　　　　　　　　　　)

풀이

경시문제 유형

6 다희와 예준이가 가진 붙임 딱지 수의 비는 5 : 4입니다. 다희가 붙임 딱지 8장을 예준이에게 주었더니 다희와 예준이가 가진 붙임 딱지 수의 비는 1 : 2가 되었습니다. 처음에 다희가 가진 붙임 딱지는 몇 장입니까?

(　　　　　　　　　　)

풀이

7 주원이는 철사로 동물을 만들었습니다. 가지고 있는 철사의 $\frac{3}{4}$으로 코끼리를 만들고, 나머지의 $\frac{2}{3}$로 곰을 만들었습니다. 코끼리와 곰을 만드는 데 사용한 철사의 길이의 비를 간단한 자연수의 비로 나타내시오.

( )

풀이

코딩형

8 다음은 격자 암호입니다. 격자 암호는 해독판을 가진 사람만 해독할 수 있습니다. 격자 암호에 색칠된 부분과 일치하는 해독판의 글씨를 위에서부터 차례로 적어서 나열하면 문장으로 해독이 가능합니다. 해독 문장을 쓰고 답을 구하시오.

〈격자 암호〉

〈해독판〉

삼	룡	십	육	이
가	을	한	오	양
대	간	칠	로	을
나	다	누	요	어
네	보	쇼	시	오

문장 ______________________

( ), ( )

풀이

9 실제 길이를 $\frac{1}{50000}$로 축소시킨 지도에 직사각형 모양의 밭이 그려져 있습니다. 지도에 그려진 직사각형 모양 밭의 길이를 재어 보니 가로가 5 cm, 세로가 2 cm였습니다. 이 밭의 실제 넓이는 몇 km^2입니까?

( )

풀이

10 1분에 6.3 L의 물이 나오는 수도로 물을 받으려고 하는데 수조에 구멍이 나서 물이 샙니다. 물이 나오는 양과 새는 양의 비가 7 : 1이라고 할 때, 1시간 10분 후에 이 수조에는 몇 L의 물이 차게 됩니까?

( )

풀이

11 ㉮가 200만 원, ㉯가 150만 원을 투자하여 이익금으로 70만 원을 얻을 수 있고, ㉮와 ㉯에게 얻은 이익금을 투자한 금액의 비로 나누어 주려고 합니다. 투자한 금액에 따른 이익금을 같은 비율로 얻을 수 있을 때 ㉯가 받을 수 있는 이익금이 120만 원이 되려면 ㉯는 얼마를 투자해야 합니까?

( )

풀이

12 상품 ㉮의 정가에 15 %를 더한 금액과 상품 ㉯의 정가에서 10 %를 할인한 금액이 같다고 합니다. 상품 ㉯의 정가가 2300원일 때, 상품 ㉮의 정가는 얼마입니까?

( )

풀이

13 길이가 다른 2개의 막대를 바닥이 평평한 연못의 같은 곳에 수직으로 세웠더니 물 위에 나온 막대의 길이는 각각 막대 길이의 $\frac{1}{4}$, $\frac{1}{5}$이었습니다. 두 막대의 길이의 합이 6.2 m라면 막대를 세운 연못의 깊이는 몇 m입니까?

(   )

풀이

경시문제 유형

14 상자에 검은색 바둑돌과 흰색 바둑돌 수의 비가 5 : 4로 들어 있었습니다. 친구에게 검은색 바둑돌 몇 개를 받아서 상자에 넣었더니 상자에 검은색 바둑돌과 흰색 바둑돌 수의 비가 3 : 2가 되었고, 바둑돌은 모두 160개가 되었습니다. 친구에게 받은 검은색 바둑돌은 몇 개입니까?

(   )

풀이

브레인스토밍

빠른 정답 4쪽, 정답 및 풀이 34쪽

경시대회 본선 기출문제

Brainstorming **1**

크기가 다른 직육면체 모양의 컵 가와 나가 있습니다. 컵 가에는 주스가 가 전체의 $\frac{2}{3}$만큼 들어 있고, 컵 나에는 주스가 나 전체의 40 %만큼 들어 있습니다. 이 두 개의 컵에서 같은 양의 주스를 각각 마셨더니 컵 가에는 주스가 가 전체의 $\frac{1}{6}$만큼, 컵 나에는 주스가 나 전체의 $\frac{1}{5}$만큼 남았습니다. 컵 가의 들이를 ㉠ mL, 컵 나의 들이를 ㉡ mL라 할 때 ㉠ : ㉡을 간단한 자연수의 비로 나타내시오.

풀이

답 ____________

Brainstorming **2**

세진이와 민영이는 13 : 15로 돈을 내어 사탕을 산 후 사탕 값을 4 : 5로 나눈 만큼 사탕을 나누어 가졌습니다. 민영이가 세진이에게 500원을 주면 두 사람은 서로 손해나 이익이 없다고 할 때, 세진이가 처음에 낸 돈은 얼마인지 구하시오.

풀이

답 ____________

빠른 정답 4쪽, 정답 및 풀이 34쪽

Brainstorming **3**

길이가 다른 3개의 막대 가, 나, 다로 수조에 들어 있는 물의 높이를 재었더니 물 위로 나온 막대의 길이는 각각 막대의 길이의 $\frac{1}{4}$, $\frac{1}{10}$, $\frac{2}{5}$였습니다. 3개의 막대의 길이의 합이 2.22 m일 때, 물의 높이는 몇 cm인지 구하시오.

풀이

답 ____________

Brainstorming **4**

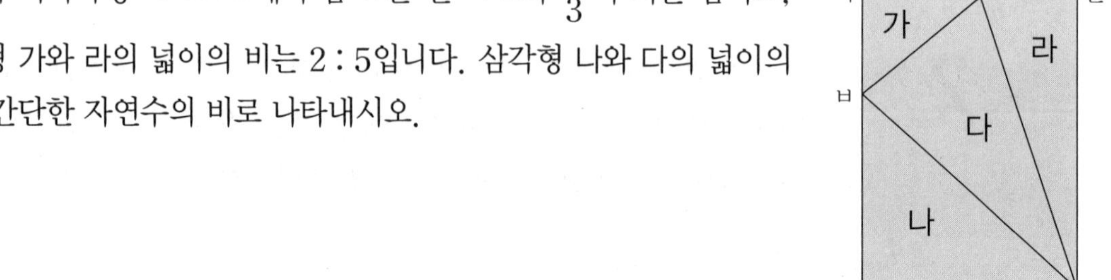

오른쪽 직사각형 ㄱㄴㄷㄹ에서 점 ㅂ은 변 ㄱㄴ의 $\frac{1}{3}$이 되는 점이고, 삼각형 가와 라의 넓이의 비는 2 : 5입니다. 삼각형 나와 다의 넓이의 비를 간단한 자연수의 비로 나타내시오.

풀이

답 ____________

피보나치 수열

이탈리아의 수학자 피보나치(Fibonacci)는 『Liber Abaci』라는 책을 통해 다음과 같은 문제를 제시하였습니다.

갓 태어난 암수 한 쌍의 토끼가 있습니다. 한 쌍의 토끼는 태어난 지 두 달이 지나면 매달 암수 한 쌍의 토끼를 낳고 새로 태어난 토끼들도 두 달이 지나면 매달 한 쌍의 토끼를 낳습니다. 첫 달에 태어난 토끼 한 쌍이 1개월 후에 어른 토끼가 되고 2개월 후에 토끼 한 쌍을 낳게 되는 거죠. 중간에 어떤 토끼도 죽지 않는다고 할 때, 매달 관찰되는 토끼가 몇 쌍인지 써 볼까요?

1, 1, 2, 3, 5, 8, 13, 21, 34, 55, 89, 144

개월	처음	1개월 후	2개월 후	3개월 후	4개월 후	5개월 후	……
토끼							……
토끼 쌍의 수	1쌍	1쌍	2쌍	3쌍	5쌍	8쌍	……

위와 같이 놓여진 수에서 찾을 수 있는 규칙은 무엇일까요?
처음의 두 수는 1과 1이고 그 다음부터는 이전 두 수의 합으로 이루어진다는 것입니다. 이와 같은 규칙으로 놓여진 수열을 피보나치 수열(Fibonacci Sequence)이라고 합니다.

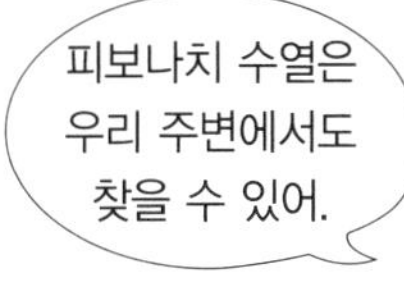

피보나치 수열은
우리 주변에서도
찾을 수 있어.

꽃잎의 수, 솔방울의
나선의 수, 해바라기의 씨앗이
이루는 나선의 수 등에서
찾아볼 수 있지.

5

원의 넓이

단원의 흐름

이전에 배운 내용 [5-1] 다각형의 둘레와 넓이

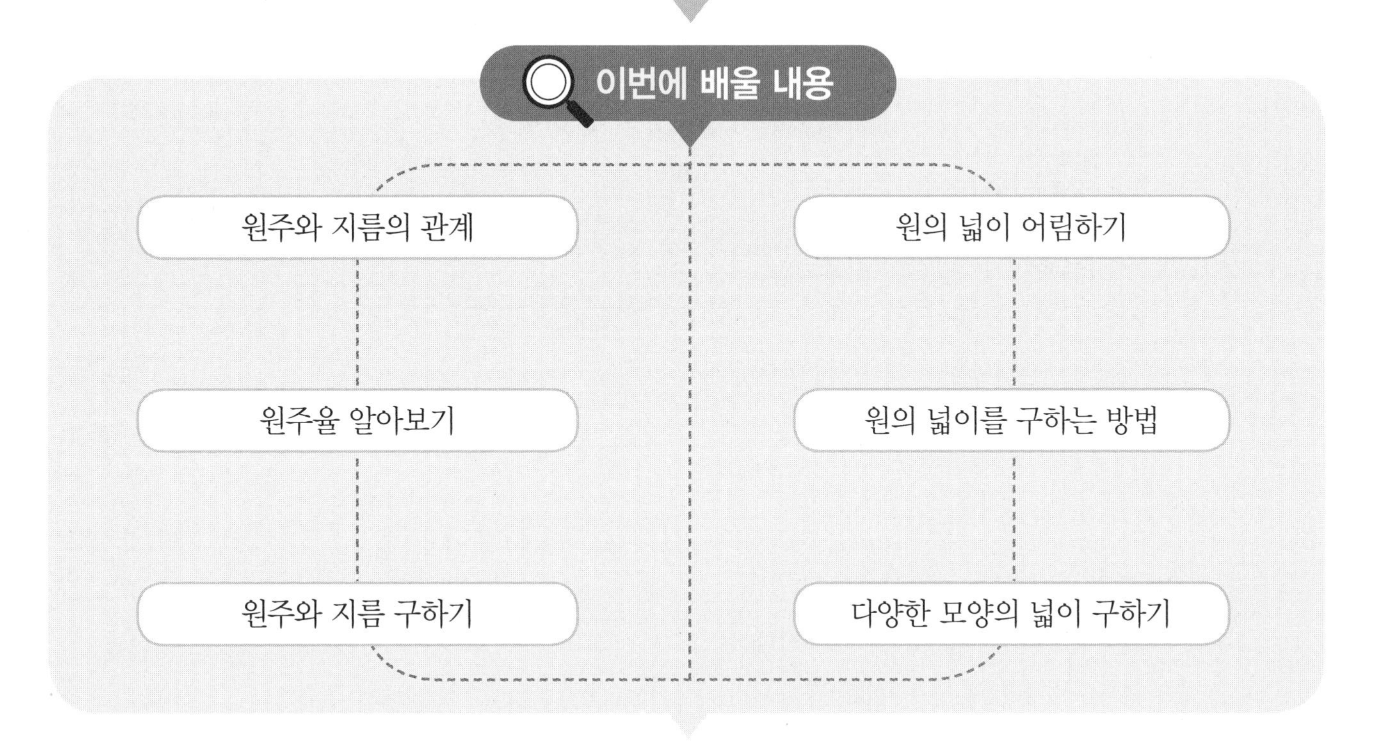

이번에 배울 내용
원주와 지름의 관계
원주율 알아보기
원주와 지름 구하기
원의 넓이 어림하기
원의 넓이를 구하는 방법
다양한 모양의 넓이 구하기

다음에 배울 내용 [6-2] 원기둥, 원뿔, 구

꼭! 알아야 할 대표 유형

유형 1 원의 크기를 비교하는 문제

유형 2 원주를 이용하여 굴러간 거리를 구하는 문제

유형 3 색칠한 부분의 넓이를 구하는 문제

유형 4 색칠한 부분의 둘레를 구하는 문제

유형 5 끈의 길이를 구하는 문제

유형 6 창의 · 융합형 문제

유형 7 원이 지나간 자리의 넓이를 구하는 문제

유형 8 겹쳐진 부분의 넓이를 구하는 문제

1 원주와 지름의 관계

• 원주: 원의 둘레

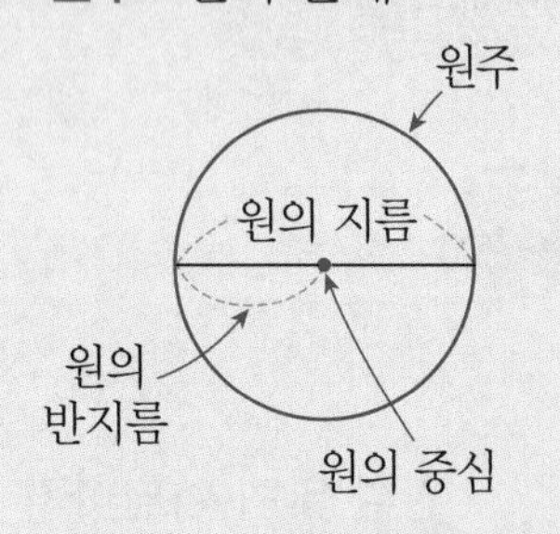

(1) 원의 지름이 길어지면 원주도 길어집니다.
(2) 원의 크기가 커지면 원주도 길어집니다.

• 지름과 원주의 길이 비교

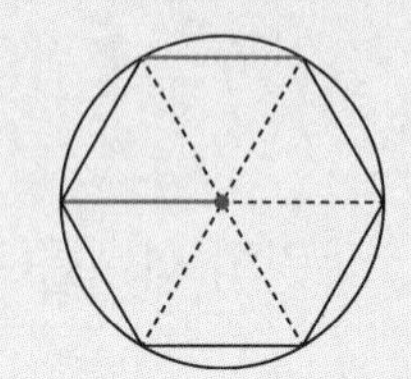

(원주) > (정육각형의 둘레)
(원의 지름) × 3

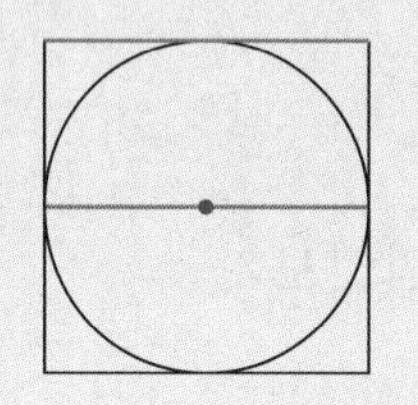

(원주) < (정사각형의 둘레)
(원의 지름) × 4

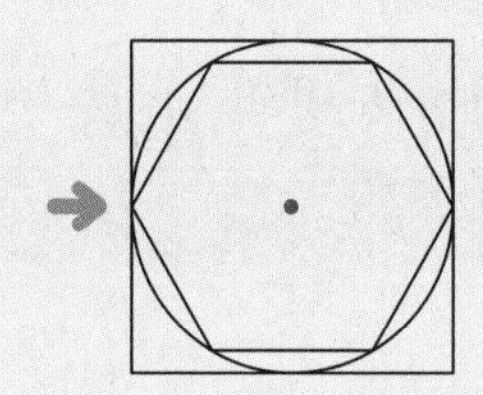

➜ (원의 지름) × 3 < (원주)
(원주) < (원의 지름) × 4

2 원주율

• 원주율: 원의 지름에 대한 원주의 비율

(원주율) = (원주) ÷ (지름)

원주율을 소수로 나타내면
3.1415926535897…과 같이 끝없이 계속됩니다.
따라서 필요에 따라 3, 3.1, 3.14 등으로 어림하여 사용하기도 합니다.

3 원주와 지름 구하기

• 지름을 알 때 원주 구하기
(원주율) = (원주) ÷ (지름)
(원주) = (지름) × (원주율)

• 원주를 알 때 지름 구하기
(원주율) = (원주) ÷ (지름)
(지름) = (원주) ÷ (원주율)

중1 연계

* **호**
원 위의 두 점 ㄱ, ㄴ으로 나누어지는 원의 일부분

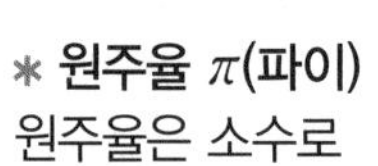

중1 연계

* **원주율 π(파이)**
원주율은 소수로 3.1415926535…와 같이 끝이 없으므로 중학교 과정부터는 기호 π(파이)로 나타냅니다.

참고

원주율은 원의 크기와 상관없이 일정합니다.

개념 PLUS

* **지름과 원주의 관계**
지름이 2배, 3배, 4배, ...가 되면 원주도 2배, 3배, 4배, ...가 됩니다.

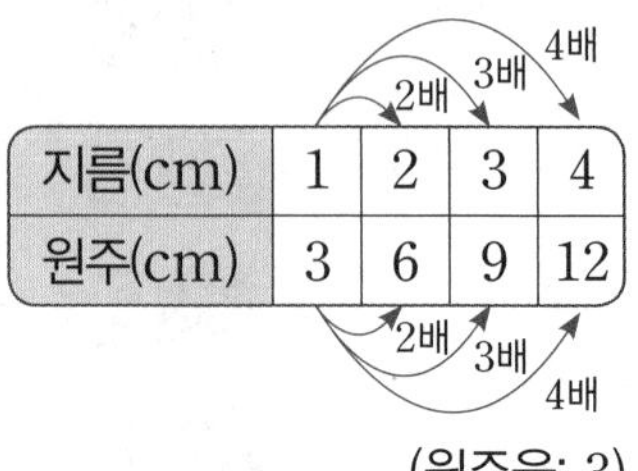

지름(cm)	1	2	3	4
원주(cm)	3	6	9	12

(원주율: 3)

[1~2] 한 변의 길이가 1 cm인 정육각형, 지름이 2 cm인 원, 한 변의 길이가 2 cm인 정사각형을 보고 물음에 답하시오.

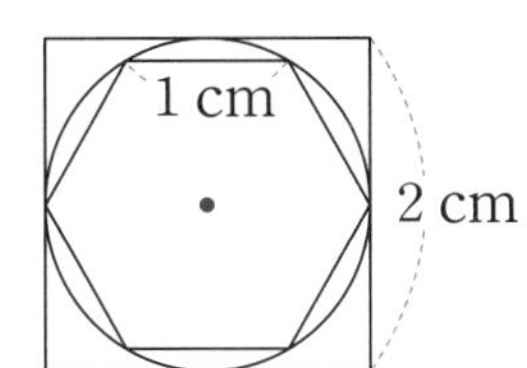

1 정육각형의 둘레와 정사각형의 둘레를 차례로 구하시오.

( ), ( )

2 원주와 정육각형의 둘레, 정사각형의 둘레를 비교하시오.

(정육각형의 둘레) ◯ (원주)

(원주) ◯ (정사각형의 둘레)

3 원주와 지름을 나타낸 표입니다. 빈칸에 알맞은 수를 써넣으시오.

원주(cm)	지름(cm)	(원주)÷(지름)
21.98	7	
34.54	11	

4 어떤 원반의 지름은 17 cm입니다. 이 원반의 원주는 몇 cm입니까? (원주율: 3.14)

식 ______________________

답 ______________

5 원주와 원주율에 대한 설명으로 잘못된 것을 찾아 기호를 쓰시오.

㉠ 원주는 지름의 약 3.14배입니다.
㉡ 원주율은 지름을 원주로 나눈 값입니다.
㉢ 원주율은 원의 크기와 상관없이 항상 일정합니다.

( )

6 두 원의 원주의 차는 몇 cm입니까? (원주율: 3.1)

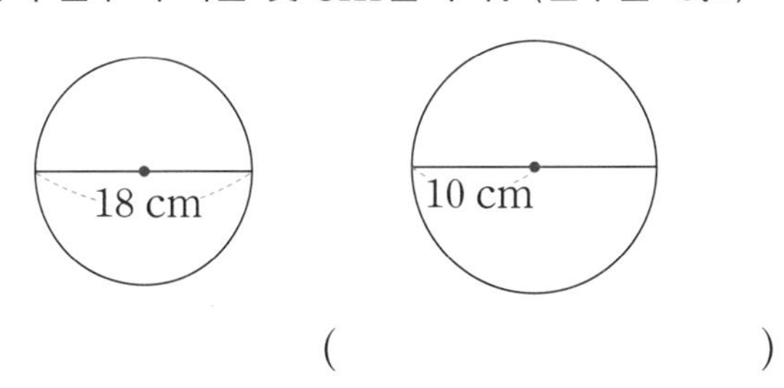

( )

7 지름이 30 cm인 원 모양의 굴렁쇠를 앞으로 2바퀴 굴렸습니다. 굴렁쇠가 굴러간 거리는 몇 cm인지 구하시오. (원주율: 3.1)

( )

8 지름이 짧은 것부터 차례로 기호를 쓰시오.

(원주율: 3.1)

㉠ 원주가 58.9 cm인 원
㉡ 원주가 24.8 cm인 원
㉢ 지름이 10 cm인 원

( )

4 원의 넓이 어림하기

예 지름이 20 cm인 원의 넓이 어림하기

원 안에 있는 정사각형의 넓이와 원 밖에 있는 정사각형의 넓이를 이용합니다.

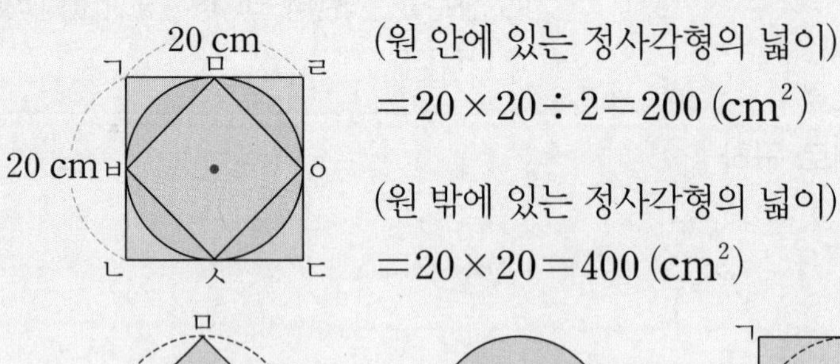

(원 안에 있는 정사각형의 넓이)

$=20\times20\div2=200\,(\mathrm{cm}^2)$

(원 밖에 있는 정사각형의 넓이)

$=20\times20=400\,(\mathrm{cm}^2)$

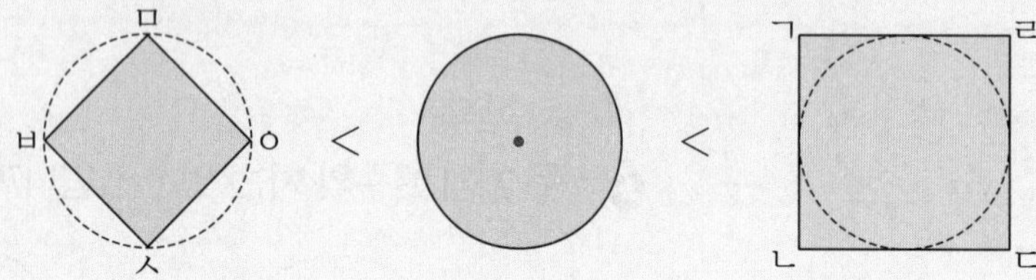

(원 안에 있는 정사각형의 넓이) < (원의 넓이)
200 cm²

(원의 넓이) < (원 밖에 있는 정사각형의 넓이)
400 cm²

5 원의 넓이 구하기

원을 한없이 잘라서 이어 붙이면 직사각형에 가까워집니다.

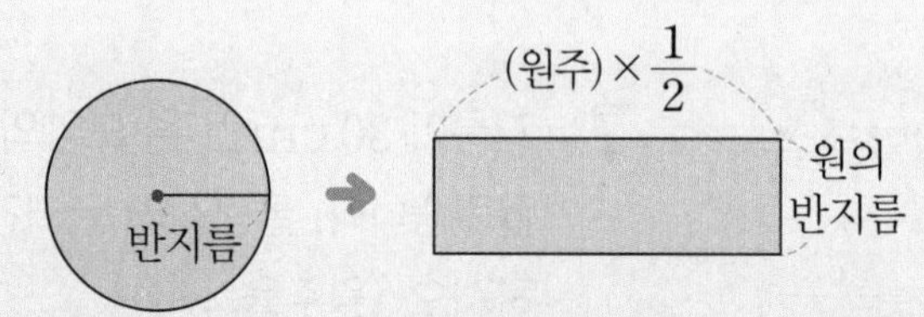

(원의 넓이) $=$ (원주) $\times\frac{1}{2}\times$ (반지름) $=$ (원주율) $\times$ (지름) $\times\frac{1}{2}\times$ (반지름)

$=$ (반지름) $\times$ (반지름) $\times$ (원주율)

6 다양한 모양의 넓이 구하기

• 색칠한 부분의 넓이 구하기 (원주율: 3)

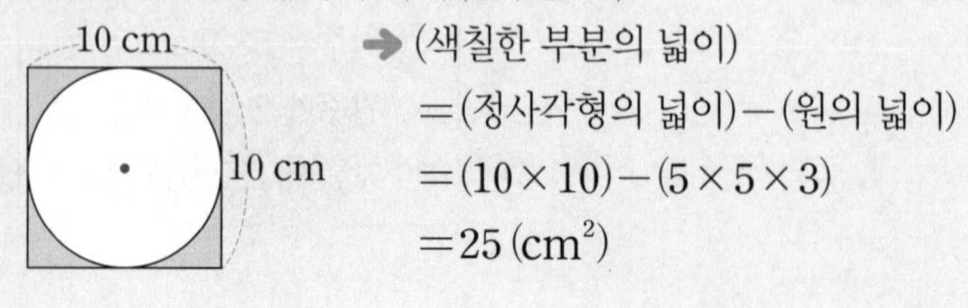

→ (색칠한 부분의 넓이)

$=$ (정사각형의 넓이) $-$ (원의 넓이)

$=(10\times10)-(5\times5\times3)$

$=25\,(\mathrm{cm}^2)$

개념 PLUS

• 원 안에 있는 정사각형의 두 대각선의 길이는 각각 원의 지름과 같습니다. (정사각형 → 마름모)

• 원 밖에 있는 정사각형의 한 변의 길이는 원의 지름과 같습니다.

개념 PLUS

* **반지름과 원의 넓이의 관계**

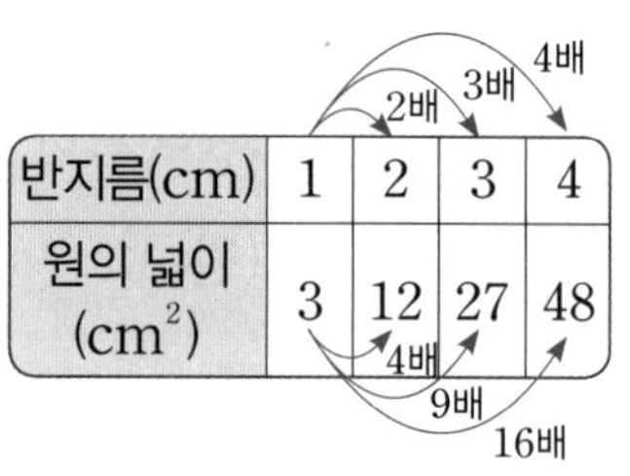

반지름(cm)	1	2	3	4
원의 넓이 (cm^2)	3	12	27	48

(원주율: 3)

반지름이 2배, 3배, 4배, ...가 되면 원의 넓이는 4배, 9배, 16배, ...가 됩니다.

중1 연계

* **부채꼴의 넓이** (부채꼴 → 두 반지름과 호로 이루어진 도형)

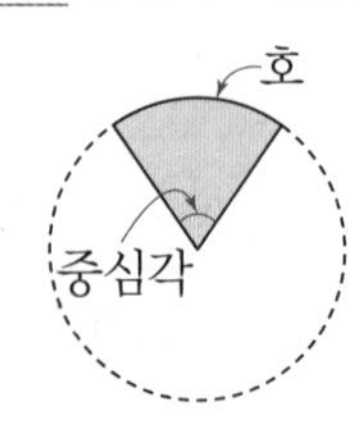

(부채꼴의 넓이)

$=$ (원의 넓이) $\times\frac{(\text{중심각})}{360^\circ}$

1 삼각형 ㄱㅇㄴ의 넓이는 75 cm^{2}이고 삼각형 ㄷㅇㄹ의 넓이는 100 cm^{2}일 때 원의 넓이를 어림하시오.

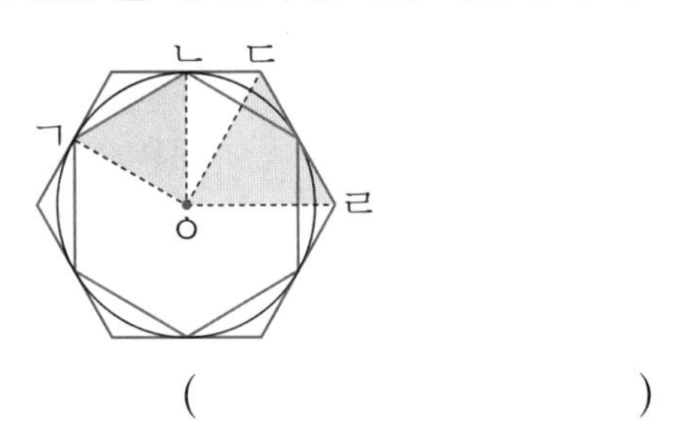

(　　　　　　　　　　)

2 원의 넓이는 몇 cm^{2}입니까? (원주율: 3)

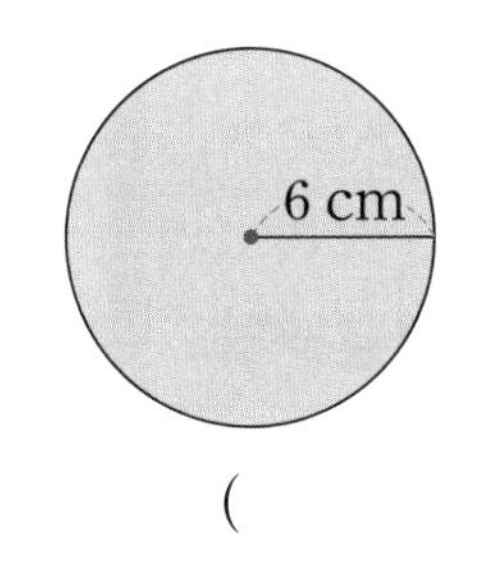

(　　　　　　　　　　)

3 지름이 10 cm인 원을 한없이 잘라서 이어 붙여 직사각형을 만들었습니다. □ 안에 알맞은 수를 써넣고, 원의 넓이는 몇 cm^{2}인지 구하시오. (원주율: 3.14)

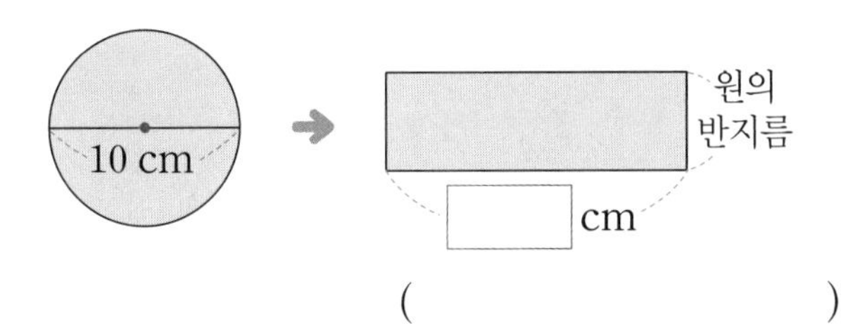

(　　　　　　　　　　)

4 오른쪽 반원의 넓이는 몇 cm^{2}입니까? (원주율: 3)

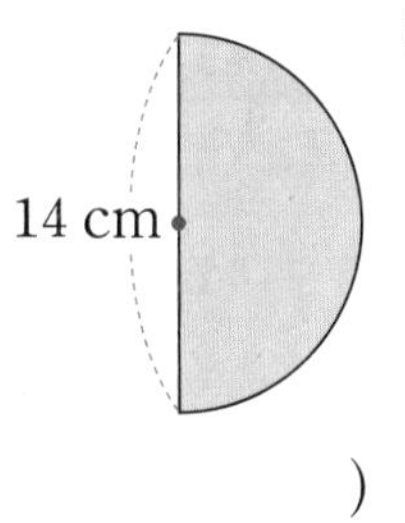

(　　　　　　　　　　)

5 넓이가 넓은 프라이팬부터 차례로 기호를 쓰시오. (원주율: 3.1)

㉠ 지름이 24 cm인 원 모양의 프라이팬
㉡ 넓이가 375.1 cm^{2}인 원 모양의 프라이팬
㉢ 반지름이 16 cm인 원 모양의 프라이팬

(　　　　　　　　　　)

6 원주가 102 cm인 원의 넓이는 몇 cm^{2}입니까? (원주율: 3)

(　　　　　　　　　　)

7 색칠한 부분의 넓이는 몇 cm^{2}입니까? (원주율: 3.14)

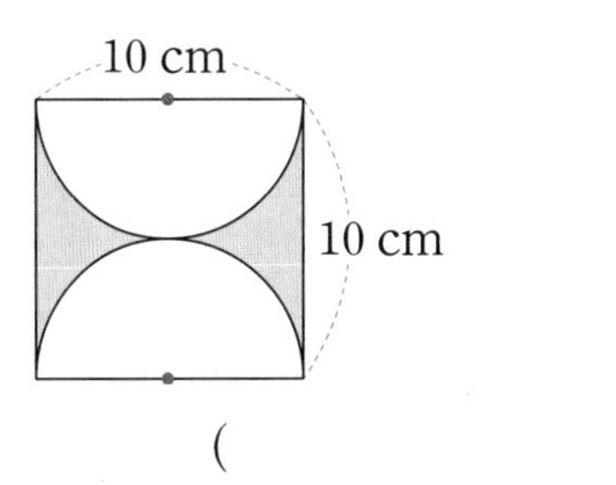

(　　　　　　　　　　)

1 원주율의 성질

(1) 원주율은 일정합니다.

(2) 원주율을 반올림하여 나타내기

원주율은 소수로 나타내면 3.1415926535897932…와 같이 끝없이 계속됩니다.

반올림하여 자연수로	반올림하여 소수 첫째 자리까지	반올림하여 소수 둘째 자리까지
3	3.1	3.14

Check Point

원주율을 중학교 과정부터는 π(파이)로 나타냅니다.

초등학교에서는 3, 3.1, 3.14 등으로 어림하여 사용합니다.

1 개념 플러스 문제

원주율에 대한 설명으로 잘못된 것을 찾아 기호를 쓰시오.

㉠ 지름에 대한 원주의 비율입니다.

㉡ 지름이 짧아지면 원주율도 작아집니다.

㉢ 원주율을 반올림하여 소수 둘째 자리까지 나타내면 3.14입니다.

( )

2 원의 크기 비교하기

지름과 원주가 주어졌을 때 원의 크기 비교하기

(1) 지름이 더 긴 원의 크기가 더 큽니다.

(2) 원주가 더 긴 원의 크기가 더 큽니다.

(원 ㉠의 지름)<(원 ㉡의 지름)

➜ (원 ㉠의 원주)<(원 ㉡의 원주)

2 개념 플러스 문제

원의 크기가 더 큰 것의 기호를 쓰시오. (원주율: 3.1)

㉠ 지름이 18 cm인 원

㉡ 원주가 49.6 cm인 원

( )

3 반지름 구하기

원주율을 이용하여 반지름 구하기

➜ (반지름)=(지름)÷2

=(원주)÷(원주율)÷2

Check Point

구하려는 부분을 손으로 가리면 공식이 됩니다.

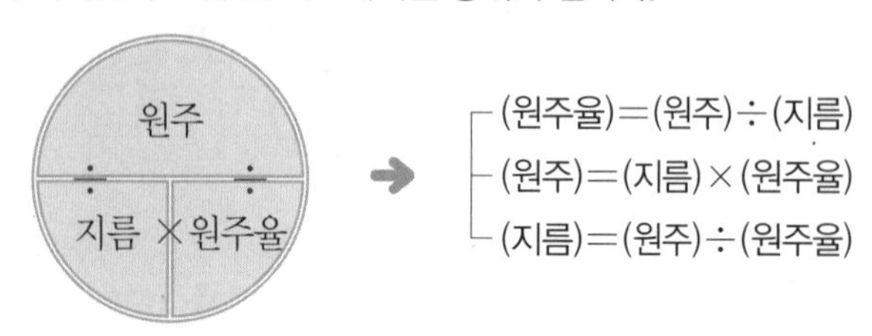

3 개념 플러스 문제

원주가 36 cm일 때 □ 안에 알맞은 수를 써넣으시오. (원주율: 3)

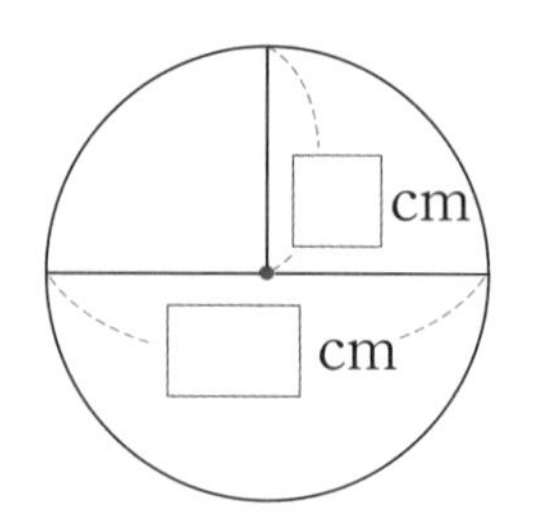

4 도형을 이용하여 원의 넓이 어림하기

• 원 안에 꼭 맞게 들어가는 정사각형

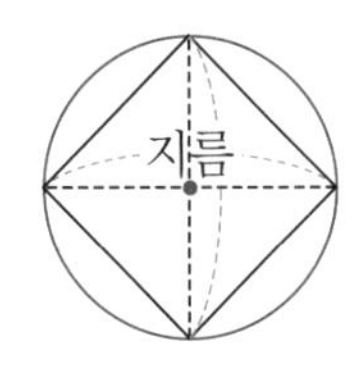

➔ (원의 지름)
=(정사각형의 대각선의 길이)

• 정사각형 안에 꼭 맞게 들어가는 원

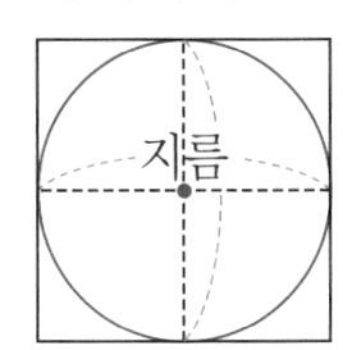

➔ (원의 지름)
=(정사각형의 한 변의 길이)

4 개념 플러스 문제

한 변의 길이가 8 cm인 정사각형 안에 꼭 맞게 원이 있고, 원 안에 꼭 맞게 정사각형이 있습니다. 원의 넓이를 어림하시오.

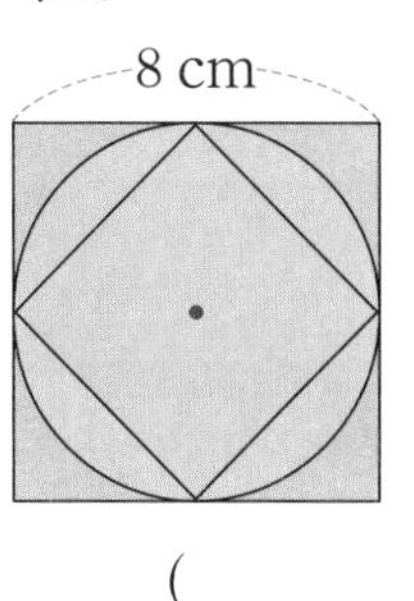

(　　　　　　　　)

5 지름이 주어질 때 원의 넓이 구하기

지름이 주어질 때 원의 넓이는 반지름을 먼저 구한 후 계산한다.

반지름 구하기	➔	원의 넓이 구하기
(지름)÷2		(반지름)×(반지름)×(원주율)

5 개념 플러스 문제

오른쪽 원의 넓이는 몇 cm^2입니까? (원주율: 3.1)

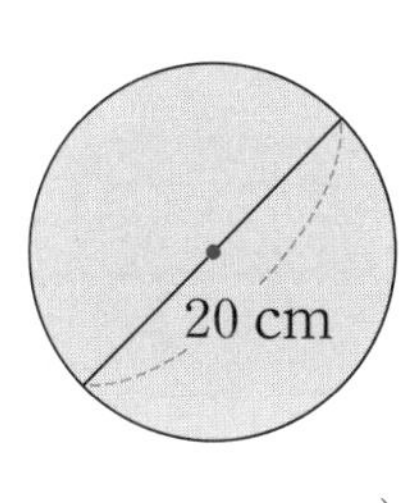

(　　　　　　　　)

6 색칠한 부분의 넓이 구하기

심화 개념 예 작은 반원 부분을 옮겨서 큰 반원의 넓이 구하기

(원주율: 3.14)

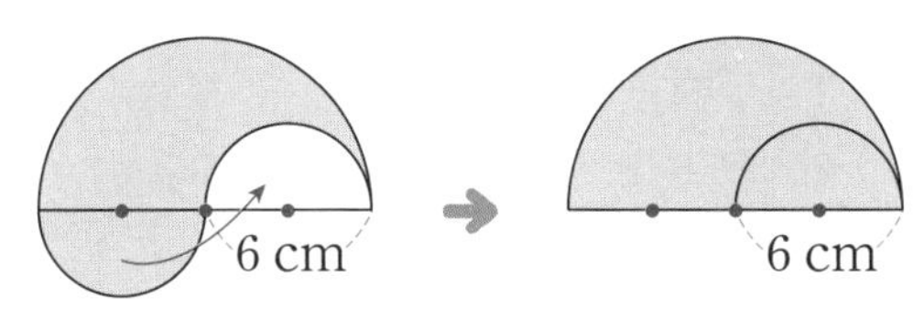

➔ (색칠한 부분의 넓이)$=6\times6\times3.14\div2$
$=56.52\ (cm^2)$

Check Point

부채꼴의 중심각의 크기와 부채꼴의 넓이는 비례합니다.

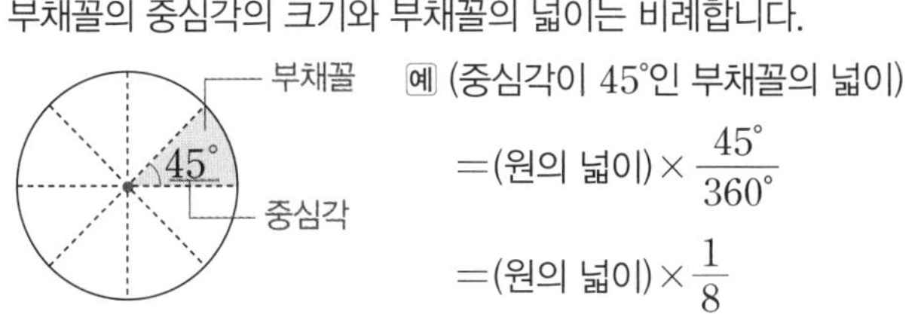

예 (중심각이 45°인 부채꼴의 넓이)
$=(원의 넓이)\times\frac{45°}{360°}$
$=(원의 넓이)\times\frac{1}{8}$

6 개념 플러스 문제

색칠한 부분의 넓이는 몇 cm^2인지 구하시오.

(원주율: 3)

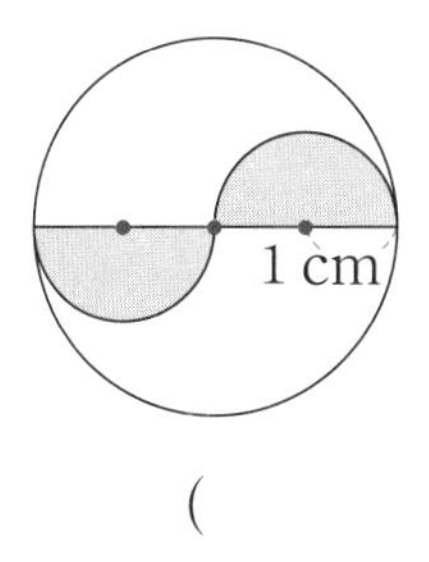

(　　　　　　　　)

대표 유형 1 원의 크기를 비교하는 문제

가장 큰 원을 찾아 기호를 쓰시오. (원주율: 3.1)

㉠ 지름이 9 cm인 원
㉡ 원주가 68.2 cm인 원
㉢ 넓이가 49.6 cm^2인 원

문제해결 Key

- (원주) =(지름)×(원주율)
- (원의 넓이) =(반지름)×(반지름)×(원주율)

(1) ㉡의 지름은 몇 cm입니까?

( )

(2) ㉢의 지름은 몇 cm입니까?

( )

(3) 가장 큰 원을 찾아 기호를 쓰시오.

( )

체크 1-1 가장 작은 원을 찾아 기호를 쓰시오. (원주율: 3)

㉠ 반지름이 6 cm인 원
㉡ 넓이가 75 cm^2인 원
㉢ 원주가 18 cm인 원

( )

체크 1-2 가장 큰 원의 넓이는 몇 cm^2입니까? (원주율: 3.14)

㉠ 반지름이 10 cm인 원
㉡ 지름이 21 cm인 원
㉢ 원주가 69.08 cm인 원

( )

대표 유형 2 원주를 이용하여 굴러간 거리를 구하는 문제

지름이 70 cm인 원 모양의 쟁반을 다음과 같이 3바퀴 굴렸습니다. 쟁반이 굴러간 거리는 몇 cm입니까? (원주율: 3)

70 cm

문제해결 Key

쟁반이 한 바퀴 굴러간 거리는 쟁반의 원주와 같습니다.

(1) 쟁반이 한 바퀴 굴러간 거리는 몇 cm입니까?

( )

(2) 쟁반이 3바퀴 굴러간 거리는 몇 cm입니까?

( )

체크 2-1

반지름이 20 cm인 원 모양의 접시를 앞으로 4바퀴 굴렸습니다. 접시가 굴러간 거리는 몇 cm입니까? (원주율: 3.14)

( )

체크 2-2

반지름이 12 cm인 원반을 일직선으로 굴렸더니 원반이 굴러간 거리는 223.2 cm였습니다. 원반을 몇 바퀴 굴렸는지 풀이 과정을 쓰고 답을 구하시오. (원주율: 3.1) 5점

풀이

답

대표 유형 3 색칠한 부분의 넓이를 구하는 문제

오른쪽과 같이 한 변의 길이가 16 cm인 정사각형 안에 네 꼭짓점을 각각 원의 중심으로 하는 원의 일부분을 그렸습니다. 색칠한 부분의 넓이는 몇 cm^2입니까?

(원주율: 3.14)

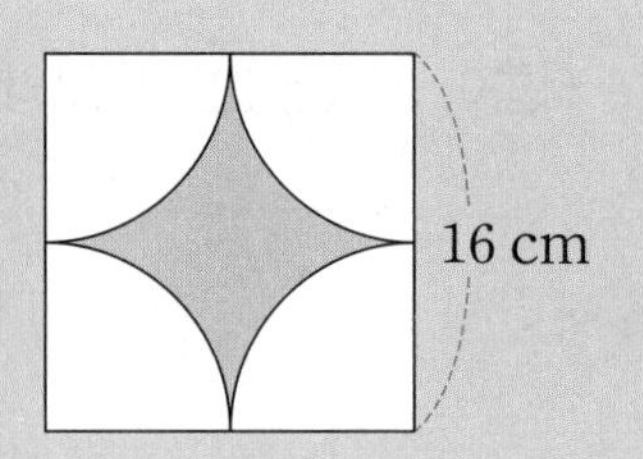

문제해결 Key

정사각형 안에 원의 $\frac{1}{4}$이 4개 있으므로 정사각형의 넓이에서 원의 넓이를 뺍니다.

(1) 정사각형의 넓이는 몇 cm^2입니까?

( )

(2) 색칠하지 않은 부분의 넓이는 몇 cm^2입니까?

( )

(3) 색칠한 부분의 넓이는 몇 cm^2입니까?

( )

체크 3-1

오른쪽 도형은 정사각형의 네 꼭짓점을 각각 원의 중심으로 하여 원의 일부분을 그린 것입니다. 색칠한 부분의 넓이는 몇 cm^2입니까? (원주율: 3)

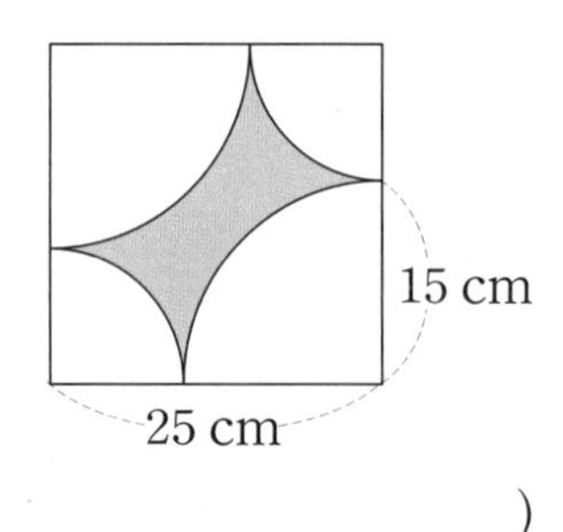

( )

체크 3-2

오른쪽과 같이 한 변의 길이가 12 cm인 정사각형 안에 원과 원의 일부분을 그렸습니다. 색칠한 부분의 넓이는 몇 cm^2인지 풀이 과정을 쓰고 답을 구하시오. (원주율: 3.1) 5점

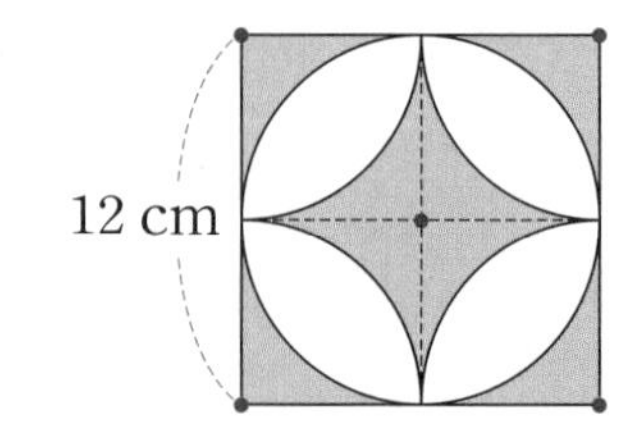

풀이

답

대표 유형 4 색칠한 부분의 둘레를 구하는 문제

오른쪽 도형은 한 변의 길이가 12 cm인 정사각형 안에 정사각형의 한 변을 반지름으로 하는 원의 일부분을 그린 것입니다. 색칠한 부분의 둘레는 몇 cm입니까? (❶+❷)

(원주율: 3.14)

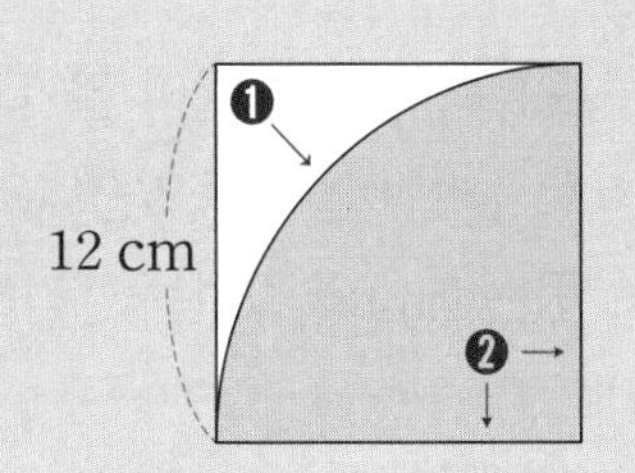

문제해결 Key

- 곡선 부분의 길이(❶)는 (원주)$\times\frac{1}{4}$입니다.
- 직선 부분의 길이(❷)는 반지름을 이용하여 구합니다.

(1) 곡선 부분의 길이(❶)는 몇 cm입니까?

( )

(2) 직선 부분의 길이(❷)는 몇 cm입니까?

( )

(3) 색칠한 부분의 둘레는 몇 cm입니까?

( )

체크 4-1

오른쪽 도형은 반지름이 20 cm인 원의 일부분 안에 지름이 20 cm인 반원 2개를 그린 것입니다. 색칠한 부분의 둘레는 몇 cm입니까? (원주율: 3)

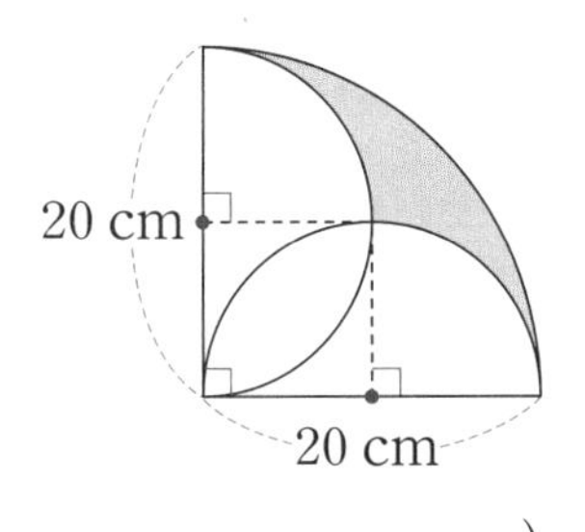

( )

체크 4-2

다음은 정사각형 2개와 정사각형의 꼭짓점을 중심으로 하는 원의 일부분을 그린 것입니다. 선분 ㄱㄴ과 선분 ㄷㄹ은 각각 정사각형 한 변의 $\frac{1}{3}$일 때, 색칠한 부분의 둘레는 몇 cm입니까? (원주율: 3)

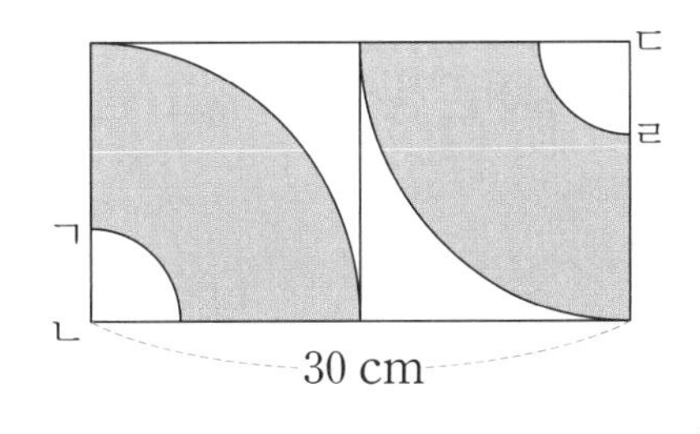

( )

대표 유형 5 끈의 길이를 구하는 문제

오른쪽 그림과 같이 밑면의 지름이 10 cm인 원 모양의 장작 3개를 끈으로 1바퀴 돌려 묶었습니다. 사용한 끈의 길이는 몇 cm입니까? (단, 끈을 묶는 매듭의 길이는 생각하지 않고, 원주율은 3.1입니다.)

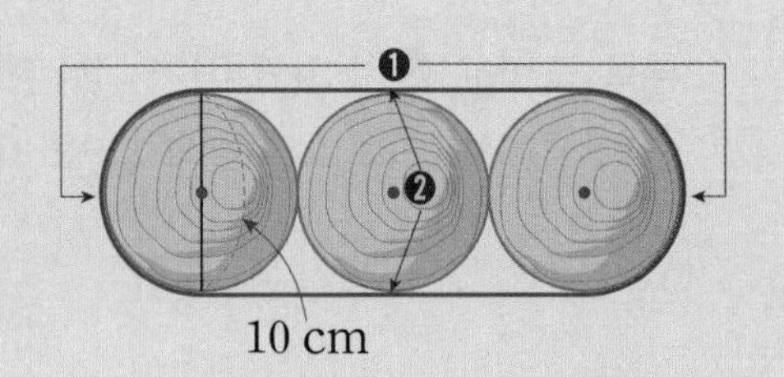

문제해결 Key

사용한 끈의 길이는 곡선 부분(❶)과 직선 부분(❷)으로 나누어서 구합니다.

(1) 곡선 부분의 길이(❶)는 몇 cm입니까?

( )

(2) 직선 부분의 길이(❷)는 몇 cm입니까?

( )

(3) 사용한 끈의 길이는 몇 cm입니까?

( )

체크 5-1

오른쪽 그림과 같이 밑면의 지름이 7 cm인 둥근기둥 모양의 보온병 4개를 끈으로 1바퀴 돌려 묶었습니다. 사용한 끈의 길이는 몇 cm입니까? (단, 끈을 묶는 매듭의 길이는 생각하지 않고, 원주율은 3입니다.)

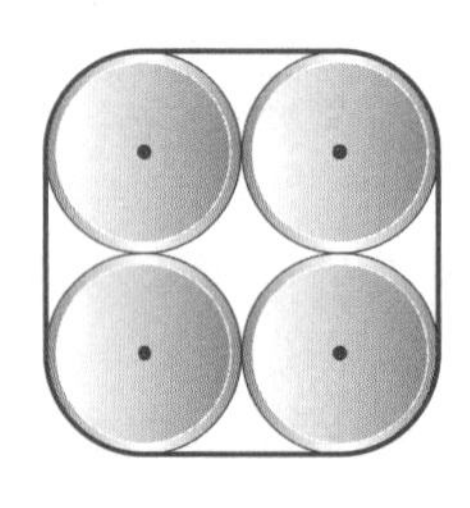

( )

체크 5-2

오른쪽 그림과 같이 밑면의 지름이 모두 같은 통조림 통 6개를 끈으로 1바퀴 돌려 묶었더니 사용한 끈의 길이가 45.7 cm였습니다. 통조림 통 한 개의 반지름은 몇 cm입니까? (단, 끈을 묶는 매듭의 길이는 생각하지 않고, 원주율은 3.14입니다.)

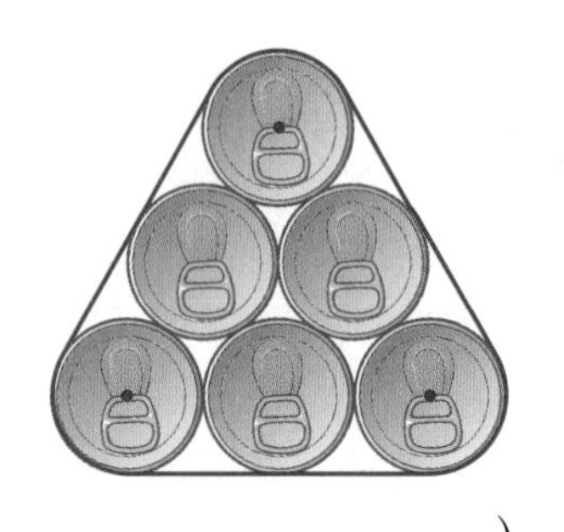

( )

대표 유형 6 창의 · 융합형 문제

육상 경기를 하는 트랙(달리는 길)은 직선 구간과 반원 모양의 곡선 구간으로 되어 있습니다. 트랙의 폭이 4 m일 때 트랙의 넓이는 몇 m^2입니까?

(원주율: 3)

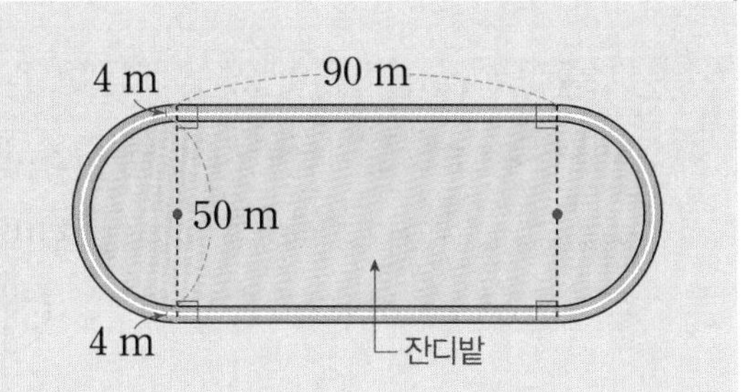

문제해결 Key

(트랙의 넓이)
=(전체의 넓이)
−(잔디밭의 넓이)

⑴ 그림 전체의 넓이는 몇 m^2입니까?

( )

⑵ 잔디밭의 넓이는 몇 m^2입니까?

( )

⑶ 트랙의 넓이는 몇 m^2입니까?

( )

체크 6-1

일정한 거리에 있는 과녁에 화살을 맞추는 양궁 게임을 하기 위해 오른쪽 그림과 같은 원 모양의 과녁을 만들었습니다. 10점에 해당하는 원의 반지름이 5 cm이고 각 원의 반지름은 바로 안에 있는 원의 반지름보다 4 cm씩 깁니다. 7점에 해당하는 부분의 넓이는 몇 cm^2입니까? (원주율: 3.1)

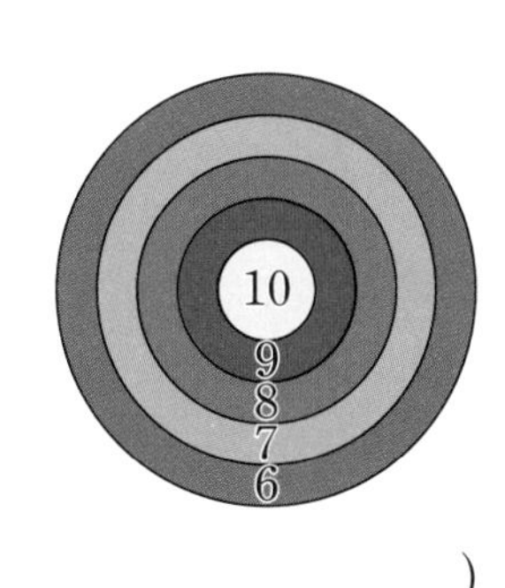

( )

체크 6-2

농구장 규격을 보고 색칠한 부분의 둘레는 몇 m인지 구하시오. (단, 농구장의 곡선 부분은 모두 원의 일부분이고, 원주율은 3입니다.)

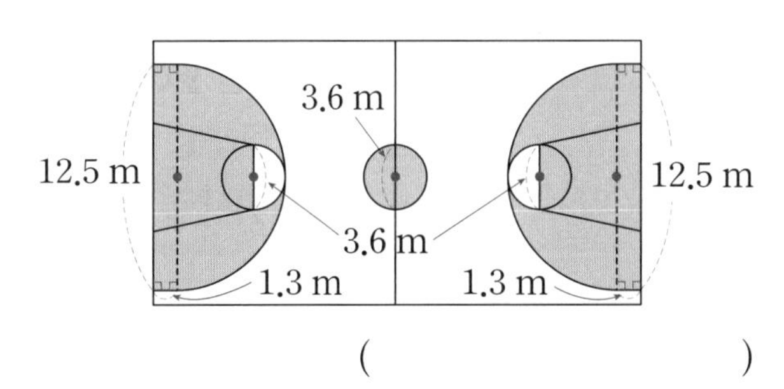

( )

대표 유형 7 원이 지나간 자리의 넓이를 구하는 문제

반지름이 6 cm인 원이 있습니다. 이 원이 직선 위에서 2바퀴 굴러 이동하였습니다. 이때, 원이 지나간 자리의 넓이는 몇 cm^2인지 구하시오. (원주율: 3)

문제해결 Key

원이 지나간 자리를 그려보면 직사각형과 원으로 나누어집니다.

(1) 원이 지나간 자리에서 직사각형 부분의 넓이는 몇 cm^2입니까?

(　　　　　　　　)

(2) 원이 지나간 자리에서 색칠한 부분의 넓이는 몇 cm^2입니까?

(　　　　　　　　)

(3) 원이 지나간 자리의 넓이는 몇 cm^2입니까?

(　　　　　　　　)

체크 7-1 반지름이 10 cm인 원이 있습니다. 이 원이 직선 위에서 3바퀴 굴러 이동하였습니다. 이때, 원이 지나간 자리의 넓이는 몇 cm^2인지 구하시오. (원주율: 3)

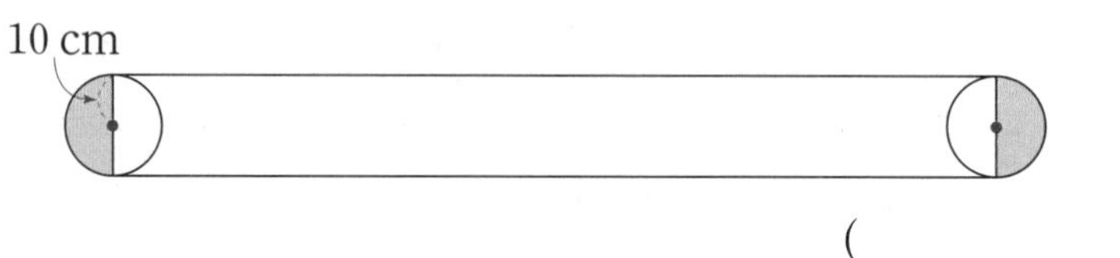

(　　　　　　　　)

체크 7-2 지름이 4 cm인 원이 있습니다. 이 원이 한 변의 길이가 10 cm인 정삼각형의 둘레를 한 바퀴 돌 때, 원이 지나간 자리의 넓이는 몇 cm^2인지 구하시오. (원주율: 3.1)

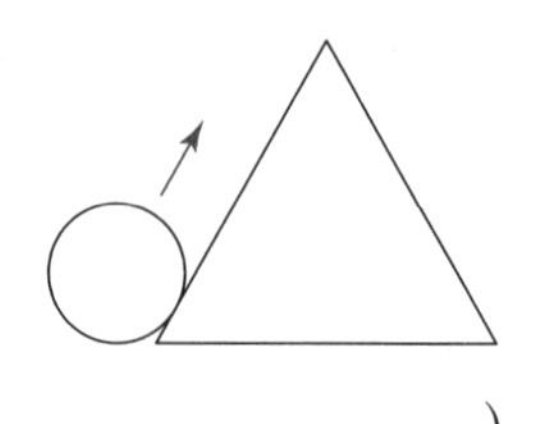

(　　　　　　　　)

대표 유형 8 겹쳐진 부분의 넓이를 구하는 문제

반지름이 6 cm인 원 두 개가 오른쪽과 같이 겹쳐 있습니다. 겹쳐진 부분의 넓이는 몇 cm^2인지 구하시오. (원주율: 3.14)

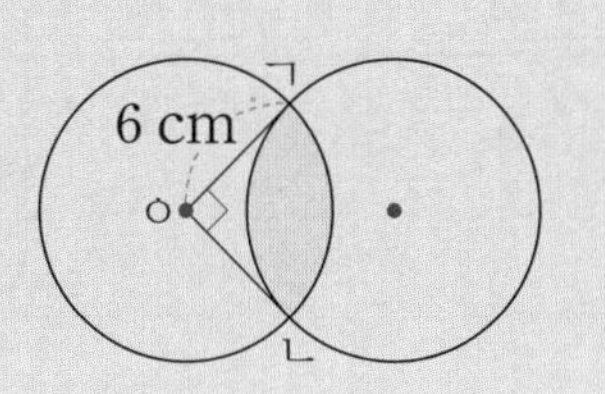

문제해결 Key

중심각이 90°인 부채꼴의 넓이는 반지름이 같은 원의 넓이의 $\frac{1}{4}$입니다.

(1) 부채꼴 ㄱㅇㄴ의 넓이는 몇 cm^2입니까?

( )

(2) 삼각형 ㄱㅇㄴ의 넓이는 몇 cm^2입니까?

( )

(3) 겹쳐진 부분의 넓이는 몇 cm^2입니까?

( )

체크 8-1

반지름이 8 cm인 원 두 개가 오른쪽과 같이 겹쳐 있습니다. 겹쳐진 부분의 넓이는 몇 cm^2인지 구하시오. (원주율: 3.1)

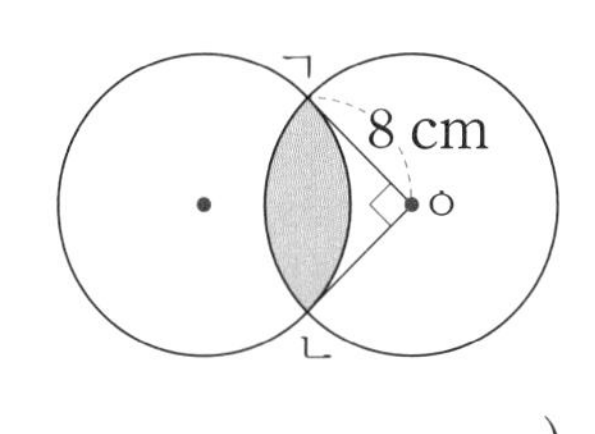

( )

체크 8-2

지름이 20 cm인 원 3개가 오른쪽과 같이 겹쳐 있습니다. 색칠한 부분의 넓이는 몇 cm^2인지 구하시오. (원주율: 3)

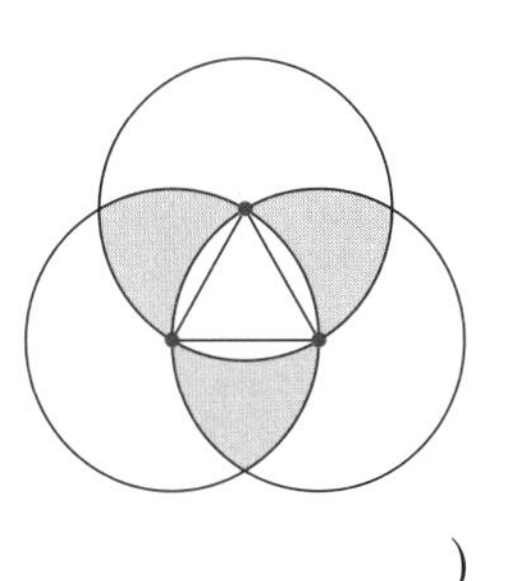

( )

1 반지름이 짧은 것부터 차례로 기호를 쓰시오. (원주율: 3.14)

㉠ 지름이 13 cm인 원
㉡ 원주가 56.52 cm인 원
㉢ 넓이가 176.625 cm^2인 원

( )

◀ 원주와 넓이를 이용하여 반지름의 길이를 비교하는 문제

2 주훈이는 외발자전거를 타고 집에서 학교까지의 거리가 얼마인지 알아보려고 합니다. 집에서부터 학교까지 가는 데 반지름이 0.3 m인 원 모양의 바퀴가 일직선으로 410바퀴 돌았다면 집에서 학교까지의 거리는 몇 m인지 구하시오. (원주율: 3)

( )

◀ 자전거가 ■바퀴 돌았을 때의 거리를 구하는 문제

3 다음은 수정이네 학교 운동장입니다. 운동장의 둘레는 몇 m입니까? (원주율: 3.14)

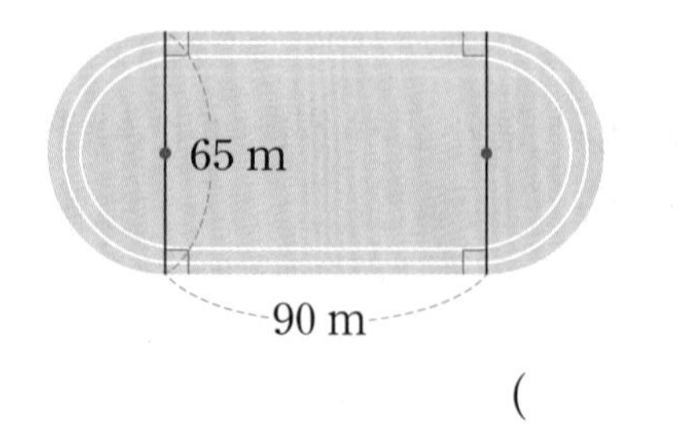

( )

◀ 원주를 이용하여 운동장의 둘레를 구하는 문제

융합형

4 나이테는 1년마다 한 개씩 만들어지므로 나이테의 수를 세어 보면 나무의 나이를 알 수 있습니다. 진희가 나이테를 보고 오른쪽과 같이 그렸습니다. 진희가 그린 나이테의 둘레는 모두 몇 cm입니까? (원주율: 3.1)

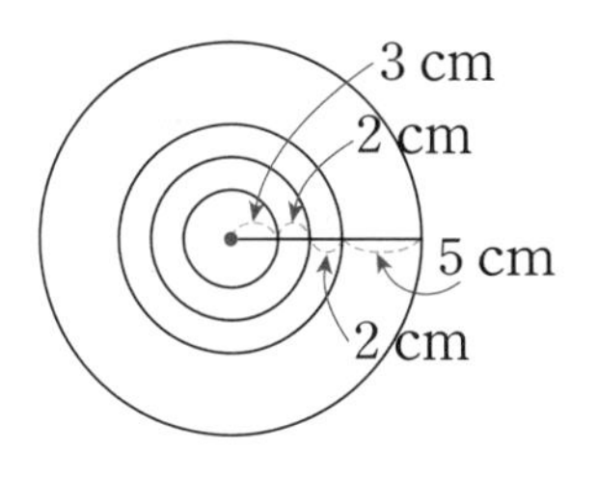

(　　　　　　　　　)

◀ 원주를 이용하여 나이테의 둘레를 구하는 문제

5 지름이 각각 23 cm, 15 cm인 두 원이 있습니다. 이 두 원의 원주의 차는 지름이 몇 cm인 원의 원주와 같습니까? (원주율: 3.1)

(　　　　　　　　　)

◀ 두 원의 원주의 차와 원주가 같은 원의 지름을 구하는 문제

6 한 변의 길이가 12 cm인 정사각형의 네 변을 각각 원의 지름으로 하는 원의 일부분을 그린 것입니다. 색칠한 부분의 넓이는 몇 cm^2입니까? (원주율: 3)

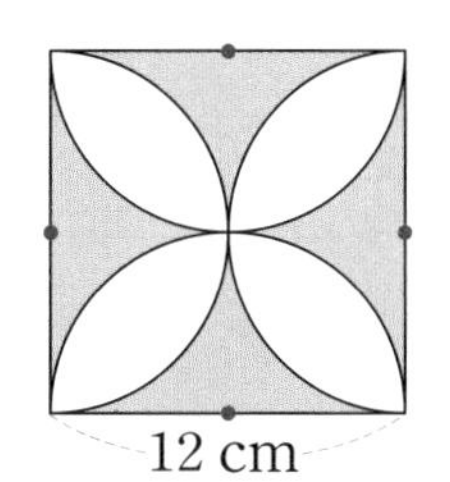

(　　　　　　　　　)

◀ 색칠한 부분의 넓이를 구하는 문제

1 반지름이 0.25 m인 원 모양의 굴렁쇠를 한 방향으로 굴렸더니 정확히 4바퀴 반을 굴러간 후 멈췄습니다. 이 굴렁쇠가 굴러간 거리는 몇 m입니까? (원주율: 3.1)

( )

풀이

2 오른쪽은 한 변의 길이가 17 cm인 정사각형 안에 정사각형의 한 변을 지름으로 하는 반원과 정사각형의 한 변을 반지름으로 하는 원의 일부분을 그린 것입니다. 색칠한 부분의 넓이는 몇 cm^2입니까? (원주율: 3.14)

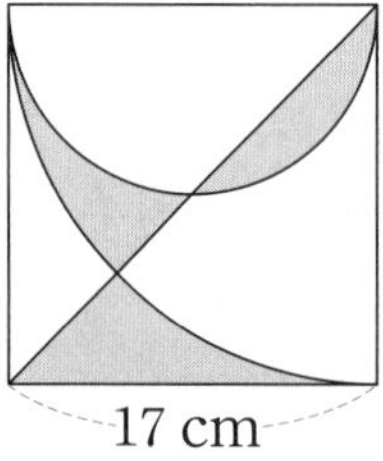

( )

풀이

융합형

3 녹두는 콩과 식물로 보통 노란색이나 녹색을 띠고 소화에 좋습니다. 원 모양의 녹두 빈대떡을 만들어 전체의 $\frac{3}{8}$을 먹었더니 남은 빈대떡의 넓이가 279 cm^2입니다. 빈대떡의 지름은 몇 cm입니까? (원주율: 3.1)

( )

풀이

4 오른쪽과 같이 이등변삼각형 안에 반지름이 각각 3 cm와 6 cm인 두 원의 일부분을 그렸을 때, 색칠한 부분의 넓이는 몇 cm^2입니까? (원주율: 3.14)

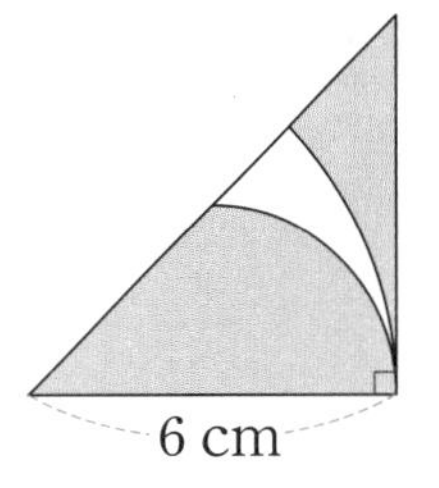

(　　　　　　　　　　)

풀이

경시문제 유형

5 직사각형 모양의 흰 종이에 원의 $\frac{1}{4}$ 모양과 원의 $\frac{1}{2}$ 모양의 색종이를 이어 붙여서 다음과 같은 모양을 만들었습니다. 색종이를 이어 붙인 부분의 넓이의 합은 몇 cm^2입니까?

(원주율: 3.1)

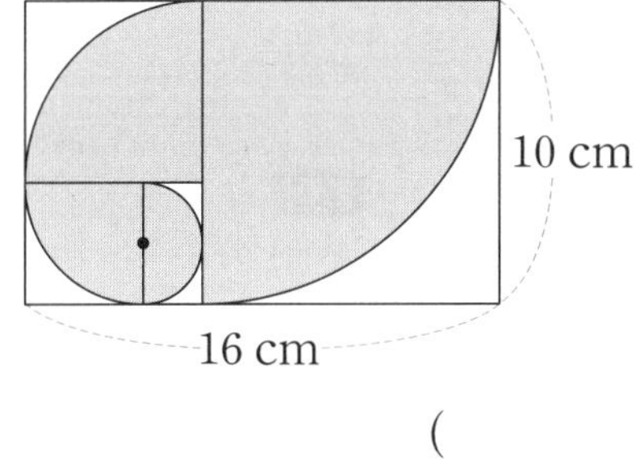

(　　　　　　　　　　)

풀이

6 오른쪽 그림은 한 변의 길이가 14 cm인 정사각형 안에 지름이 14 cm인 반원과 반지름이 14 cm인 원의 일부분 2개를 그린 것입니다. 가와 나의 넓이의 차는 몇 cm^2입니까? (원주율: 3)

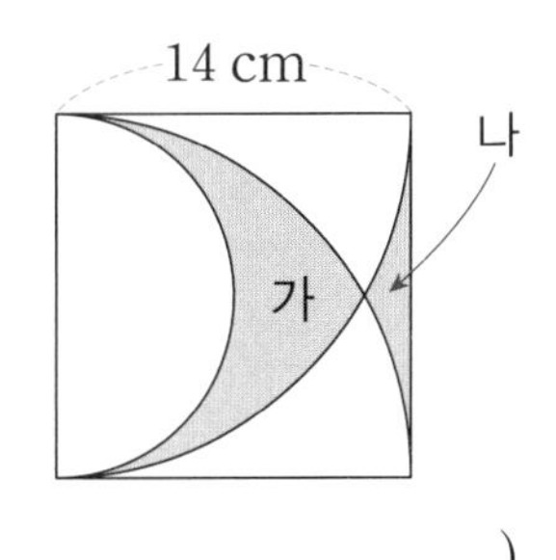

(　　　　　　　　　　)

풀이

7 다음 도형은 반지름이 11 cm인 반원을 점 ㄴ을 중심으로 45° 만큼 회전시킨 것입니다. 색칠한 부분의 넓이는 몇 cm^2입니까? (원주율: 3)

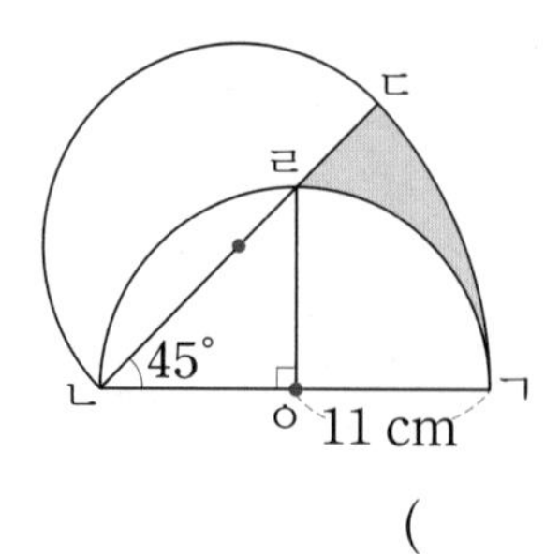

( )

풀이

8 그림과 같이 정사각형 모양인 염소 우리의 한 꼭짓점에 염소 한 마리가 6 m의 끈으로 매여 있습니다. 이 염소가 움직일 수 있는 범위의 넓이는 몇 m^2입니까? (단, 우리 안으로는 들어갈 수 없고 염소의 길이는 생각하지 않습니다. 또, 원주율은 3입니다.)

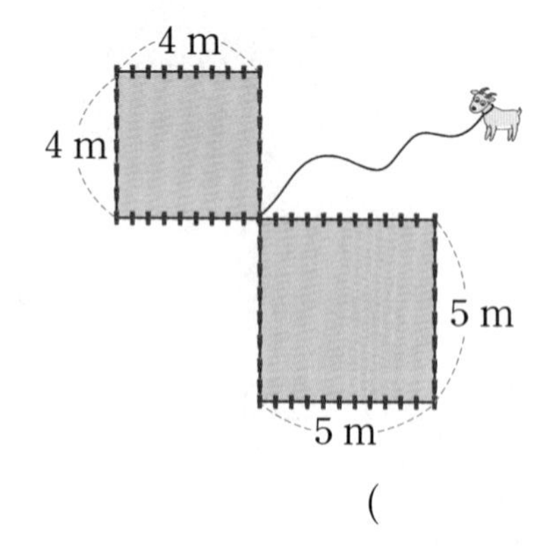

( )

풀이

9 밑면의 지름이 16 cm인 둥근기둥 모양의 통 6개를 다음과 같이 2가지 방법으로 끈을 1바퀴 돌려 묶으려고 합니다. 가에 필요한 끈의 길이를 A cm, 나에 필요한 끈의 길이를 B cm라 할 때 A, B의 값을 각각 구하시오. (단, 끈을 묶는 매듭은 생각하지 않고, 원주율은 3.1입니다.)

가 나

A ( ), B ( )

풀이

10 다음 큰 원 ㉮의 반지름이 21 cm, 원 ㉯의 반지름이 4 cm, 원 ㉰의 반지름이 7 cm입니다. 원 ㉯와 원 ㉰는 원 ㉮의 원주를 시계 반대 방향으로 돌아 제자리로 다시 돌아올 때까지 돈다고 합니다. 원 ㉯와 원 ㉰가 지나간 곳의 넓이의 합은 몇 cm^2입니까? (원주율: 3.1)

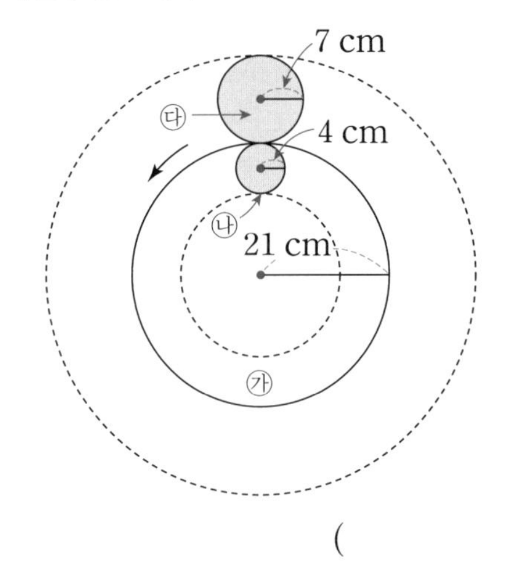

( )

풀이

11 그림에서 점 ㄱ은 가장 큰 원의 중심입니다. 선분 ㄱㄴ의 길이가 선분 ㄴㄷ의 길이의 2배일 때, ㉮의 넓이는 ㉯의 넓이의 몇 배입니까? (원주율: 3.1)

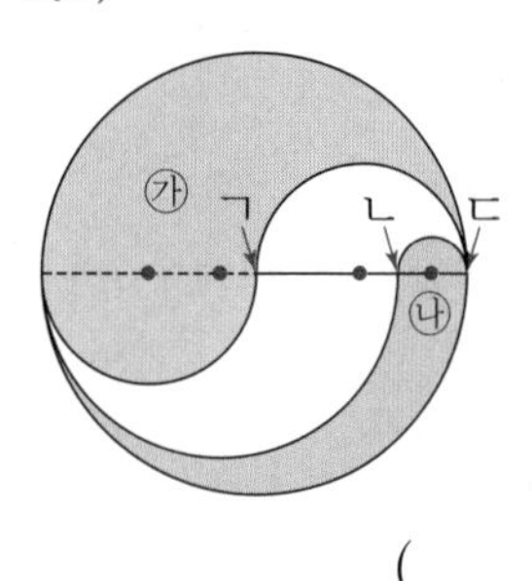

(　　　　　　　　　　)

풀이

경시문제 유형

12 그림에서 정사각형 ㄱㄴㄷㄹ의 대각선의 길이는 14 cm이고, 원은 정사각형의 한 변을 각각 반지름으로 합니다. 이때 색칠한 부분의 넓이는 몇 cm^2입니까? (원주율: 3.14)

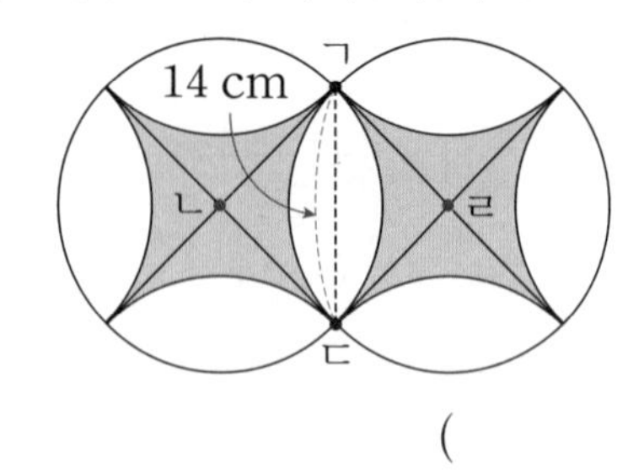

(　　　　　　　　　　)

풀이

Brainstorming **1**

그림과 같이 직사각형 안쪽에 반지름이 2 cm인 원이 접해 있습니다. 이 원이 직사각형의 변을 따라 안에서 한 바퀴 돌 때, 원이 지나는 부분의 넓이는 몇 cm^2인지 구하시오. (원주율: 3.14)

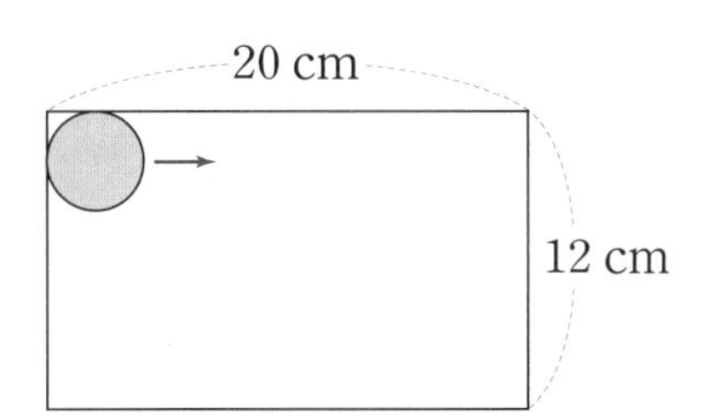

풀이

답 ____________

경시대회 본선 기출문제

Brainstorming **2**

반지름이 30 cm인 원의 $\frac{1}{4}$과 직각삼각형이 오른쪽과 같이 겹쳐 있습니다. 색칠한 부분 가와 나의 넓이가 같다면 선분 ㄱㄴ의 길이는 몇 cm인지 구하시오. (원주율: 3.14)

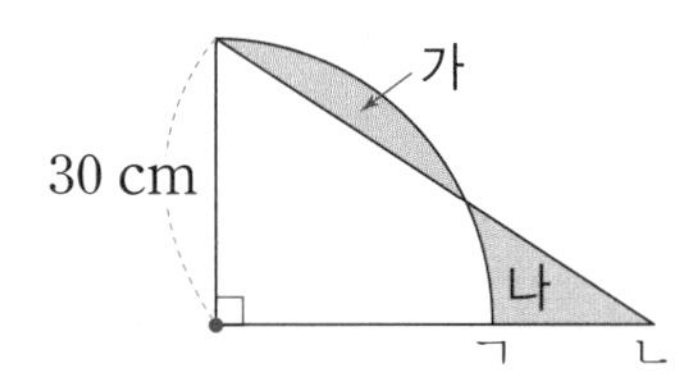

풀이

답 ____________

Brainstorming **3**

그림과 같이 직각삼각형 ㄱㄴㄷ을 점 ㄷ을 중심으로 180° 회전시켰더니 삼각형 ㄷㄹㅁ이 되었습니다. 이때, 변 ㄱㄴ이 지나는 부분의 넓이는 몇 cm^2인지 구하시오. (원주율: 3.14)

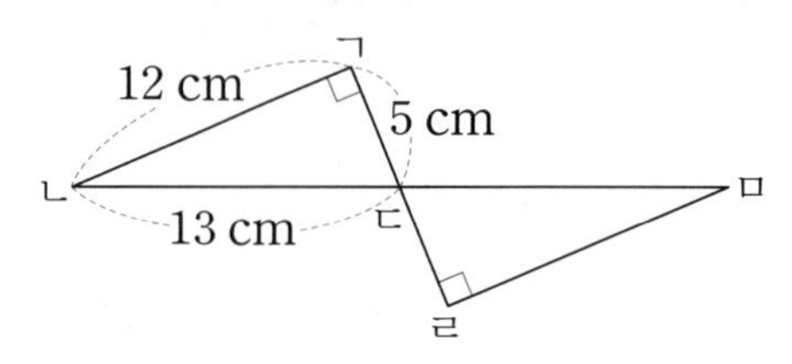

풀이

경시대회 본선 기출문제

오른쪽과 같이 두 원 가와 나가 겹쳐져 있고 원 가의 크기는 원 나의 크기보다 작습니다. 원 가와 나가 겹쳐진 부분의 넓이는 $29.16\,cm^2$입니다. 원 가와 나가 겹쳐지지 않은 두 부분의 넓이의 차는 $263.76\,cm^2$이고, 합은 ■cm^2입니다. ■가 될 수 있는 값 중 가장 작은 값을 소수로 구하시오. (단, 원 가와 나의 반지름은 각각 자연수이고, 원주율은 3.14입니다.)

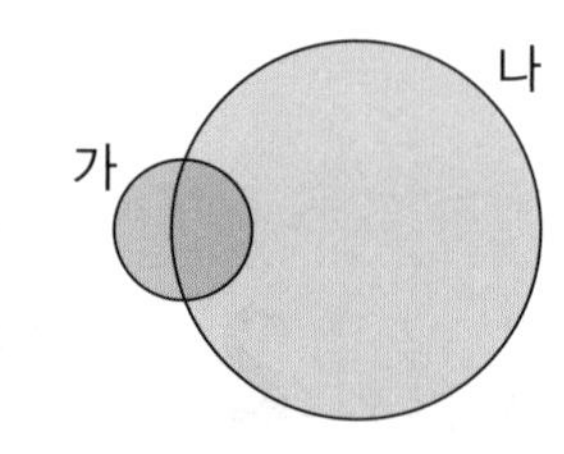

풀이

답

뫼비우스의 띠

뫼비우스의 띠는 독일의 수학자 뫼비우스가 처음 제시한 것으로, 좁고 긴 직사각형의 띠를 한 번 꼬아서 끝을 붙이면 처음 양면이었던 종이가 한 면이 되는 성질을 가지게 됩니다. 그럼, 뫼비우스의 띠를 만들어 볼까요?

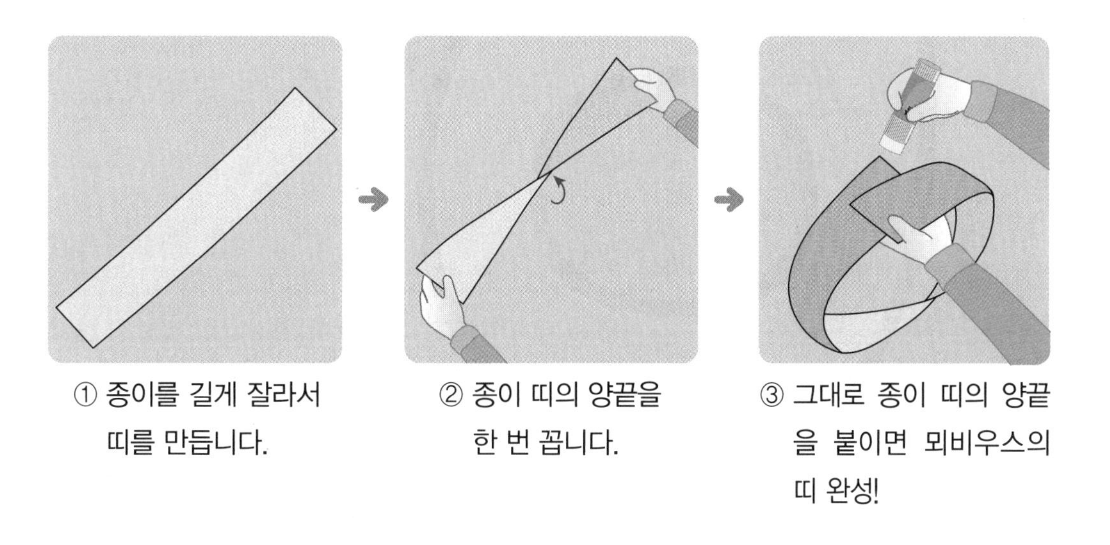

① 종이를 길게 잘라서 띠를 만듭니다.

② 종이 띠의 양끝을 한 번 꼽니다.

③ 그대로 종이 띠의 양끝을 붙이면 뫼비우스의 띠 완성!

뫼비우스의 띠 모양 종이의 한 곳에서 시작해서 선을 그어 보세요. 선을 그어 처음 선을 긋기 시작한 곳까지 가면 종이의 한 면에만 선이 그어진 것이 아니라 종이의 모든 면이 선으로 연결되어 있음을 알 수 있습니다.

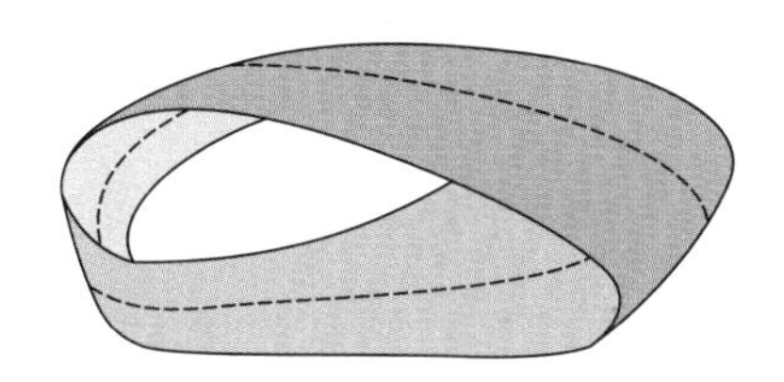

뫼비우스의 띠의 면이 1개인 특징은 많은 곳에서 활용되고 있습니다. 테이프의 양면에 녹음이 되는 양면녹음테이프, 컨테이너 벨트 등에서 활용되고 있다고 합니다.

원기둥, 원뿔, 구

단원의 흐름

이전에 배운 내용 [6-1] 각기둥과 각뿔, [6-2] 원의 넓이

이번에 배울 내용
원기둥 알아보기
원기둥의 전개도 알아보기
원뿔 알아보기
구 알아보기

다음에 배울 내용 [중1] 입체도형

꼭! 알아야 할 대표 유형

유형 1 원기둥의 밑면의 반지름을 구하는 문제

유형 2 원뿔의 구성 요소를 이용하여 길이를 구하는 문제

유형 3 돌리기 전의 평면도형의 넓이를 구하는 문제

유형 4 원기둥의 일부분의 길이를 구하는 문제

유형 5 창의 · 융합형 문제

유형 6 여러 가지 입체도형의 둘레를 구하는 문제

1 원기둥 알아보기

• 원기둥: 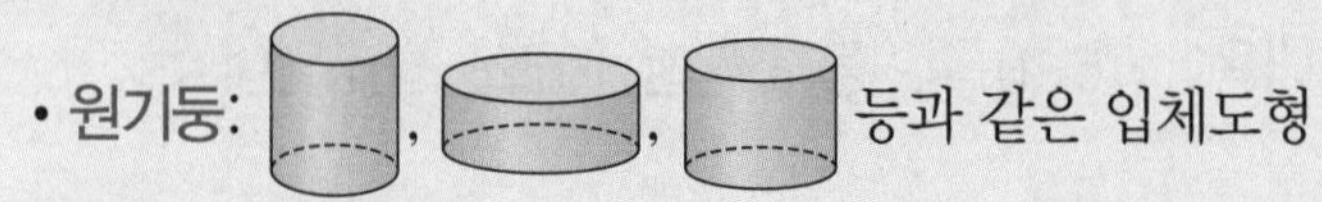 등과 같은 입체도형

• 원기둥의 특징
① 두 면은 평평한 원으로 서로 합동이고 평행합니다.
② 옆을 둘러싼 면은 굽은 면입니다.

2 원기둥의 구성 요소

• 원기둥에서
- 밑면: 서로 평행하고 합동인 두 면
- 옆면: 두 밑면과 만나는 면
  이때 원기둥의 옆면은 굽은 면입니다.
- 높이: 두 밑면에 수직인 선분의 길이

높이는 두 밑면 사이의 거리예요.

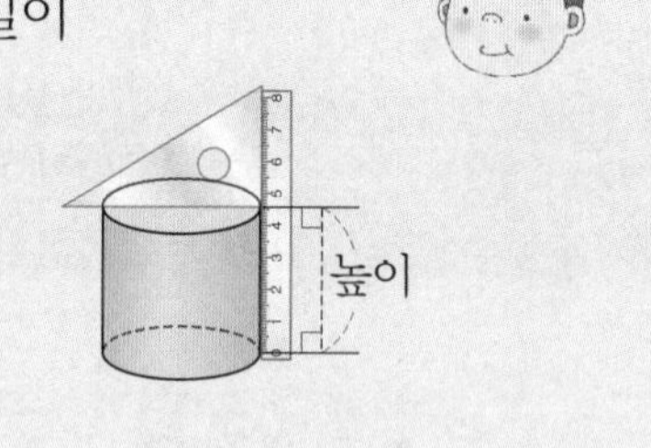

• 원기둥과 각기둥의 비교
① 원기둥의 밑면은 원이고, 각기둥의 밑면은 다각형입니다.
② 원기둥에는 꼭짓점과 모서리가 없고, 각기둥에는 꼭짓점과 모서리가 있습니다.
③ 원기둥에는 굽은 면이 있지만 각기둥에는 굽은 면이 없습니다.

3 원기둥의 전개도

원기둥의 전개도: 원기둥을 잘라서 펼쳐 놓은 그림

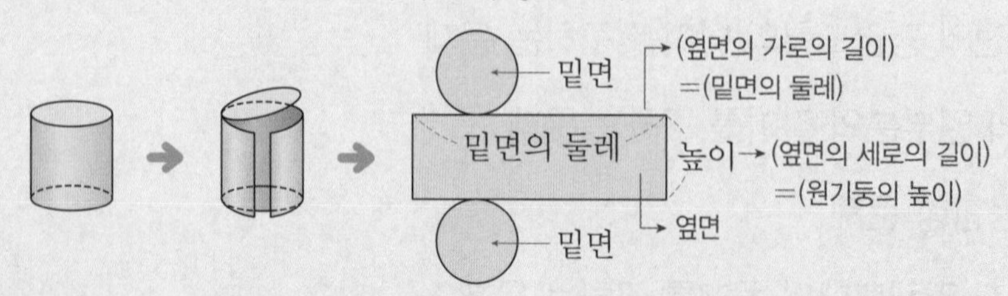

➔ 원기둥의 전개도에서 밑면은 원이고 2개이며, 옆면은 직사각형이고 1개입니다.

중1 연계 

* **회전체**
평면도형을 한 직선을 축으로 하여 1회전 시킬 때 생기는 입체도형

예 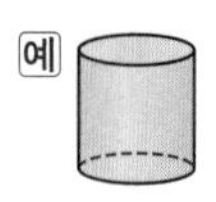 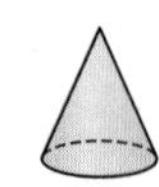 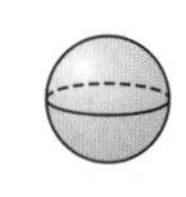
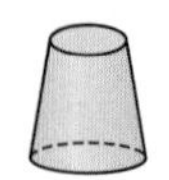  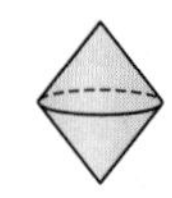

개념 PLUS

한 변을 기준으로 직사각형 모양의 종이를 한 바퀴 돌리면 원기둥이 됩니다.

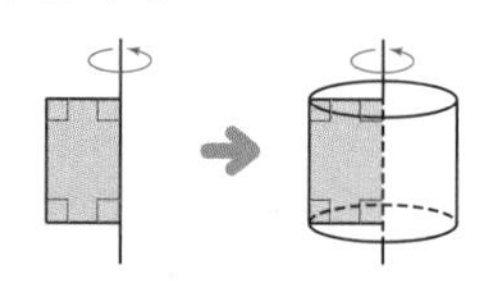

• (직사각형의 가로)
=(원기둥의 밑면의 반지름)
• (직사각형의 세로)
=(원기둥의 높이)

개념 PLUS

(원기둥의 전개도의 둘레)
=(밑면의 둘레)×4
+(원기둥의 높이)×2

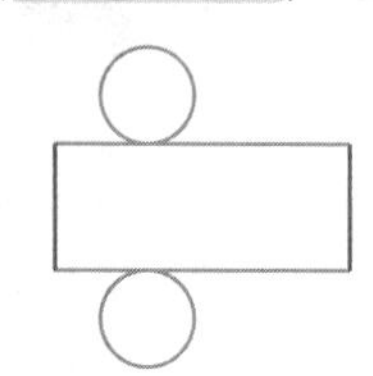

빠른 정답 6쪽, 정답 및 풀이 43쪽

1 원기둥을 모두 찾아 기호를 쓰시오.

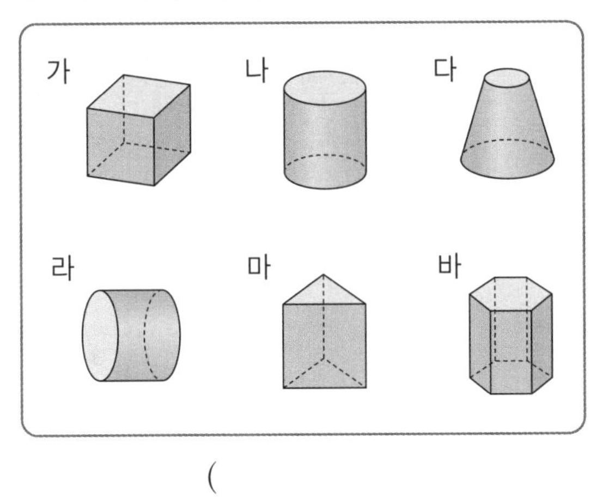

( )

2 직사각형 모양의 종이를 한 변을 기준으로 돌렸을 때 만들어지는 입체도형의 높이는 몇 cm인지 구하시오.

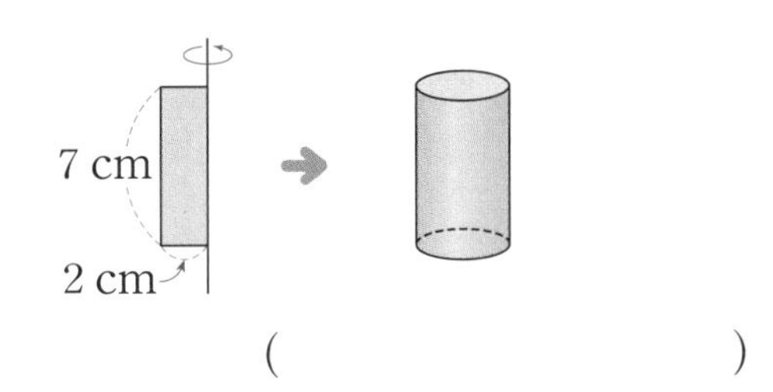

( )

3 원기둥과 원기둥의 전개도를 보고 □ 안에 알맞은 수를 써넣으시오. (원주율: 3.1)

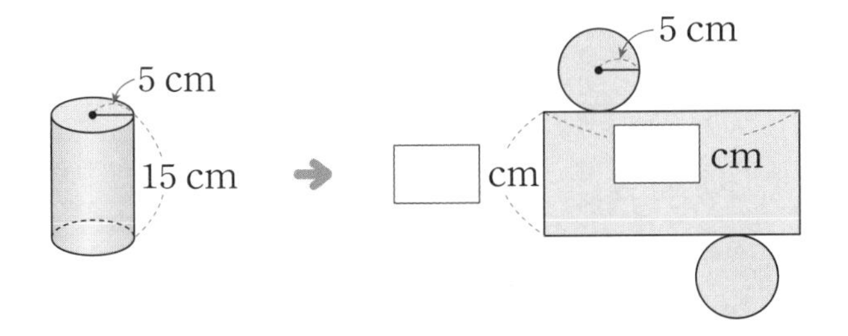

4 빈칸에 알맞게 써넣으시오.

	삼각기둥	원기둥
밑면의 모양		
밑면의 수(개)		

5 원기둥과 원기둥의 전개도에 대한 설명으로 틀린 것은 어느 것입니까? ·························· ( )

① 두 밑면의 모양은 원입니다.
② 원기둥의 두 밑면은 서로 평행하고 합동입니다.
③ 원기둥의 전개도에서 옆면의 모양은 직사각형입니다.
④ 원기둥의 전개도에서 옆면의 세로는 원기둥의 높이와 같습니다.
⑤ 원기둥의 전개도에서 옆면의 가로는 밑면의 지름과 같습니다.

6 원기둥의 전개도에서 옆면의 둘레는 몇 cm인지 구하시오. (원주율: 3.1)

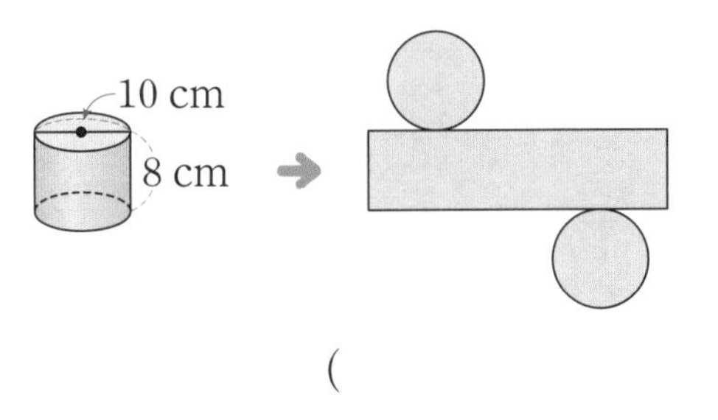

( )

4 원뿔 알아보기

• 원뿔:  등과 같은 입체도형

• 원뿔의 특징

① 뿔 모양의 입체도형으로 뾰족한 부분이 있습니다.

② 평평한 면이 1개이고 원입니다.

중1 연계 

* **원뿔대**
원뿔을 밑면에 평행한 평면으로 자를 때 생기는 두 입체도형 중에서 원뿔이 아닌 쪽의 입체도형

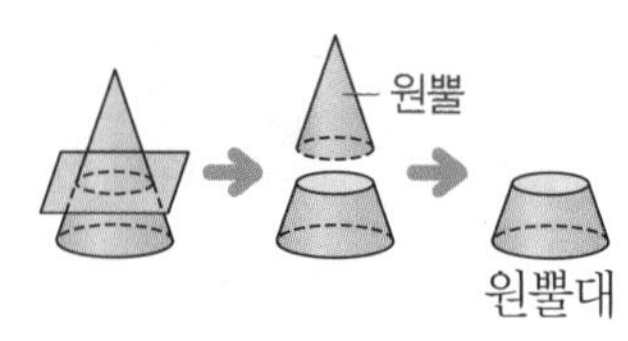

5 원뿔의 구성 요소

• 원뿔에서

- 밑면: 평평한 면
- 옆면: 옆을 둘러싼 굽은 면
- 원뿔의 꼭짓점: 뾰족한 부분의 점
- 모선: 원뿔의 꼭짓점과 밑면인 원의 둘레의 한 점을 이은 선분
- 높이: 원뿔의 꼭짓점에서 밑면에 수직으로 내린 선분의 길이

• 원기둥과 원뿔의 비교

① 원기둥의 밑면은 2개이고, 원뿔의 밑면은 1개입니다.

② 앞에서 본 모양이 원기둥은 직사각형이고, 원뿔은 삼각형입니다.

③ 원뿔은 원뿔의 꼭짓점이 있지만 원기둥에는 없습니다.

④ 위에서 본 모양은 둘 다 원입니다.

개념 PLUS

한 변을 기준으로 직각삼각형 모양의 종이를 한 바퀴 돌리면 원뿔이 됩니다.

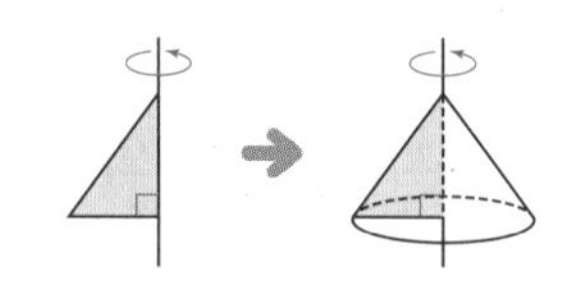

6 구 알아보기

• 구: , ,  등과 같은 입체도형

• 구의 특징

① 공 모양의 도형으로 평평한 면과 뾰족한 부분이 없습니다.

② 굽은 면으로 둘러싸여 있고 잘 굴러갑니다.

③ 위, 앞, 옆에서 본 모양은 모두 원입니다.

개념 PLUS

지름을 기준으로 반원 모양의 종이를 한 바퀴 돌리면 구가 됩니다.

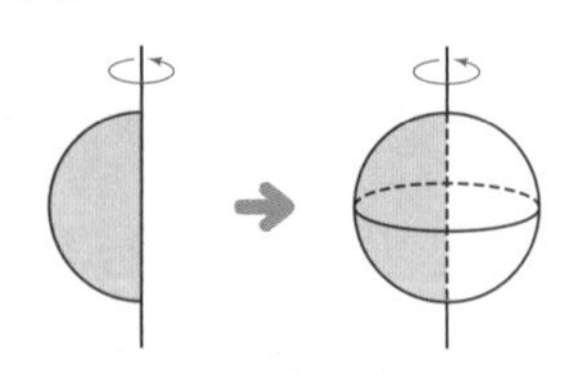

7 구의 구성 요소

- 구의 중심: 구에서 가장 안쪽에 있는 점
- 구의 반지름: 구의 중심에서 구의 겉면의 한 점을 이은 선분

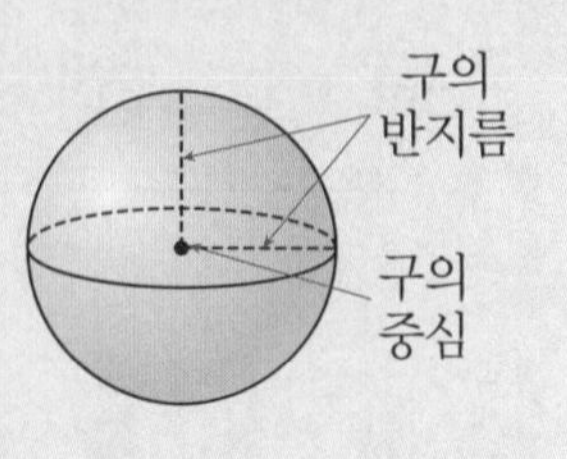

1 원뿔을 모두 찾아 기호를 쓰시오.

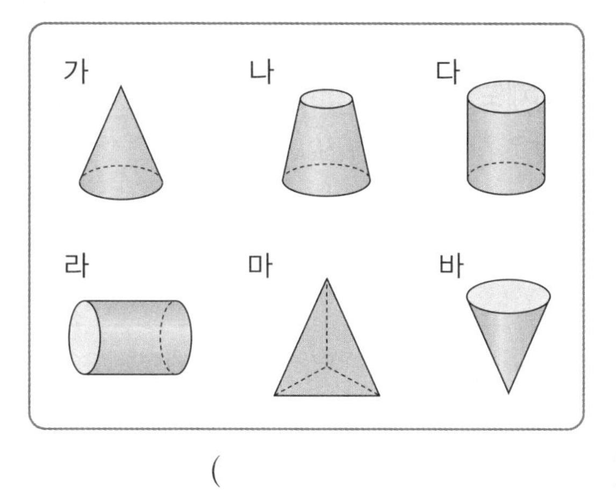

( )

2 다음 모양에서 사용된 원기둥, 원뿔, 구는 각각 몇 개입니까?

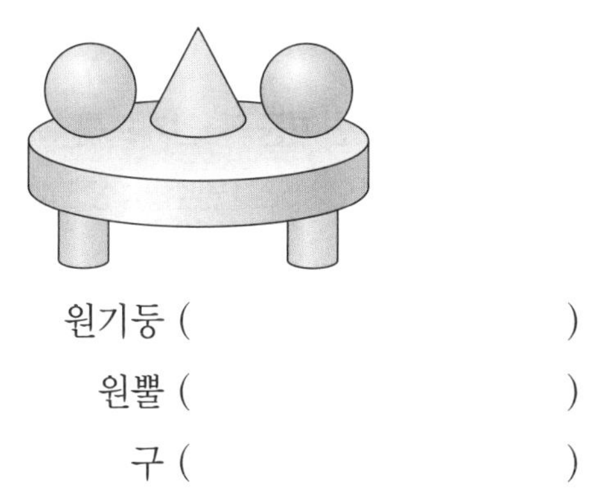

원기둥 ( )

원뿔 ( )

구 ( )

3 ㉠과 ㉡은 각각 원뿔의 어떤 부분의 길이를 잰 것인지 쓰시오.

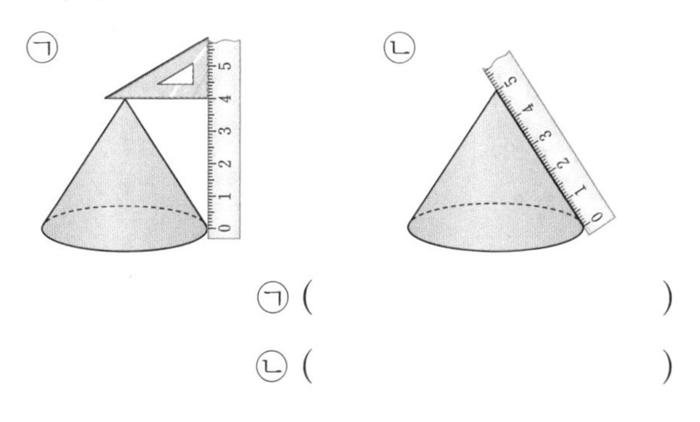

㉠ ( )

㉡ ( )

4 구를 보고 물음에 답하시오.

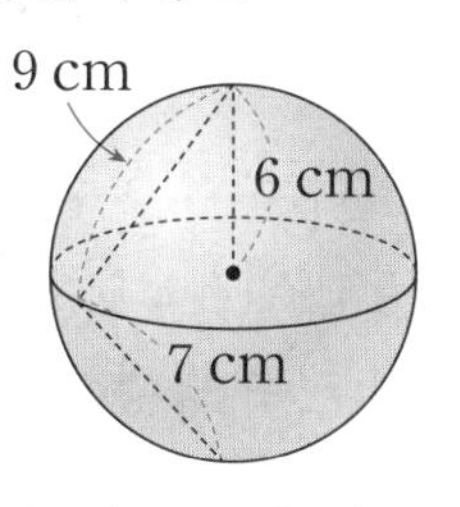

(1) 구는 반지름이 몇 cm인 반원을 돌려서 만든 것입니까?

( )

(2) 구의 지름은 몇 cm입니까?

( )

5 원뿔에 대한 설명으로 옳은 것은 어느 것입니까? ……………………………………………… ( )

① 높이를 잴 수 없습니다.
② 꼭짓점은 1개입니다.
③ 모선은 1개입니다.
④ 밑면의 모양은 원이고 2개입니다.
⑤ 모선의 길이는 어느 곳에서 재느냐에 따라 다릅니다.

6 지름을 기준으로 반원 모양의 종이를 오른쪽과 같이 한 바퀴 돌려 만든 입체도형의 반지름은 몇 cm입니까?

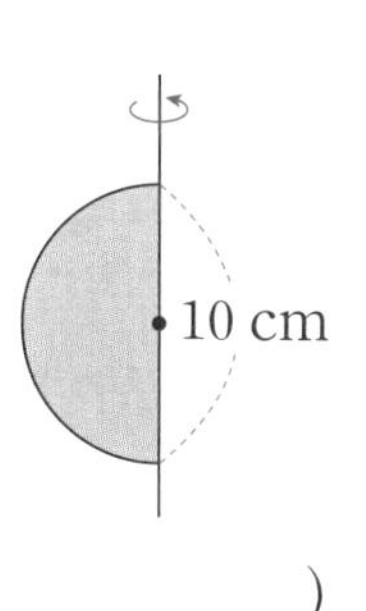

( )

1 원기둥과 각기둥 비교하기

• 원기둥과 각기둥의 공통점

① 기둥 모양인 입체도형입니다.

② 두 밑면이 서로 평행하고 합동입니다.

• 원기둥과 각기둥의 차이점

	원기둥	각기둥
밑면의 모양	원	다각형
굽은 면	있음	없음
꼭짓점, 모서리	없음	있음

1 개념 플러스 문제

입체도형 가와 나의 공통점 또는 차이점으로 잘못된 것을 찾아 기호를 쓰시오.

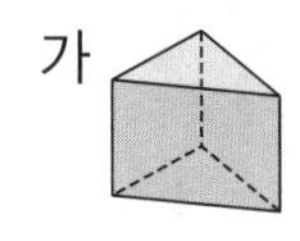

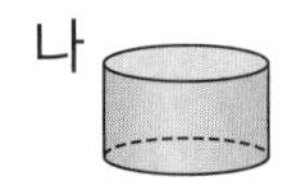

㉠ 가와 나는 모두 밑면이 2개입니다.

㉡ 가와 나는 모두 기둥 모양입니다.

㉢ 가와 나는 모두 꼭짓점과 모서리가 있습니다.

( )

2 원기둥의 전개도의 특징

• 원기둥의 전개도의 특징

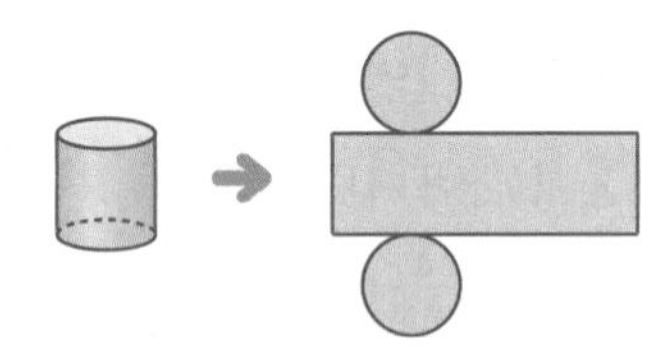

(전개도의 옆면의 가로)=(원기둥의 밑면의 둘레)

(전개도의 옆면의 세로)=(원기둥의 높이)

2 개념 플러스 문제

원기둥과 원기둥의 전개도를 보고 □ 안에 알맞은 수를 써넣으시오. (원주율: 3.14)

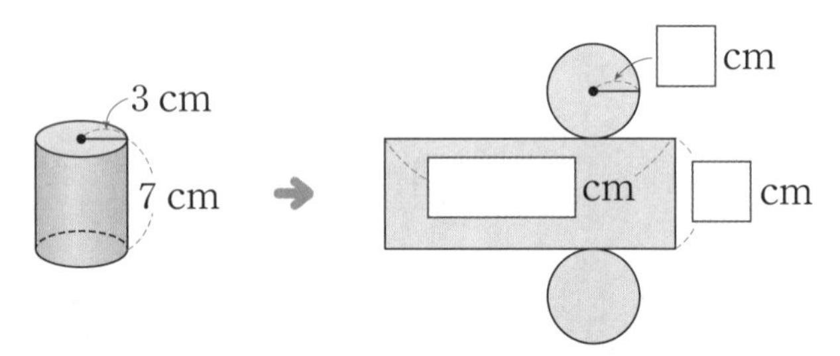

3 원뿔의 성질

• 원뿔과 원뿔의 전개도의 각 부분의 이름

원뿔의 전개도: 원뿔을 잘라서 펼쳐 놓은 그림

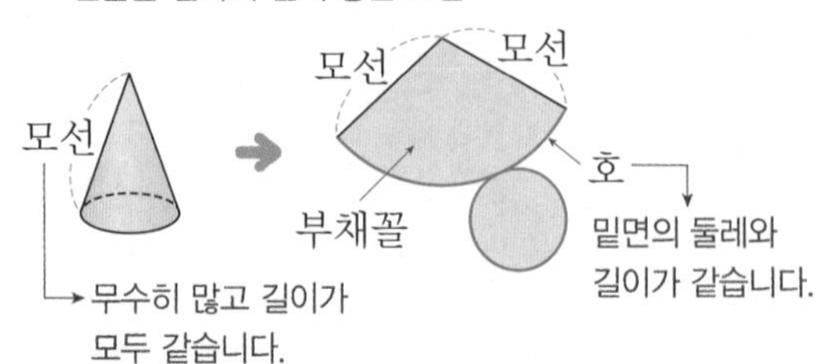

3 개념 플러스 문제

원뿔에서 모선은 몇 cm이고, 모선의 수는 몇 개인지 구하시오.

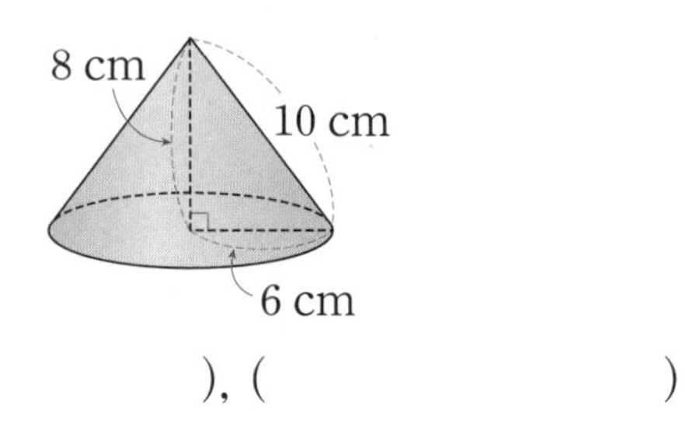

( ), ( )

4 원뿔과 각뿔 비교하기

• 원뿔과 각뿔의 비교

	원뿔	각뿔
밑면의 모양	원	다각형
밑면의 수	1개	1개
굽은 면	있음	없음
꼭짓점	있음	있음

4 개념 플러스 문제

원뿔과 각뿔의 공통점을 모두 찾아 기호를 쓰시오.

㉠ 밑면의 모양이 원입니다.
㉡ 꼭짓점이 있습니다.
㉢ 뿔 모양입니다.
㉣ 굽은 면이 있습니다.

( )

5 구의 성질

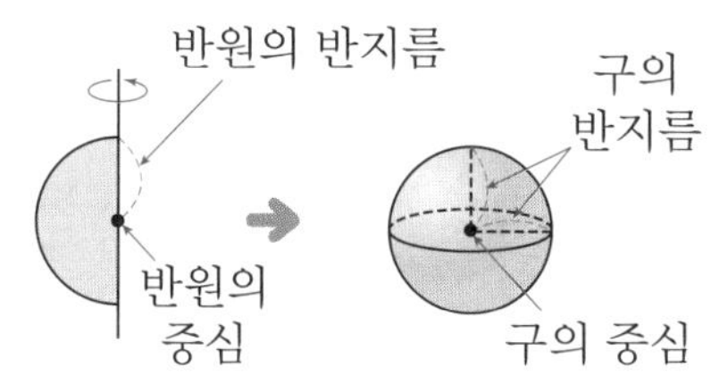

➔ 반원의 중심은 구의 중심이 되고, 반원의 반지름은 구의 반지름이 됩니다.

5 개념 플러스 문제

다음 구는 반지름이 몇 cm인 반원을 돌려 만든 것입니까?

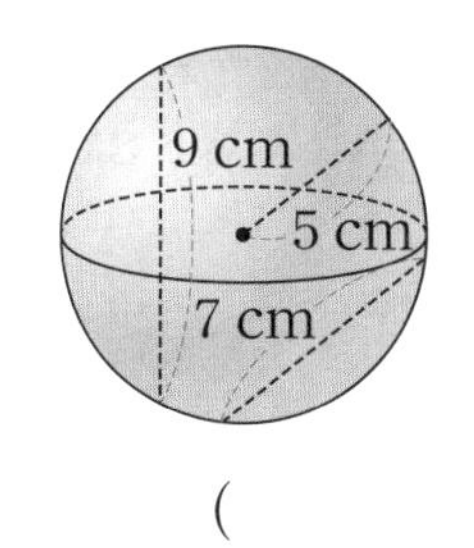

( )

6 원기둥, 원뿔, 구 비교하기

• 원기둥, 원뿔, 구의 비교

	원기둥	원뿔	구
전체 모양	기둥 모양	뿔 모양	공 모양
밑면	원, 2개	원, 1개	없음
위에서 본 모양	원	원	원
앞, 옆에서 본 모양	직사각형	삼각형	원

6 개념 플러스 문제

오른쪽 원기둥을 위, 앞, 옆에서 본 모양을 각각 그리시오.

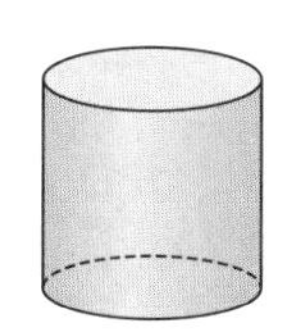

위에서 본 모양	앞에서 본 모양	옆에서 본 모양

2 STEP 하이레벨 탐구

High Level

대표 유형 1 원기둥의 밑면의 반지름을 구하는 문제

오른쪽 원기둥의 전개도에서 옆면의 가로가 18 cm, 세로가 10 cm일 때 원기둥의 밑면의 반지름은 몇 cm입니까? (원주율: 3)

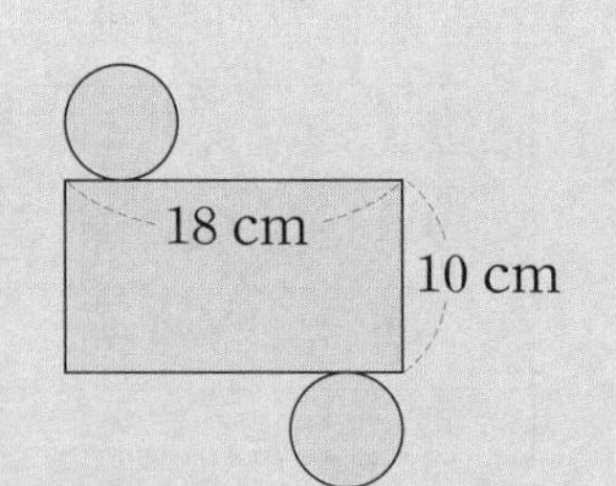

문제해결 Key

원기둥의 전개도에서 (밑면의 원주)=(옆면의 가로)입니다.
(원주)
=(반지름)×2
×(원주율)

(1) 원기둥의 밑면의 원주는 몇 cm입니까?

( )

(2) 원기둥의 밑면의 반지름은 몇 cm입니까?

( )

체크 1-1

오른쪽 원기둥의 전개도에서 옆면의 가로가 24.8 cm, 세로가 8 cm일 때 원기둥의 밑면의 반지름은 몇 cm입니까?
(원주율: 3.1)

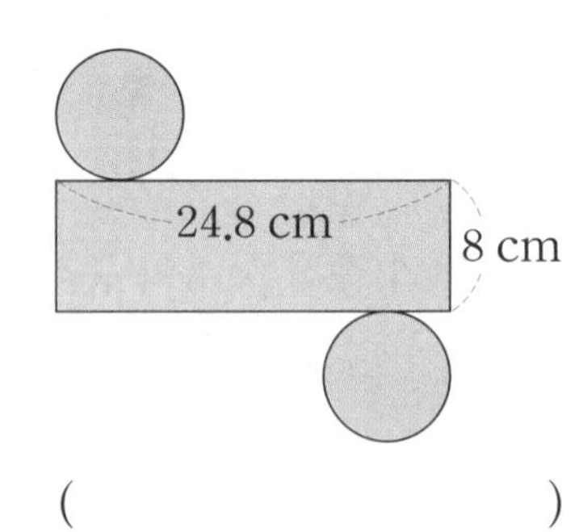

( )

체크 1-2

오른쪽 원기둥의 전개도에서 옆면의 가로가 18.84 cm, 세로가 12 cm일 때 원기둥의 밑면의 반지름은 몇 cm입니까?
(원주율: 3.14)

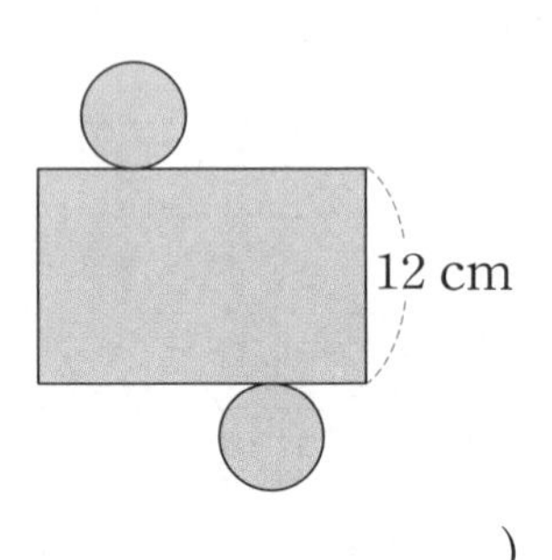

( )

대표 유형 2 원뿔의 구성 요소를 이용하여 길이를 구하는 문제

철사를 사용하여 오른쪽과 같은 원뿔 모양을 만들었습니다. 사용한 철사의 길이가 65 cm라면 밑면에 사용한 철사의 길이는 몇 cm입니까? (단, 철사를 이은 부분의 길이는 생각하지 않습니다.)

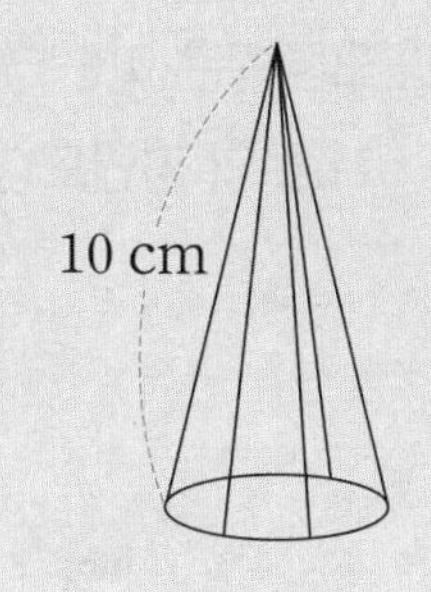

문제해결 Key
- 사용한 철사는 모선 5군데와 밑면입니다.
- 밑면에 사용한 철사의 길이는 밑면의 둘레와 같습니다.

(1) 모선에 사용한 철사의 길이는 모두 몇 cm입니까?

(　　　　　　　　)

(2) 밑면에 사용한 철사의 길이는 몇 cm입니까?

(　　　　　　　　)

체크 2-1

길이가 0.9 m인 철사를 모두 사용하여 오른쪽과 같은 원뿔 모양을 만들었습니다. 밑면의 둘레는 몇 cm인지 풀이 과정을 쓰고 답을 구하시오. (단, 철사를 이은 부분의 길이는 생각하지 않습니다.) 5점

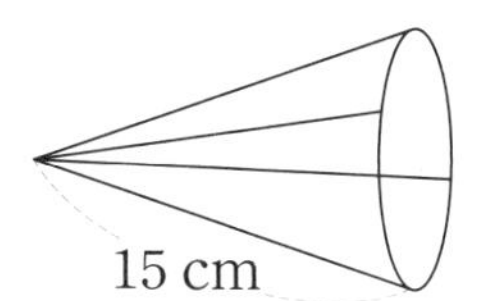

풀이

답

체크 2-2

길이가 287 cm인 철사를 모두 사용하여 오른쪽과 같은 원뿔 모양을 만들었습니다. 밑면의 둘레가 57 cm일 때, 선분 ㄱㄷ의 길이는 몇 cm입니까?

(단, 철사를 이은 부분의 길이는 생각하지 않습니다.)

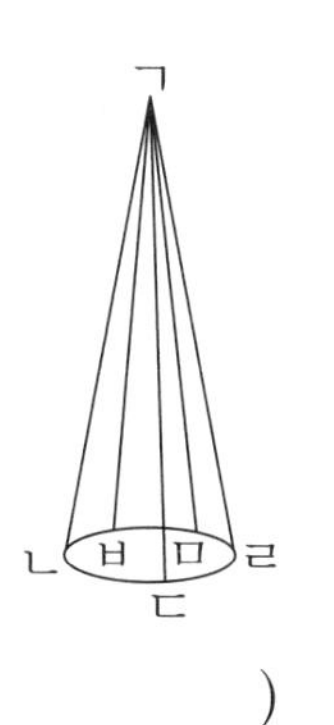

(　　　　　　　　)

대표 유형 3 돌리기 전의 평면도형의 넓이를 구하는 문제

오른쪽은 어떤 평면도형을 한 변을 기준으로 돌렸을 때 만들어지는 원기둥입니다. 돌리기 전의 평면도형의 넓이는 몇 cm^2입니까?

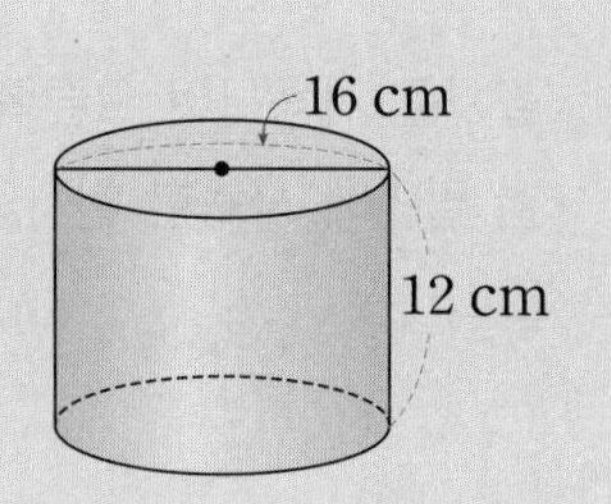

문제해결 Key

직사각형을 한 변을 기준으로 돌리면 원기둥이 됩니다.

(1) 오른쪽은 돌리기 전의 평면도형입니다. □ 안에 알맞은 수를 써넣으시오.

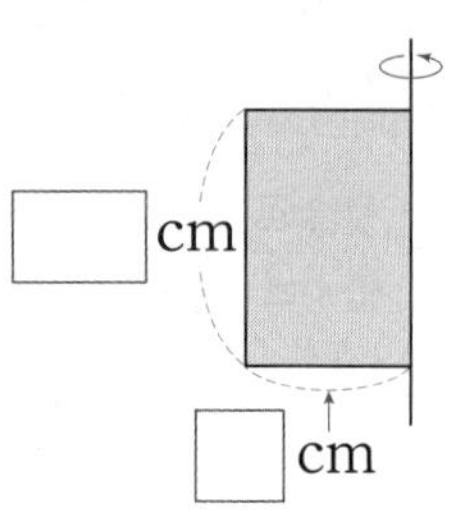

(2) 돌리기 전의 평면도형의 넓이는 몇 cm^2입니까?

( )

체크 3-1

오른쪽은 어떤 평면도형을 한 변을 기준으로 돌렸을 때 만들어지는 원뿔입니다. 돌리기 전의 평면도형의 넓이는 몇 cm^2입니까?

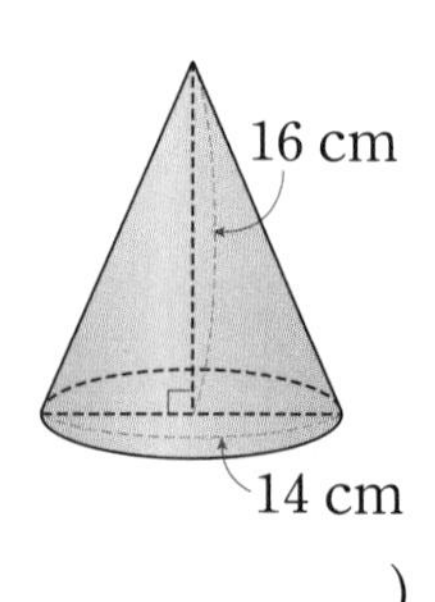

( )

체크 3-2

오른쪽은 어떤 평면도형을 지름을 기준으로 돌렸을 때 만들어지는 구입니다. 돌리기 전의 평면도형의 둘레는 몇 cm인지 풀이 과정을 쓰고 답을 구하시오. (원주율: 3) 5점

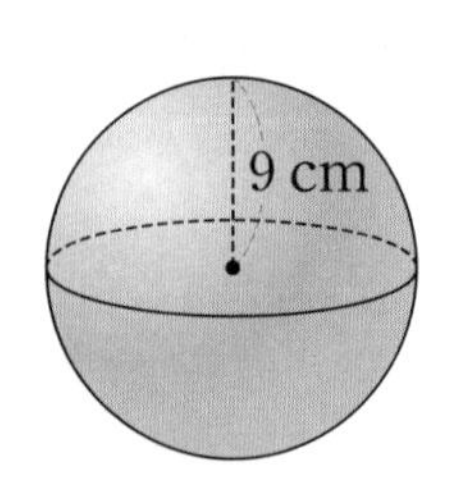

풀이

답

대표 유형 4 원기둥의 일부분의 길이를 구하는 문제

오른쪽 원기둥의 옆면의 넓이가 180 cm^2일 때, 원기둥의 옆면의 둘레는 몇 cm입니까?

(원주율: 3)

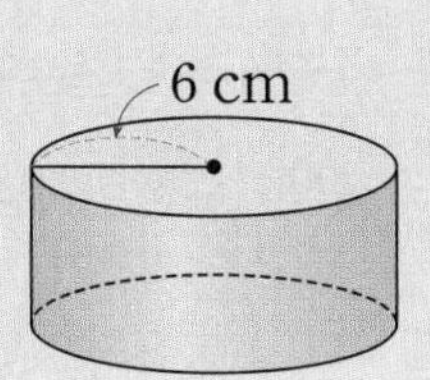

문제해결 Key

(원기둥의 옆면의 넓이)
=(옆면의 가로)
×(옆면의 세로)
=(밑면의 둘레)
×(높이)

(1) 원기둥의 높이는 몇 cm입니까?

( )

(2) 원기둥의 옆면의 둘레는 몇 cm입니까?

( )

체크 4-1

오른쪽 원기둥의 옆면의 넓이가 251.2 cm^2일 때, 원기둥의 밑면의 반지름은 몇 cm인지 구하시오. (원주율: 3.14)

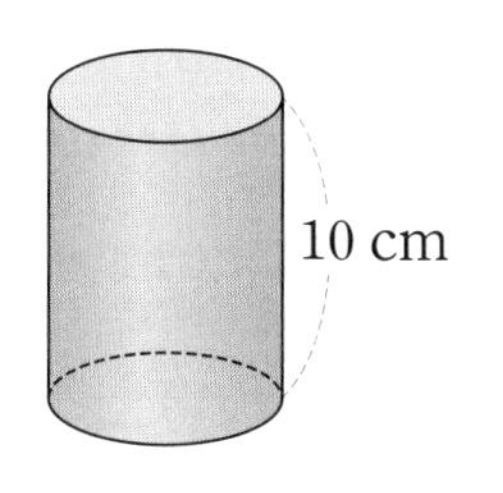

( )

체크 4-2

오른쪽 원기둥의 밑면의 넓이가 243 cm^2일 때 옆면의 넓이는 몇 cm^2인지 구하시오. (원주율: 3)

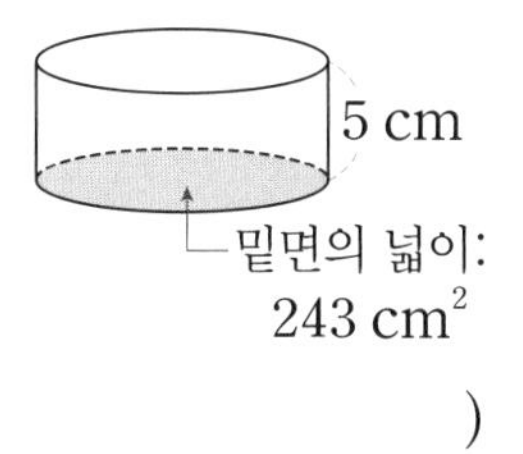

( )

대표 유형 5 창의 · 융합형 문제

수정이는 오른쪽 원기둥 모양의 쿠키 상자 옆면을 포장지로 포장하려고 합니다. 같은 쿠키 상자 3개를 포장한다면 필요한 포장지의 넓이는 적어도 몇 cm^2인지 구하시오.

(단, 쿠키 상자에 겹치는 부분 없이 딱 맞게 포장하고, 원주율은 3.14입니다.)

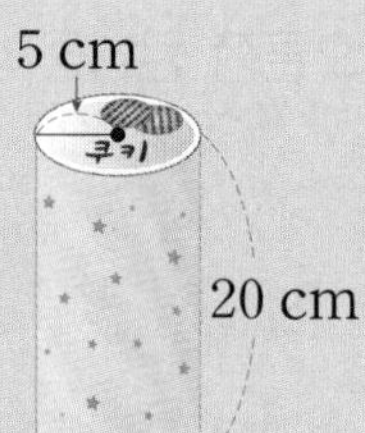

문제해결 Key

(필요한 포장지의 넓이)
=(쿠키 상자 1개의 옆면의 넓이)
×(상자 수)

(1) 쿠키 상자 1개의 옆면을 포장하는 데 필요한 포장지의 넓이는 적어도 몇 cm^2입니까?

( )

(2) 필요한 포장지의 넓이는 적어도 몇 cm^2입니까?

( )

체크 5-1 측우기를 보고 주희는 측우기의 원통과 같은 크기의 원기둥을 만들었습니다. 물을 원기둥 높이의 $\frac{1}{3}$만큼 담았다면 원기둥에 더 담을 수 있는 물의 높이는 약 몇 cm인지 구하시오.

(원주율: 3)

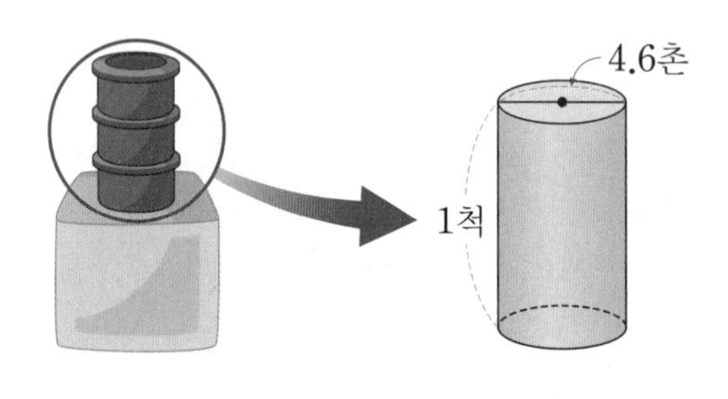

1촌	1척
약 3 cm	약 30 cm

( )

체크 5-2 위 체크 5-1의 주희가 만든 원기둥에서 바깥쪽 옆면에 색칠하려고 합니다. 색칠을 해야 할 최소한의 넓이는 약 몇 cm^2입니까? (원주율: 3)

( )

대표 유형 6 여러 가지 입체도형의 둘레를 구하는 문제

오른쪽 입체도형은 원기둥을 2등분 한 것 중의 하나입니다. 이 입체도형의 옆면의 둘레는 몇 cm인지 구하시오. (원주율: 3.1)

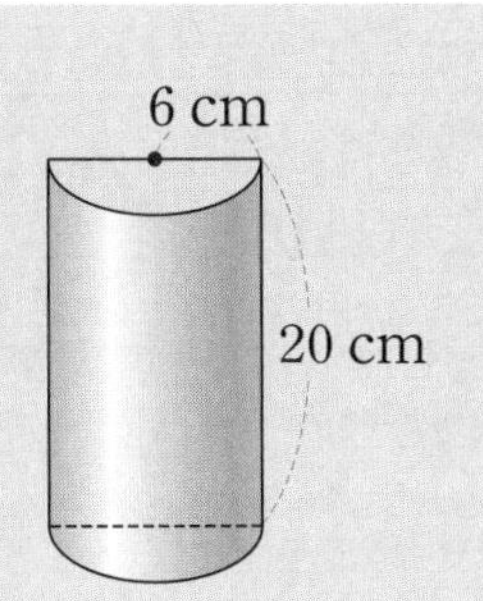

문제해결 Key

입체도형의 옆면의 가로는 밑면의 둘레와 같습니다.

(1) 입체도형의 한 밑면의 둘레는 몇 cm입니까?

( )

(2) 입체도형의 옆면의 둘레는 몇 cm인지 구하시오.

( )

체크 6-1

오른쪽 입체도형은 원기둥을 4등분 한 것 중의 하나입니다. 이 입체도형의 옆면의 둘레는 몇 cm인지 구하시오. (원주율: 3)

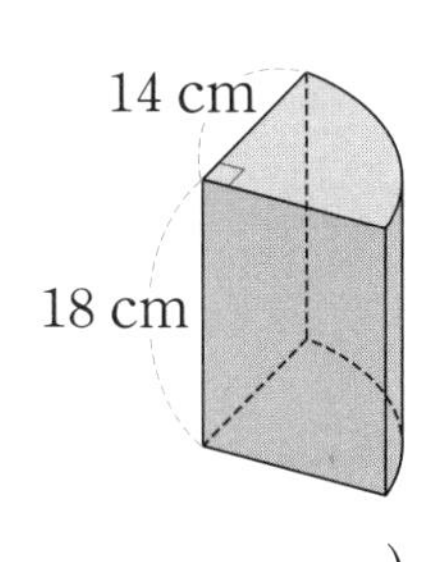

( )

체크 6-2

오른쪽과 같이 직사각형을 한 변을 기준으로 반 바퀴 돌렸을 때 만들어지는 입체도형의 옆면의 넓이는 몇 cm^2입니까? (원주율: 3)

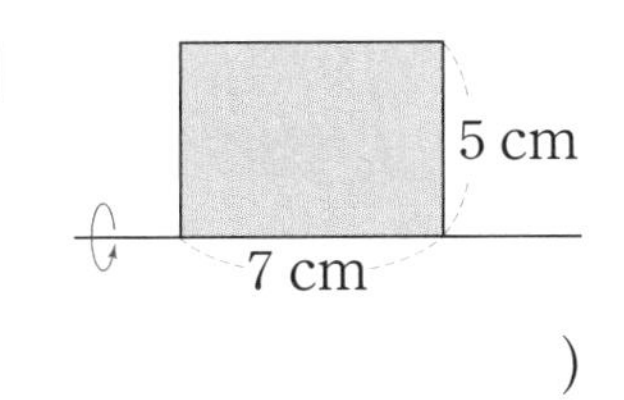

( )

1 ㉠, ㉡, ㉢의 합은 몇 개인지 구하시오.

㉠ 원기둥의 밑면의 수
㉡ 원뿔의 꼭짓점의 수
㉢ 원뿔의 밑면의 수

( )

◀ 원기둥과 원뿔의 구성 요소를 이용하는 문제

2 원기둥의 옆면의 넓이가 $351.68\,\text{cm}^2$일 때, 원기둥의 밑면의 반지름은 몇 cm인지 구하시오. (원주율: 3.14)

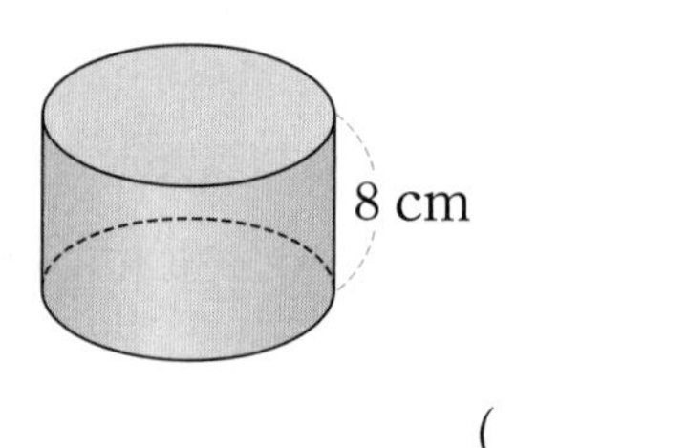

( )

◀ 옆면의 넓이를 이용하여 원기둥의 밑면의 반지름을 구하는 문제

3 구를 앞에서 본 모양의 둘레는 몇 cm인지 구하시오. (원주율: 3.1)

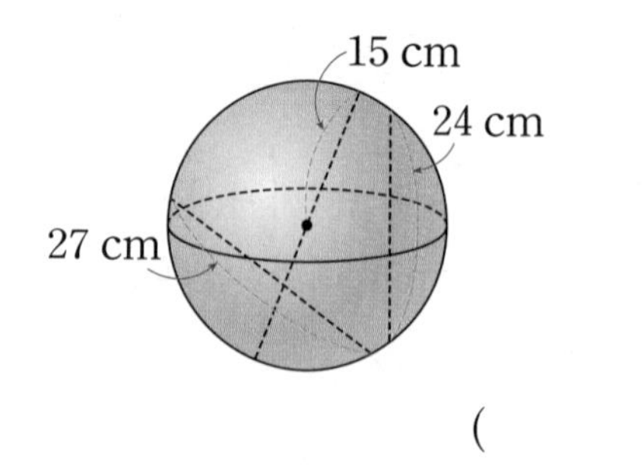

( )

◀ 구를 앞에서 본 모양의 둘레를 구하는 문제

4 직사각형을 가로를 기준으로 한 바퀴 돌렸을 때 만들어지는 입체도형의 한 밑면의 둘레는 몇 cm인지 구하시오. (원주율: 3)

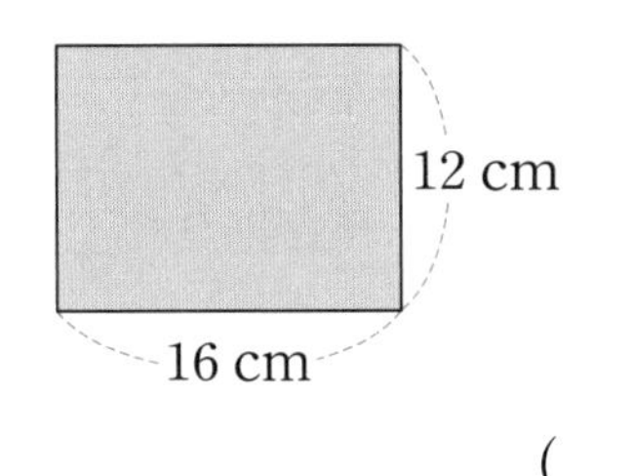

( )

◀ 돌린 후 만들어지는 입체도형의 한 밑면의 둘레를 구하는 문제

5 원기둥의 전개도에서 옆면의 가로가 36 cm, 세로가 10 cm일 때 원기둥의 밑면의 반지름은 몇 cm입니까? (원주율: 3)

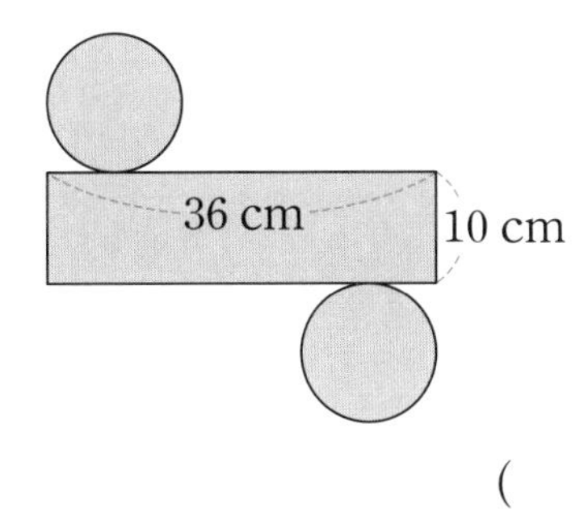

( )

◀ 전개도에서 밑면의 반지름을 구하는 문제

6 오른쪽 원기둥 모양의 롤러에 물감을 묻혀 바닥에 한 바퀴 굴렸을 때 물감이 묻은 바닥의 넓이는 몇 cm^2인지 구하시오. (원주율: 3.1)

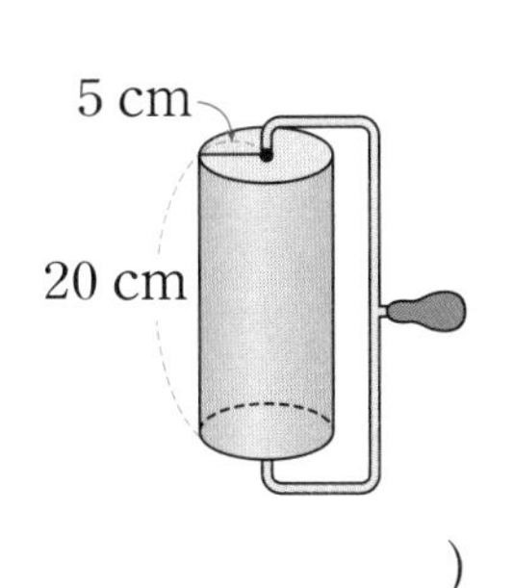

( )

◀ 전개도에서 밑면의 원주를 이용하여 옆면의 넓이를 활용하는 문제

1 오른쪽 원기둥의 전개도를 접어 원기둥 모양의 통을 만들었습니다. 이 통을 16 바퀴 굴렸을 때, 통이 이동한 거리는 몇 cm인지 구하시오. (원주율: 3.14)

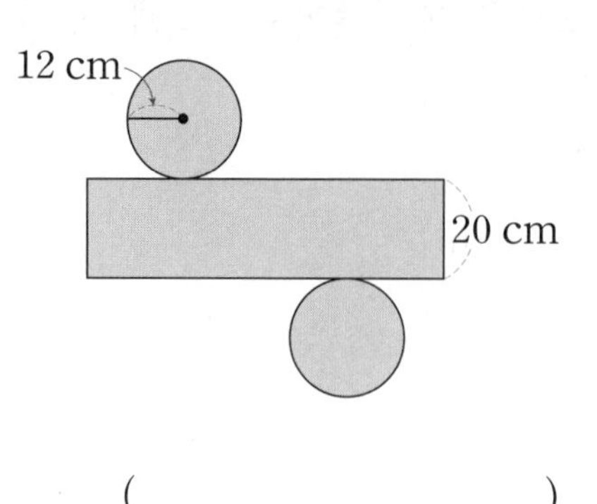

(　　　　　　　　　　)

풀이

2 다음과 같은 원뿔을 달팽이가 굵은 선을 따라 올라갔다가 내려왔습니다. 달팽이가 움직인 거리는 몇 cm입니까? (단, 달팽이의 크기는 무시합니다.)

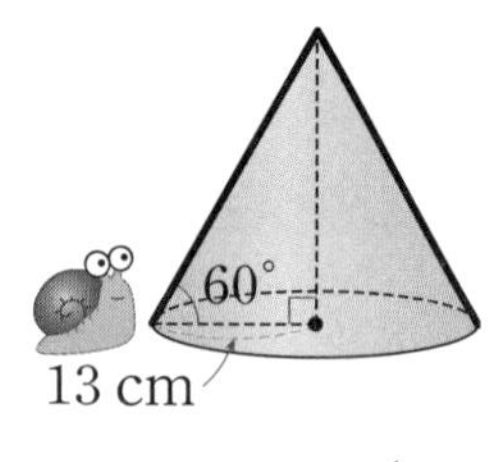

(　　　　　　　　　　)

풀이

융합형

3 다음과 같이 원기둥 모양의 깡통을 옆면을 포장지로 둘러싸려고 합니다. 필요한 포장지의 넓이는 적어도 몇 cm^2입니까?

(원주율: 3.1)

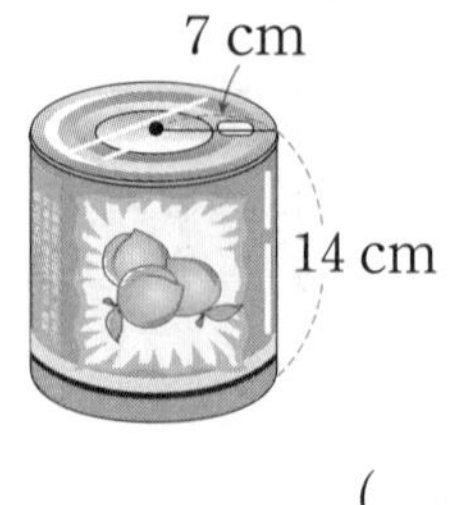

(　　　　　　　　　　)

풀이

4 두 입체도형을 앞에서 보았을 때 보이는 도형의 넓이가 같습니다. □ 안에 알맞은 수를 구하시오.

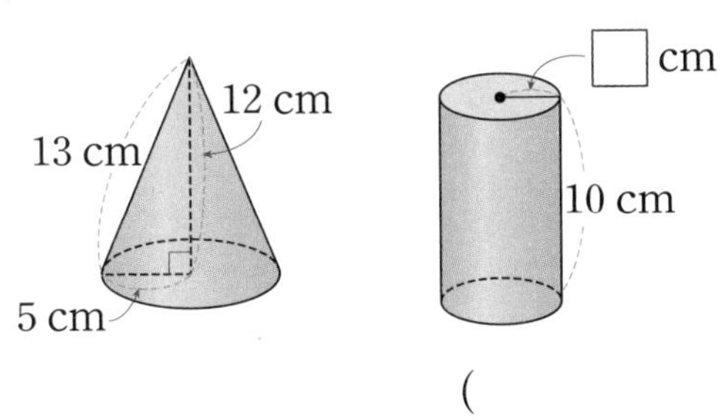

( )

풀이

5 다음 조건을 만족하는 원기둥의 높이는 몇 cm인지 구하시오. (원주율: 3)

조건
- 전개도에서 옆면의 둘레는 80 cm입니다.
- 원기둥의 높이와 밑면의 지름은 같습니다.

( )

풀이

6 오른쪽과 같이 직각삼각형을 한 변을 기준으로 돌렸을 때 만들어지는 입체도형을 앞에서 본 모양의 둘레는 몇 cm인지 구하시오.

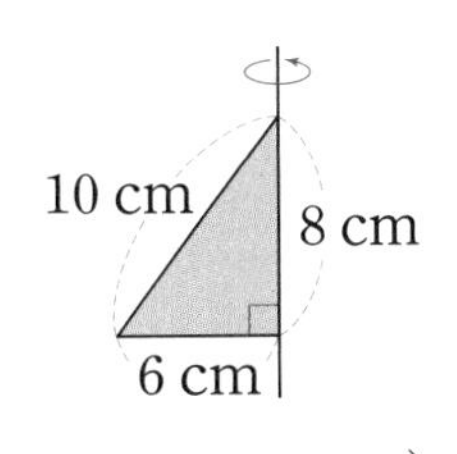

( )

풀이

7 다음은 어떤 평면도형을 한 변을 기준으로 돌렸을 때 만들어지는 입체도형의 전개도입니다. 이 입체도형의 한 밑면의 넓이가 $28.26\,\text{cm}^2$일 때, 돌리기 전의 평면도형의 넓이는 몇 cm^2인지 구하시오. (원주율: 3.14)

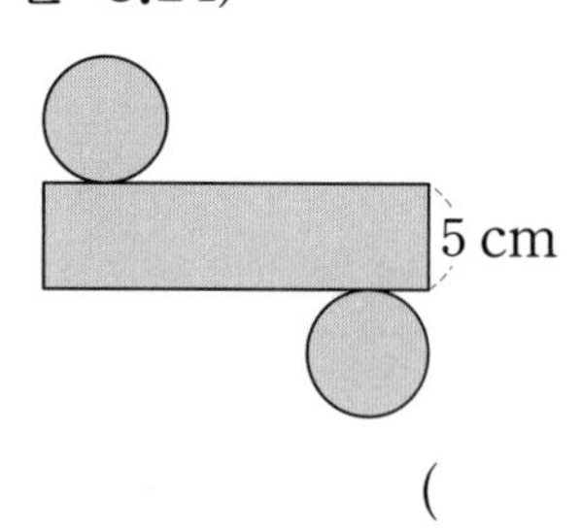

( )

풀이

8 다음은 어떤 평면도형의 한 변을 기준으로 한 바퀴 돌려 얻은 입체도형입니다. 돌리기 전 평면도형의 넓이는 몇 cm^2입니까?

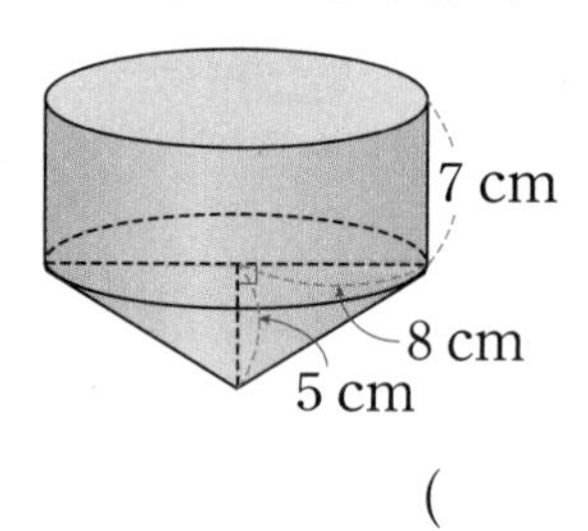

( )

풀이

9 높이가 15 cm인 원기둥 모양의 저금통을 2바퀴 굴렸더니 저금통이 지나간 부분의 넓이가 $753.6\,\text{cm}^2$였습니다. 이 저금통과 똑같은 크기의 원기둥의 전개도를 그렸을 때, 전개도의 둘레는 몇 cm입니까? (원주율: 3.14)

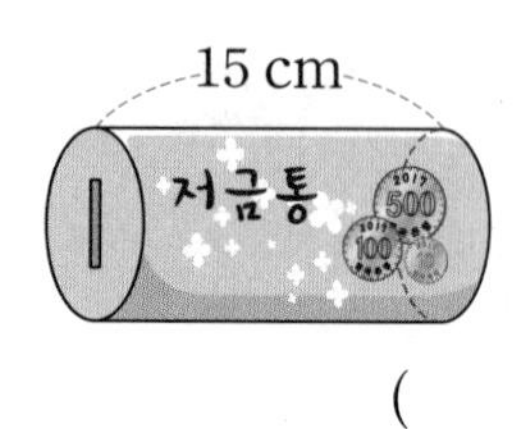

( )

풀이

빠른 정답 6쪽, 정답 및 풀이 47쪽

10 오른쪽은 어떤 평면도형을 직선 가를 기준으로 돌렸을 때 만들어지는 입체도형입니다. 이 입체도형을 직선 가를 품은 평면으로 자른 단면의 넓이는 몇 cm^2인지 구하시오.

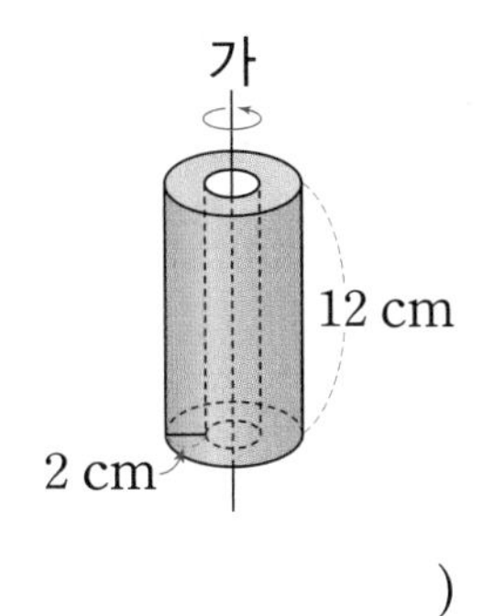

(　　　　　　　　　　)

풀이

11 오른쪽 구를 평면으로 자르려고 합니다. 평면으로 잘랐을 때 생기는 도형의 면의 넓이가 최대가 될 때, 면의 넓이는 몇 cm^2인지 구하시오. (원주율: 3.1)

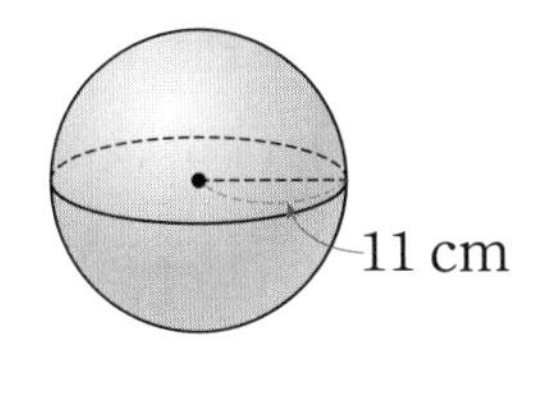

(　　　　　　　　　　)

풀이

12 전개도가 다음과 같은 원기둥 모양의 롤러의 옆면에 페인트를 묻힌 후 굴려 색을 칠하려고 합니다. 색칠된 부분의 넓이가 892.8 cm^2가 되게 하려고 하면 롤러를 몇 바퀴 굴려야 하는지 구하시오. (원주율: 3.1)

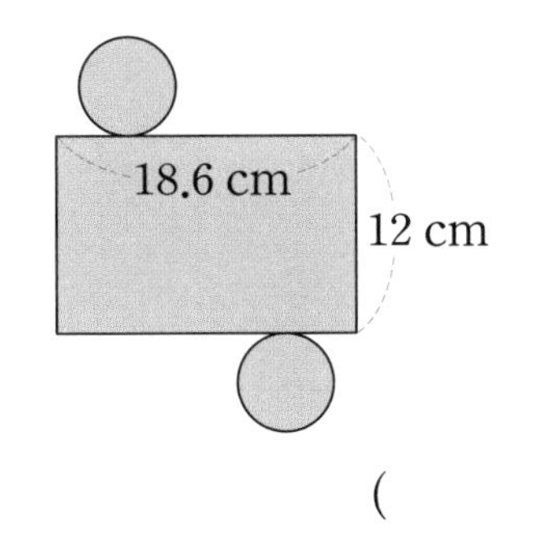

(　　　　　　　　　　)

풀이

13 다음 입체도형은 원기둥을 4등분 한 것의 일부분입니다. 이 입체도형의 면에 모두 페인트를 칠하려고 합니다. 페인트를 칠해야 하는 부분의 넓이는 몇 cm^2인지 구하시오. (원주율: 3)

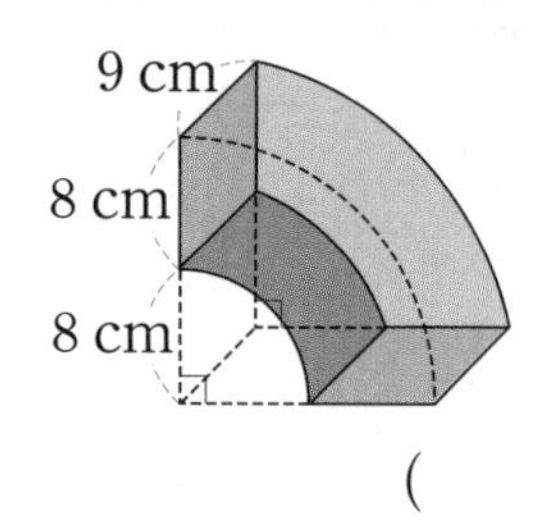

( )

풀이

14 다음 그림은 정육면체 모양의 중간에 원기둥 모양의 구멍을 뚫어 만든 블록입니다. 이 블록을 페인트 통에 완전히 잠기게 넣었다가 꺼냈을 때, 페인트가 묻은 부분의 넓이는 몇 cm^2인지 구하시오. (원주율: 3.14)

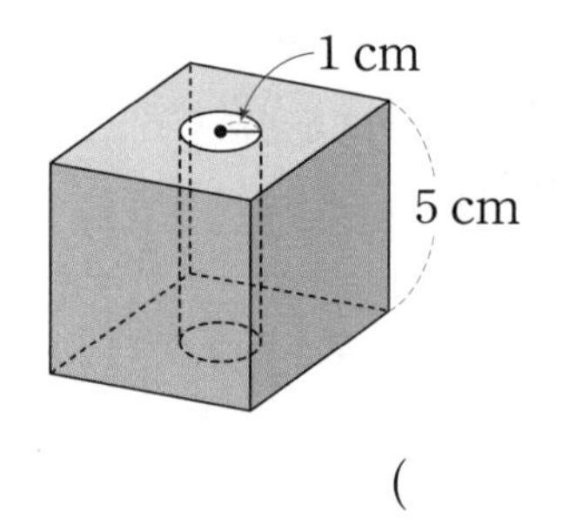

( )

풀이

브레인스토밍

빠른 정답 6쪽, 정답 및 풀이 48쪽

Brainstorming **1**

오른쪽 그림과 같이 밑면의 반지름이 6 cm이고 높이가 10 cm인 통조림 4개가 있습니다. 옆면을 포장지로 겹치지 않게 둘러싸려고 할 때 필요한 포장지의 넓이는 몇 cm^2인지 구하시오. (원주율: 3.14)

풀이

답 ____________________

Brainstorming **2**

오른쪽은 분홍색 색종이와 하늘색 색종이로 만든 원기둥의 전개도입니다. 전개도에서 분홍색 색종이의 넓이의 합은 하늘색 색종이의 넓이와 같습니다. 이 전개도를 접어서 원기둥을 만들었을 때 원기둥의 높이는 몇 cm인지 구하시오. (원주율: 3)

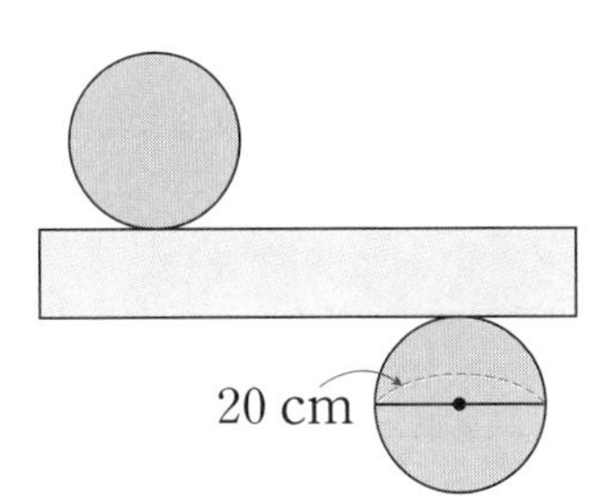

풀이

답 ____________________

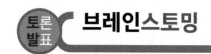

빠른 정답 6쪽, 정답 및 풀이 48쪽

Brainstorming **3**

오른쪽 정사각형 ㄱㄴㄷㄹ을 선분 ㅁㅂ을 기준으로 돌려서 입체도형을 만든 후, 선분 ㅁㅂ을 포함한 평면으로 잘랐습니다. 자른 단면의 넓이가 정사각형 ㄱㄴㄷㄹ의 넓이의 1.25배일 때, 선분 ㄱㅁ과 선분 ㅁㄹ의 길이의 비를 가장 작은 자연수의 비로 나타내시오.

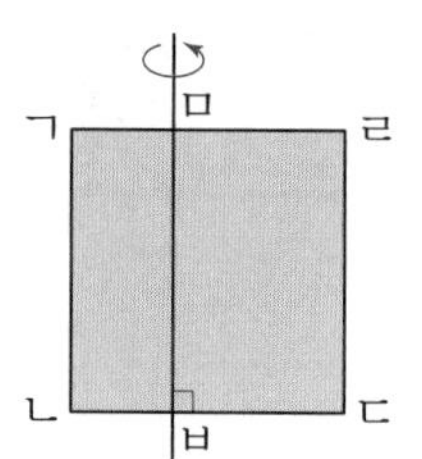

풀이

답

경시대회 본선 기출문제

Brainstorming **4**

삼각형 ㄱㄴㄷ을 직선 가를 기준으로 돌려서 입체도형 나를 얻었습니다. 입체도형 나를 그림과 같이 원뿔의 모선을 기준으로 돌렸을 때 점 ㄹ이 움직인 거리는 105.504 cm입니다. 입체도형 나를 직선 가에 수직인 평면으로 잘랐을 때 나오는 가장 넓은 단면의 넓이는 몇 cm^2입니까? (원주율: 3.14)

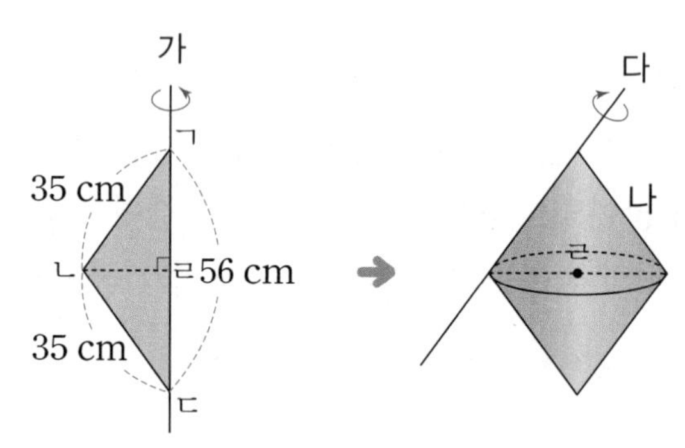

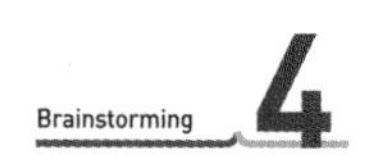
풀이

답

수학의 노벨상 "필즈상"

세계에서 가장 권위 있는 국제적인 상을 꼽으라면 누구나 노벨상을 꼽을 것입니다.
노벨상은 다이너마이트의 발명가이자 화학자인 알프레도 노벨(1833~1896)의
유언에 의해 만들어진 상입니다.
그런데 모든 학문의 기초가 되는 수학 분야는 노벨상에서 빠져 있습니다.

1924년 개최된 국제 수학자 총회(ICM)에서 수학자 존 찰스 필즈(1863~1932)가
노벨상에 버금가는 수학상을 제안했습니다.

필즈상은 노벨상보다 기준이 더욱 엄격하다고 합니다.
그중 하나는 수상자의 나이가 40세보다 적어야 한다는 규정입니다.
중요한 논문을 30대에 발표해서 40대에 인정을 받았다면 그 사람은 상을 받을 수 없습니다.
그리고 필즈상은 "4년마다 한 번"이라는 제약이 있습니다.
예를 들어 38세 때 수상을 놓치면 그 후에 아무리 우수한 논문을 써도 수상을 할 수 없는 것이죠.

1936년 노르웨이 오슬로 회의부터 필즈상을 수여하기 시작했는데
2022년에는 허준이 교수가 한국인 최초로 수상을 했습니다.
여러분도 열심히 수학을 공부하여 필즈상을 받을 수 있도록 도전해 봐요!

MEMO

#차원이_다른_클라쓰
#강의전문교재
#초등교재

수학교재

●수학리더 시리즈

– 수학리더 [연산]	예비초~6학년/A·B단계
– 수학리더 [개념]	1~6학년/학기별
– 수학리더 [기본]	1~6학년/학기별
– 수학리더 [유형]	1~6학년/학기별
– 수학리더 [기본+응용]	1~6학년/학기별
– 수학리더 [응용·심화]	1~6학년/학기별
신간 수학리더 [최상위]	3~6학년/학기별

●독해가 힘이다 시리즈 *문제해결력

– 수학도 독해가 힘이다	1~6학년/학기별
신간 초등 문해력 독해가 힘이다 문장제 수학편	1~6학년/A·B단계

●수학의 힘 시리즈

– 수학의 힘 알파[실력]	3~6학년/학기별
– 수학의 힘 베타[유형]	1~6학년/학기별

●Go! 매쓰 시리즈

– Go! 매쓰(Start) *교과서 개념	1~6학년/학기별
– Go! 매쓰(Run A/B/C) *교과서+사고력	1~6학년/학기별
– Go! 매쓰(Jump) *유형 사고력	1~6학년/학기별

●계산박사 1~12단계

전과목교재

●리더 시리즈

– 국어	1~6학년/학기별
– 사회	3~6학년/학기별
– 과학	3~6학년/학기별

시험 대비교재

●올백 전과목 단원평가	1~6학년/학기별 (1학기는 2~6학년)
●HME 수학 학력평가	1~6학년/상·하반기용
●HME 국어 학력평가	1~6학년

수학리더 최상위

해법 전략

6-2

리더가 되기 위한 **공부 비법**

최상위 심화서
하이레벨 입문, 탐구, 심화 문제
+ 브레인 스토밍 문제

천재교육

해법전략
포인트 3가지

- 혼자서도 이해할 수 있는 친절한 문제 풀이
- 참고, 주의 등 자세한 풀이 제시
- 다른 풀이를 제시하여 다양한 방법으로 문제 풀이 가능

빠른 정답

1 단원 분수의 나눗셈

7쪽 1 STEP 하이레벨 입문

1 4, 2, 2

2 $16 \div \frac{4}{7} = (16 \div 4) \times 7 = 28$

3 2

4 ㉠

5 $3\frac{8}{9}$

6 $\frac{3}{8} \div \frac{5}{8} = \frac{3}{5}$, $\frac{3}{5}$배

7 ㉡, ㉠, ㉢

8 $1\frac{1}{21}$ m

9쪽 1 STEP 하이레벨 입문

1 20

2 $\frac{6}{7} \div \frac{2}{3} = \frac{\overset{3}{\cancel{6}}}{7} \times \frac{3}{\underset{1}{\cancel{2}}} = \frac{9}{7} = 1\frac{2}{7}$

3 <

4 $\frac{6}{7} \div \frac{8}{9} = \frac{27}{28}$, $\frac{27}{28}$ kg

5

6 방법 1 $\frac{8}{5} \div \frac{3}{4} = \frac{32}{20} \div \frac{15}{20}$
$= 32 \div 15$
$= \frac{32}{15} = 2\frac{2}{15}$

방법 2 $\frac{8}{5} \div \frac{3}{4} = \frac{8}{5} \times \frac{4}{3}$
$= \frac{32}{15} = 2\frac{2}{15}$

7 15컵

10~11쪽 1 STEP 하이레벨 입문

❶ 7

❷ $\frac{9}{10} \div \frac{3}{10} = 3$, 3개

❸ ㉡

❹ $6\frac{6}{7}$ cm

❺ $3\frac{8}{9}$분

❻ $2\frac{1}{10}$

12~17쪽 2 STEP 하이레벨 탐구

대표 유형 1 (1) 높이 (2) $1\frac{3}{8}$ m

체크 1-1 $3\frac{2}{5}$ m

체크 1-2 3 cm

대표 유형 2 (1) $\frac{4}{9}$, $\frac{1}{9}$ (2) 5

체크 2-1 3

체크 2-2 9

대표 유형 3 (1) $\frac{14}{15}$ (2) 14배

체크 3-1 풀이 참고, $2\frac{31}{36}$배

대표 유형 4 (1) $\frac{2}{3} \times \square = \frac{7}{16}$
(2) $\frac{21}{32}$ (3) $1\frac{1}{63}$

체크 4-1 $\frac{150}{169}$

체크 4-2 풀이 참고, $\frac{15}{16}$

대표 유형 5 (1) $66\frac{1}{2}$ m^2 (2) $199\frac{1}{2}$ m^2

체크 5-1 $34\frac{1}{2}$ m^2

체크 5-2 75 m^2

대표 유형 6 (1) 45분 (2) 36분

체크 6-1 21분

체크 6-2 $3\frac{1}{6}$시간

18~19쪽 2 STEP 하이레벨 탐구 플러스

1 7개

2 1

3 19상자

4 $2\frac{1}{17}$시간

5 $\frac{10}{27}$ kg

6 10쌍

20~24쪽 3 STEP 하이레벨 심화

1 20분

2 $2\frac{2}{3}$ cm

3 36000원

4 $81\frac{3}{5}$ cm

5 5시간

6 135명

7 38 cm

8 $5\frac{125}{144}$

9 $1\frac{1}{2}$

10 지선, 4시간 50분

11 7월 1일 낮 12시

12 $2\frac{1}{2}$배

13 $3\frac{1}{3}$ m

25~26쪽 토론 발표 브레인스토밍

1 1, 2, 2, 3
2 $1\frac{2}{9}$ m
3 오전 7시 55분
4 106

2 단원 소수의 나눗셈

31쪽 1 STEP 하이레벨 입문

1 (1) 246, 246
(2) 246, 41, 41
2 9
3 5.6
4 4.35÷1.45=3, 3배
5 3.85, 7.7
6 ㉡
7 1.6
8 16

33쪽 1 STEP 하이레벨 입문

1 50, 500
2 2.63
3 >
4 749÷21.4=35, 35개
5 50, 40
6 26개, 2.6 g
7 56 km
8 방법 1
예 30.2−6−6−6−6−6=0.2 / 5, 0.2
방법 2 예 $6\overline{)30.2}$ = 5, 30, 0.2 / 5, 0.2

34~35쪽 1 STEP 하이레벨 입문

1 ㉠
2 8배
3 예 $2.4\overline{)15.12}$ = 6.3, 14 4, 7 2, 7 2, 0
4 (1) 12, 120, 1200
(2) 41, 410, 4100
5 1.07배
6 25, 1.8

36~41쪽 2 STEP 하이레벨 탐구

대표 유형 1 (1) 33.5 (2) 5 cm
체크 1-1 4.8 cm
체크 1-2 5.4 cm
대표 유형 2 (1) 1.7 (2) 49.7
체크 2-1 18.3
체크 2-2 22.4
체크 2-3 풀이 참고, 42.7
대표 유형 3 (1) 36군데 (2) 37개
체크 3-1 241개
체크 3-2 풀이 참고, 802그루
대표 유형 4 (1) 2.9666
(2) 6 (3) 6
체크 4-1 5
체크 4-2 6
대표 유형 5 (1) 9.87 (2) 0.3
(3) 3, 9, 8, 7 / 32.9
체크 5-1 9, 1, 3, 5 / 1.5
체크 5-2 8, 7, 6, 0, 2 / 43.8
대표 유형 6 (1) 1박자 (2) 3박자
(3) 4개
체크 6-1 2개

42~43쪽 2 STEP 하이레벨 탐구 플러스

1 3.7, 3.4
2 7
3 13일
4 11개
5 5.4
6 9, 7, 5, 0, 1, 3 / 75

44~48쪽 3 STEP 하이레벨 심화

1 27번, 0.6 L
2 0.04
3 0.75 L
4 5시간 30분
5 384장
6 20000원
7 1.62 m
8 30
9 73.5 kg
10 2, 3, 4, 5
11 1.12 cm
12 120
13 20초

49~50쪽 토론 발표 브레인스토밍

1 81.3559
2 5.4
3 25 km
4 1.2

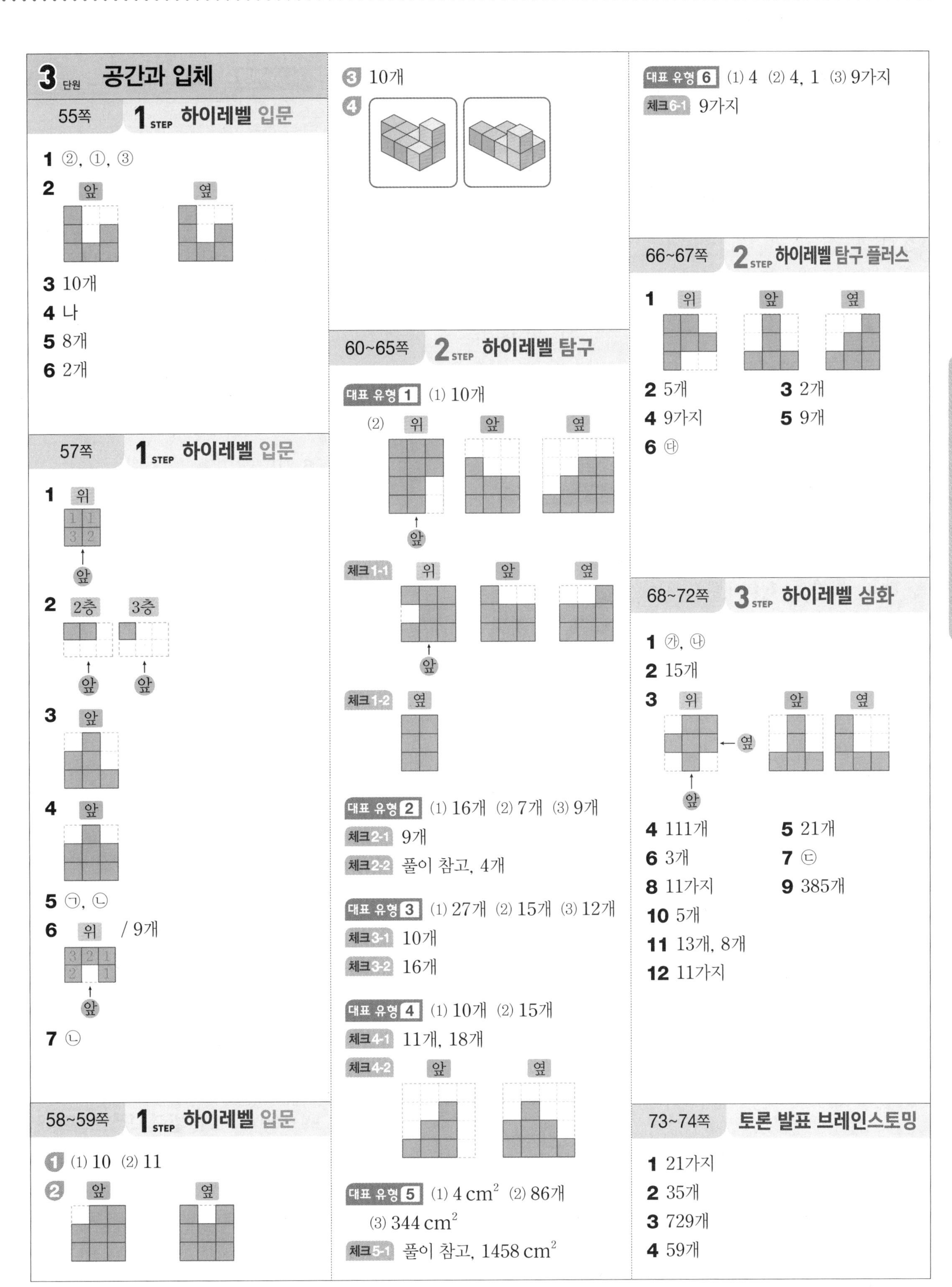

3 단원 공간과 입체

55쪽 1 STEP 하이레벨 입문

1 ②, ①, ③
2 앞 / 옆
3 10개
4 나
5 8개
6 2개

57쪽 1 STEP 하이레벨 입문

1 위
2 2층 3층
3 앞
4 앞
5 ㉠, ㉡
6 위 / 9개
7 ㉡

58~59쪽 1 STEP 하이레벨 입문

❶ (1) 10 (2) 11
❷ 앞 옆
❸ 10개
❹

60~65쪽 2 STEP 하이레벨 탐구

대표 유형 1 (1) 10개
(2) 위 앞 옆

체크 1-1 위 앞 옆

체크 1-2 옆

대표 유형 2 (1) 16개 (2) 7개 (3) 9개
체크 2-1 9개
체크 2-2 풀이 참고, 4개

대표 유형 3 (1) 27개 (2) 15개 (3) 12개
체크 3-1 10개
체크 3-2 16개

대표 유형 4 (1) 10개 (2) 15개
체크 4-1 11개, 18개
체크 4-2 앞 옆

대표 유형 5 (1) $4\ \text{cm}^2$ (2) 86개
(3) $344\ \text{cm}^2$
체크 5-1 풀이 참고, $1458\ \text{cm}^2$

대표 유형 6 (1) 4 (2) 4, 1 (3) 9가지
체크 6-1 9가지

66~67쪽 2 STEP 하이레벨 탐구 플러스

1 위 앞 옆
2 5개
3 2개
4 9가지
5 9개
6 ㉰

68~72쪽 3 STEP 하이레벨 심화

1 ㉮, ㉯
2 15개
3 위 앞 옆
4 111개
5 21개
6 3개
7 ㉢
8 11가지
9 385개
10 5개
11 13개, 8개
12 11가지

73~74쪽 토론 발표 브레인스토밍

1 21가지
2 35개
3 729개
4 59개

빠른 정답

4 단원 비례식과 비례배분

79쪽 1 STEP 하이레벨 입문

1 5, 48 / 8, 30
2 (선 잇기)
3 나, 라
4 2 : 5=8 : 20 또는 8 : 20=2 : 5
5 재호
6 예 4 : 3
7 예 7 : 1=28 : 4
8 예 3 : 2

81쪽 1 STEP 하이레벨 입문

1 ㉠, ㉡
2 60, 100
3 4, 20
4 48 cm
5 10개
6 45초
7 5 : 8
8 150 cm^2, 350 cm^2

82~83쪽 1 STEP 하이레벨 입문

1 예 8 : 14, 12 : 21
2 예 7 : 9
3 ㉢, ㉥
4 (1) 예 12 : 3=100 : □
(2) 25번
5 (1) 예 3 : 1
(2) 7500원, 2500원

84~91쪽 2 STEP 하이레벨 탐구

대표 유형 1 (1) 0.32 m^2
(2) 0.36 m^2
(3) 예 8 : 9
체크 1-1 예 20 : 21
체크 1-2 예 2 : 5

대표 유형 2 (1) 1 : 2
(2) 1 : 2, 2 : 4, 3 : 6, 4 : 8, 5 : 10, 6 : 12
(3) 5개
체크 2-1 3개
체크 2-2 5개
체크 2-3 2개

대표 유형 3 (1) 15, 1, 25, 5
(2) 예 $\frac{1}{4}$: 3=$1\frac{5}{12}$: ■
(3) 17 km
체크 3-1 45대
체크 3-2 풀이 참고, 514500원

대표 유형 4 (1) 51장
(2) 24장, 27장
(3) 3장
체크 4-1 10자루
체크 4-2 3500 cm^2

대표 유형 5 (1) 5, 25 (2) 40
체크 5-1 75
체크 5-2 풀이 참고, 44개

대표 유형 6 (1) $\frac{2}{3}$, $\frac{1}{4}$
(2) $\frac{1}{4}$: $\frac{2}{3}$
(3) 예 3 : 8
체크 6-1 예 4 : 5
체크 6-2 93.5 cm^2

대표 유형 7 (1) 16 : 20
(2) 예 5 : 4
(3) 8바퀴
체크 7-1 27바퀴
체크 7-2 32바퀴

대표 유형 8 (1) 31.2 cm
(2) 예 8 : 5
(3) 12 cm
체크 8-1 예 3 : 5

92~93쪽 2 STEP 하이레벨 탐구 플러스

1 42
2 28자루
3 12개
4 예 7 : 5
5 118.8 g $\left(\text{또는 } 118\frac{4}{5}\text{ g}\right)$
6 210명

94~98쪽 3 STEP 하이레벨 심화

1 9 : 50, 18 : 100
2 예 10 : 11
3 예 5 : 2
4 오전 5시 57분
5 64 %
6 20장
7 예 9 : 2
8 삼십육을 오 대 칠로 나누어 보시오. / 15, 21
9 2.5 km^2
10 378 L
11 600만 원
12 1800원
13 $2\frac{2}{5}$ m(=2.4 m)
14 16개

99~100쪽 토론 발표 브레인스토밍

1 예 2 : 5
2 11700원
3 54 cm
4 예 22 : 23

5 단원 원의 넓이

105쪽 1 STEP 하이레벨 입문

1 6 cm, 8 cm
2 <, <
3 3.14, 3.14
4 $17\times3.14=53.38$, 53.38 cm
5 ㉡
6 6.2 cm
7 186 cm
8 ㉡, ㉢, ㉠

107쪽 1 STEP 하이레벨 입문

1 예 525 cm^2
2 108 cm^2
3 15.7 / 78.5 cm^2
4 73.5 cm^2
5 ㉢, ㉠, ㉡
6 867 cm^2
7 21.5 cm^2

108~109쪽 1 STEP 하이레벨 입문

1 ㉡
2 ㉠
3 (위에서부터) 6, 12
4 예 48 cm^2
5 310 cm^2
6 3 cm^2

110~117쪽 2 STEP 하이레벨 탐구

대표 유형 1 (1) 22 cm
(2) 8 cm
(3) ㉡
체크 1-1 ㉢
체크 1-2 379.94 cm^2
대표 유형 2 (1) 210 cm
(2) 630 cm
체크 2-1 502.4 cm
체크 2-2 풀이 참고, 3바퀴
대표 유형 3 (1) 256 cm^2
(2) 200.96 cm^2
(3) 55.04 cm^2
체크 3-1 137.5 cm^2
체크 3-2 풀이 참고, 64.8 cm^2
대표 유형 4 (1) 18.84 cm
(2) 24 cm
(3) 42.84 cm
체크 4-1 60 cm
체크 4-2 100 cm
대표 유형 5 (1) 31 cm
(2) 40 cm
(3) 71 cm
체크 5-1 49 cm
체크 5-2 2.5 cm
대표 유형 6 (1) 7743 m^2
(2) 6375 m^2
(3) 1368 m^2
체크 6-1 372 cm^2
체크 6-2 96.5 m
대표 유형 7 (1) 864 cm^2
(2) 108 cm^2
(3) 972 cm^2
체크 7-1 3900 cm^2
체크 7-2 169.6 cm^2
대표 유형 8 (1) 28.26 cm^2
(2) 18 cm^2
(3) 20.52 cm^2
체크 8-1 35.2 cm^2
체크 8-2 150 cm^2

118~119쪽 2 STEP 하이레벨 탐구 플러스

1 ㉠, ㉢, ㉡
2 738 m
3 384.1 m
4 167.4 cm
5 8 cm
6 72 cm^2

120~124쪽 3 STEP 하이레벨 심화

1 6.975 m
2 72.25 cm^2
3 24 cm
4 15.435 cm^2
5 124 cm^2
6 24.5 cm^2
7 30.25 cm^2
8 30.75 m^2
9 145.6, 145.6
10 3273.6 cm^2
11 3배
12 168.56 cm^2

125~126쪽 토론 발표 브레인스토밍

1 188.56 cm^2
2 17.1 cm
3 226.08 cm^2
4 305.92

6 단원 원기둥, 원뿔, 구

131쪽 1 STEP 하이레벨 입문

1 나, 라
2 7 cm
3 (왼쪽부터) 15, 31
4 (위에서부터) 삼각형, 원 / 2, 2
5 ⑤
6 78 cm

133쪽 1 STEP 하이레벨 입문

1 가, 바
2 3개
1개
2개
3 높이
모선의 길이
4 (1) 6 cm
(2) 12 cm
5 ②
6 5 cm

134~135쪽 1 STEP 하이레벨 입문

1 ㉢
2 (위에서부터) 3 / 18.84, 7
3 10 cm, 무수히 많습니다.
4 ㉡, ㉢
5 5 cm
6 예 ○, □, □

136~141쪽 2 STEP 하이레벨 탐구

대표 유형 1 (1) 18 cm
(2) 3 cm
체크 1-1 4 cm
체크 1-2 3 cm
대표 유형 2 (1) 50 cm
(2) 15 cm
체크 2-1 풀이 참고, 30 cm
체크 2-2 46 cm
대표 유형 3 (1) (위에서부터) 12, 8
(2) 96 cm^2
체크 3-1 56 cm^2
체크 3-2 풀이 참고, 45 cm
대표 유형 4 (1) 5 cm
(2) 82 cm
체크 4-1 4 cm
체크 4-2 270 cm^2
대표 유형 5 (1) 628 cm^2
(2) 1884 cm^2
체크 5-1 약 20 cm
체크 5-2 약 1242 cm^2
대표 유형 6 (1) 30.6 cm
(2) 101.2 cm
체크 6-1 134 cm
체크 6-2 175 cm^2

142~143쪽 2 STEP 하이레벨 탐구 플러스

1 4개
2 7 cm
3 93 cm
4 72 cm
5 6 cm
6 620 cm^2

144~148쪽 3 STEP 하이레벨 심화

1 1205.76 cm
2 52 cm
3 607.6 cm^2
4 3
5 10 cm
6 32 cm
7 15 cm^2
8 76 cm^2
9 130.48 cm
10 48 cm^2
11 375.1 cm^2
12 4바퀴
13 756 cm^2
14 175.12 cm^2

149~150쪽 토론 발표 브레인스토밍

1 856.8 cm^2
2 10 cm
3 3 : 5
4 1384.74 cm^2

1 단원 분수의 나눗셈

1 STEP 하이레벨 입문 7쪽

1 $\frac{4}{7}$는 $\frac{1}{7}$이 4개이고 $\frac{2}{7}$는 $\frac{1}{7}$이 2개이므로

$\frac{4}{7} \div \frac{2}{7}$는 $4 \div 2$를 계산한 결과와 같습니다.

➜ $\frac{4}{7} \div \frac{2}{7} = 4 \div 2 = 2$

답 4, 2, 2

2 $16 \div \frac{4}{7} = (16 \div 4) \times 7 = 4 \times 7 = 28$

답 $16 \div \frac{4}{7} = (16 \div 4) \times 7 = 28$

3 분모가 같은 (분수)÷(분수)는 분자끼리 나누어 계산합니다.

➜ $\frac{8}{9} \div \frac{4}{9} = 8 \div 4 = 2$

답 2

4 ㉠ $\frac{9}{10} \div \frac{4}{10} = 9 \div 4 = \frac{9}{4} = 2\frac{1}{4}$

㉡ $\frac{7}{9} \div \frac{3}{9} = 7 \div 3 = \frac{7}{3} = 2\frac{1}{3}$

바르게 계산한 것은 ㉠입니다.

답 ㉠

참고

분모가 같은 (분수)÷(분수)에서 분자끼리 나누어떨어지지 않을 때는 몫을 분수로 나타냅니다.

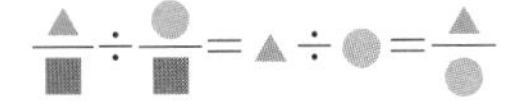

5 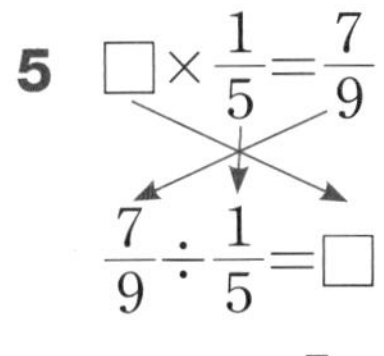

$\square \times \frac{1}{5} = \frac{7}{9}$

$\frac{7}{9} \div \frac{1}{5} = \square$

➜ $\square = \frac{7}{9} \div \frac{1}{5} = \frac{35}{45} \div \frac{9}{45} = 35 \div 9 = \frac{35}{9} = 3\frac{8}{9}$

답 $3\frac{8}{9}$

6 (물의 양)÷(주스의 양)$= \frac{3}{8} \div \frac{5}{8} = 3 \div 5 = \frac{3}{5}$(배)

답 $\frac{3}{8} \div \frac{5}{8} = \frac{3}{5}$, $\frac{3}{5}$배

7 (자연수)÷(분수)는 먼저 자연수를 분수의 분자로 나눈 다음 분모를 곱하여 계산합니다.

㉠ $9 \div \frac{3}{8} = (9 \div 3) \times 8 = 3 \times 8 = 24$

㉡ $12 \div \frac{2}{5} = (12 \div 2) \times 5 = 6 \times 5 = 30$

㉢ $14 \div \frac{7}{9} = (14 \div 7) \times 9 = 2 \times 9 = 18$

➜ ㉡ 30 > ㉠ 24 > ㉢ 18

답 ㉡, ㉠, ㉢

8 (가로)=(직사각형의 넓이)÷(세로)

$= \frac{11}{12} \div \frac{7}{8} = \frac{22}{24} \div \frac{21}{24}$

$= 22 \div 21 = \frac{22}{21} = 1\frac{1}{21}$ (m)

답 $1\frac{1}{21}$ m

참고

(직사각형의 넓이)=(가로)×(세로)

➜ (가로)=(직사각형의 넓이)÷(세로)

1 STEP 하이레벨 입문 9쪽

1 $14 \div \frac{7}{10} = \overset{2}{\cancel{14}} \times \frac{10}{\underset{1}{\cancel{7}}} = 20$

답 20

2 나눗셈을 곱셈으로 바꾸고 나누는 분수의 분모와 분자를 바꾸어 계산합니다.

$\frac{6}{7} \div \frac{2}{3} = \frac{\overset{3}{\cancel{6}}}{7} \times \frac{3}{\underset{1}{\cancel{2}}} = \frac{9}{7} = 1\frac{2}{7}$

나누어지는 분수는 변하지 않습니다.

나누는 분수의 분모와 분자를 바꾸어 곱합니다.

답 $\frac{6}{7} \div \frac{2}{3} = \frac{\overset{3}{\cancel{6}}}{7} \times \frac{3}{\underset{1}{\cancel{2}}} = \frac{9}{7} = 1\frac{2}{7}$

3 $\frac{10}{9} \div \frac{2}{7} = \frac{\overset{5}{\cancel{10}}}{9} \times \frac{7}{\underset{1}{\cancel{2}}} = \frac{35}{9} = 3\frac{8}{9}$ ➜ $3\frac{8}{9} < 4$

답 <

4 (철근 1 m의 무게)=(철근의 무게)÷(철근의 길이)

$=\frac{6}{7}\div\frac{8}{9}=\frac{\overset{3}{\cancel{6}}}{7}\times\frac{9}{\underset{4}{\cancel{8}}}$

$=\frac{27}{28}$ (kg)

답 $\frac{6}{7}\div\frac{8}{9}=\frac{27}{28}$, $\frac{27}{28}$ kg

> **참고**
> • (철근 1 m의 무게)=(철근의 무게)÷(철근의 길이)
> • (철근 1 kg의 길이)=(철근의 길이)÷(철근의 무게)

5 • $1\frac{5}{12}\div\frac{2}{3}=\frac{17}{12}\div\frac{2}{3}=\frac{17}{12}\div\frac{8}{12}$

$=17\div8=\frac{17}{8}=2\frac{1}{8}$

• $2\frac{3}{4}\div\frac{7}{12}=\frac{11}{4}\div\frac{7}{12}=\frac{33}{12}\div\frac{7}{12}$

$=33\div7=\frac{33}{7}=4\frac{5}{7}$

답 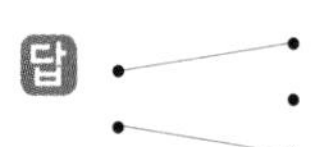

> **다른 풀이**
> 분수의 곱셈으로 나타내어 계산합니다.
> • $1\frac{5}{12}\div\frac{2}{3}=\frac{17}{12}\div\frac{2}{3}=\frac{17}{\underset{4}{\cancel{12}}}\times\frac{\overset{1}{\cancel{3}}}{2}=\frac{17}{8}=2\frac{1}{8}$
> • $2\frac{3}{4}\div\frac{7}{12}=\frac{11}{4}\div\frac{7}{12}=\frac{11}{\underset{1}{\cancel{4}}}\times\frac{\overset{3}{\cancel{12}}}{7}=\frac{33}{7}=4\frac{5}{7}$

6 [(가분수)÷(분수)를 두 가지 방법으로 계산하기]

방법 1 두 분수를 공통분모로 통분하여 계산합니다.

방법 2 (분수)÷(분수)를 (분수)×(분수)로 나타내어 계산합니다.

답 방법 1 $\frac{8}{5}\div\frac{3}{4}=\frac{32}{20}\div\frac{15}{20}$

$=32\div15=\frac{32}{15}=2\frac{2}{15}$

방법 2 $\frac{8}{5}\div\frac{3}{4}=\frac{8}{5}\times\frac{4}{3}=\frac{32}{15}=2\frac{2}{15}$

7 우유: $2\div\frac{2}{5}=\overset{1}{\cancel{2}}\times\frac{5}{\underset{1}{\cancel{2}}}=5$(컵)

주스: $3\div\frac{3}{10}=\overset{1}{\cancel{3}}\times\frac{10}{\underset{1}{\cancel{3}}}=10$(컵)

➔ 우유와 주스는 모두 $5+10=15$(컵)입니다.

답 15컵

1 STEP 하이레벨 입문 10~11쪽

1 눈금 한 칸의 크기는 $\frac{1}{8}$이므로 ㉠$=\frac{1}{8}$, ㉡$=\frac{7}{8}$입니다.

➔ ㉡÷㉠$=\frac{7}{8}\div\frac{1}{8}=7\div1=7$

답 7

2 (물을 담은 그릇의 수)

=(전체 물의 양)÷(그릇 한 개에 담은 물의 양)

$=\frac{9}{10}\div\frac{3}{10}$

$=9\div3=3$(개)

답 $\frac{9}{10}\div\frac{3}{10}=3$, 3개

3 ㉠ $8\div\frac{4}{7}=(8\div4)\times7=2\times7=14$

㉡ $3\div\frac{2}{5}=3\times\frac{5}{2}=\frac{15}{2}=7\frac{1}{2}$

➔ 몫이 자연수가 아닌 것은 ㉡입니다.

답 ㉡

> **참고**
> 자연수가 분수의 분자로 나누어떨어지지 않을 때는 ▲÷$\frac{●}{■}$를 ▲×$\frac{■}{●}$로 나타내어 계산합니다.

4 (가로)=(직사각형의 넓이)÷(세로)

$=\frac{32}{7}\div\frac{2}{3}=\frac{\overset{16}{\cancel{32}}}{7}\times\frac{3}{\underset{1}{\cancel{2}}}$

$=\frac{48}{7}=6\frac{6}{7}$ (cm)

답 $6\frac{6}{7}$ cm

5 $4\frac{2}{3}\div1\frac{1}{5}=\frac{14}{3}\div\frac{6}{5}$

$=\frac{\overset{7}{\cancel{14}}}{3}\times\frac{5}{\underset{3}{\cancel{6}}}=\frac{35}{9}=3\frac{8}{9}$(분)

답 $3\frac{8}{9}$분

> **참고**
> (대분수)÷(분수)를 계산할 때에는 먼저 대분수를 가분수로 나타내야 합니다.

6 계산 결과가 가장 크게 되려면 가장 큰 분수를 가장 작은 분수로 나누어야 합니다.

$$\rightarrow \frac{9}{10}\div\frac{3}{7}=\frac{\overset{3}{\cancel{9}}}{10}\times\frac{7}{\underset{1}{\cancel{3}}}=\frac{21}{10}=2\frac{1}{10}$$

답 $2\frac{1}{10}$

> **참고**
> 대분수나 기약분수로 나타내어야 정답이지만 가분수 또는 기약분수가 아닌 분수도 정답으로 인정합니다.

2 STEP 하이레벨 탐구 12~17쪽

대표 유형 1 (2) $\frac{9}{8}\div\frac{9}{11}=\frac{\overset{1}{\cancel{9}}}{8}\times\frac{11}{\underset{1}{\cancel{9}}}=\frac{11}{8}=1\frac{3}{8}$ (m)

답 (1) 높이 (2) $1\frac{3}{8}$ m

체크 1-1 (높이)=(평행사변형의 넓이)÷(밑변의 길이)

$$=11\frac{1}{3}\div\frac{10}{3}=\frac{\overset{17}{\cancel{34}}}{\underset{1}{\cancel{3}}}\times\frac{\overset{1}{\cancel{3}}}{\underset{5}{\cancel{10}}}=\frac{17}{5}=3\frac{2}{5}\text{ (m)}$$

답 $3\frac{2}{5}$ m

체크 1-2 (밑변의 길이)=(삼각형의 넓이)×2÷(높이)

$$=8\times2\div5\frac{1}{3}=16\div\frac{16}{3}$$
$$=(16\div16)\times3=1\times3=3\text{ (cm)}$$

답 3 cm

대표 유형 2 (2) $\frac{4}{9}\blacktriangle\frac{1}{9}=\left(\frac{4}{9}+\frac{1}{9}\right)\div\frac{1}{9}=\frac{5}{9}\div\frac{1}{9}$

$$=5\div1=5$$

답 (1) $\frac{4}{9}$, $\frac{1}{9}$ (2) 5

체크 2-1 가에 $\frac{4}{5}$를, 나에 $\frac{1}{5}$을 넣어 계산합니다.

$$\frac{4}{5}\heartsuit\frac{1}{5}=\left(\frac{4}{5}-\frac{1}{5}\right)\div\frac{1}{5}=\frac{3}{5}\div\frac{1}{5}=3\div1=3$$

답 3

체크 2-2 가에 $\frac{3}{4}$을, 나에 $\frac{2}{3}$를 넣어 계산합니다.

$$\frac{3}{4}\odot\frac{2}{3}=\frac{3}{4}\div\left(\frac{3}{4}-\frac{2}{3}\right)=\frac{3}{4}\div\left(\frac{9}{12}-\frac{8}{12}\right)$$
$$=\frac{3}{4}\div\frac{1}{12}=\frac{3}{\underset{1}{\cancel{4}}}\times\overset{3}{\cancel{12}}=9$$

답 9

대표 유형 3 (1) $\frac{1}{3}+\frac{3}{5}=\frac{5}{15}+\frac{9}{15}=\frac{14}{15}$

(2) $\frac{14}{15}\div\frac{1}{15}=14\div1=14$(배)

답 (1) $\frac{14}{15}$ (2) 14배

체크 3-1 **모범 답안** **1** (다보탑의 높이)÷(성덕대왕신종의 높이)

$$=10\frac{3}{10}\div3\frac{3}{5}=\frac{103}{10}\div\frac{18}{5}$$
$$=\frac{103}{10}\div\frac{36}{10}$$
$$=103\div36$$
$$=\frac{103}{36}=2\frac{31}{36}\text{(배)}$$

2 따라서 다보탑의 높이는 성덕대왕신종의 높이의 $2\frac{31}{36}$배입니다.

답 $2\frac{31}{36}$배

채점 기준

1 다보탑의 높이는 성덕대왕신종의 높이의 몇 배인지 구하는 식을 세움.	2점	5점
2 답을 바르게 구함.	3점	

대표 유형 4 (2) $\square=\frac{7}{16}\div\frac{2}{3}=\frac{7}{16}\times\frac{3}{2}=\frac{21}{32}$이므로

어떤 수는 $\frac{21}{32}$입니다.

(3) $\frac{2}{3}\div\frac{21}{32}=\frac{2}{3}\times\frac{32}{21}=\frac{64}{63}=1\frac{1}{63}$

답 (1) $\frac{2}{3}\times\square=\frac{7}{16}$ (2) $\frac{21}{32}$ (3) $1\frac{1}{63}$

체크 4-1 어떤 수를 □라 하면 잘못 계산한 식은 $\frac{15}{26}\times\square=\frac{3}{8}$입니다.

$\square=\frac{3}{8}\div\frac{15}{26}=\frac{\overset{1}{\cancel{3}}}{\underset{4}{\cancel{8}}}\times\frac{\overset{13}{\cancel{26}}}{\underset{5}{\cancel{15}}}=\frac{13}{20}$이므로 어떤 수는 $\frac{13}{20}$입니다.

따라서 바르게 계산하면 $\frac{15}{26}\div\frac{13}{20}=\frac{15}{\underset{13}{\cancel{26}}}\times\frac{\overset{10}{\cancel{20}}}{13}=\frac{150}{169}$입니다.

답 $\frac{150}{169}$

체크 4-2 **모범 답안** ❶ 어떤 수를 □라 하고 잘못 계산한 식을 쓰면 $\frac{8}{3}\times□=1\frac{1}{15}$입니다.

❷ $□=1\frac{1}{15}\div\frac{8}{3}=\frac{16}{15}\div\frac{8}{3}=\frac{\overset{2}{\cancel{16}}}{\underset{5}{\cancel{15}}}\times\frac{\overset{1}{\cancel{3}}}{\underset{1}{\cancel{8}}}=\frac{2}{5}$이므로 어떤 수는 $\frac{2}{5}$입니다.

❸ 따라서 바르게 계산하면 $\frac{3}{8}\div\frac{2}{5}=\frac{3}{8}\times\frac{5}{2}=\frac{15}{16}$입니다.

답 $\frac{15}{16}$

채점 기준

❶ 잘못 계산한 식을 세움.	1점	5점
❷ 어떤 수를 바르게 구함.	2점	
❸ 바르게 계산한 값을 구함.	2점	

대표 유형 5 (1) (벽의 넓이)÷(페인트의 양)

$=9\frac{1}{2}\div\frac{1}{7}=\frac{19}{2}\div\frac{1}{7}$

$=\frac{19}{2}\times7=\frac{133}{2}=66\frac{1}{2}\ (m^2)$

(2) $66\frac{1}{2}\times3=\frac{133}{2}\times3=\frac{399}{2}=199\frac{1}{2}\ (m^2)$

답 (1) $66\frac{1}{2}\ m^2$ (2) $199\frac{1}{2}\ m^2$

체크 5-1 (1 L의 페인트로 칠할 수 있는 담장의 넓이)

$=3\frac{2}{7}\div\frac{2}{3}=\frac{23}{7}\div\frac{2}{3}$

$=\frac{23}{7}\times\frac{3}{2}=\frac{69}{14}\ (m^2)$

(7 L의 페인트로 칠할 수 있는 담장의 넓이)

$=\frac{69}{\underset{2}{\cancel{14}}}\times\overset{1}{\cancel{7}}=\frac{69}{2}=34\frac{1}{2}\ (m^2)$

답 $34\frac{1}{2}\ m^2$

체크 5-2 (직사각형 모양의 벽의 넓이)

$=6\frac{2}{3}\times5=\frac{20}{3}\times5=\frac{100}{3}\ (m^2)$

(1 L의 페인트로 칠할 수 있는 벽의 넓이)

$=\frac{100}{3}\div2\frac{2}{9}=\frac{\overset{5}{\cancel{100}}}{\underset{1}{\cancel{3}}}\times\frac{\overset{3}{\cancel{9}}}{\underset{1}{\cancel{20}}}=15\ (m^2)$

(5 L의 페인트로 칠할 수 있는 벽의 넓이)

$=15\times5=75\ (m^2)$

답 $75\ m^2$

대표 유형 6 (1) (빈 수영장에 물을 가득 채우는 데 걸리는 시간)

$=15\div\frac{1}{3}=15\times3=45$(분)

(2) (빈 수영장에 전체의 $\frac{4}{5}$만큼 물을 채우는 데 걸리는 시간)

$=\overset{9}{\cancel{45}}\times\frac{4}{\underset{1}{\cancel{5}}}=36$(분)

답 (1) 45분 (2) 36분

체크 6-1 (빈 물탱크에 물을 가득 채우는 데 걸리는 시간)

$=14\div\frac{1}{4}=14\times4=56$(분)

(빈 물탱크에 전체의 $\frac{3}{8}$만큼 물을 채우는 데 걸리는 시간)

$=\overset{7}{\cancel{56}}\times\frac{3}{\underset{1}{\cancel{8}}}=21$(분)

답 21분

체크 6-2 (1시간 동안 타는 양초의 길이)

$=\frac{1}{2}\div\frac{1}{6}=\frac{1}{\underset{1}{\cancel{2}}}\times\overset{3}{\cancel{6}}=3\ (cm)$

양초가 12 cm에서 2 cm만큼 남으려면

$(12-2)\div3=\frac{10}{3}=3\frac{1}{3}$(시간)이 걸리므로

$3\frac{1}{3}-\frac{1}{6}=3\frac{2}{6}-\frac{1}{6}=3\frac{1}{6}$(시간)이 더 지나야 합니다.

답 $3\frac{1}{6}$시간

다른 풀이

(1시간 동안 타는 양초의 길이)=3 cm

양초가 $12-\frac{1}{2}=11\frac{1}{2}$ (cm)에서 2 cm만큼 남으려면

$11\frac{1}{2}-2=9\frac{1}{2}$ (cm)만큼 더 타야 하므로

$9\frac{1}{2}\div3=\frac{19}{2}\div3=\frac{19}{2}\times\frac{1}{3}=\frac{19}{6}=3\frac{1}{6}$(시간)이 더 지나야 합니다.

2 STEP 하이레벨 탐구 플러스 18~19쪽

1 (전체 설탕의 무게)=(설탕 한 봉지의 무게)×(봉지의 수)

$=\frac{7}{\underset{8}{\cancel{48}}}\times\overset{1}{\cancel{6}}=\frac{7}{8}\ (kg)$

→ (필요한 통의 수)$=\frac{7}{8}\div\frac{1}{8}$

$=7\div1=7$(개)

답 7개

2 $\frac{2}{5}\star\frac{1}{3}=\left(\frac{2}{5}\div\frac{1}{3}\right)\times\left(\frac{1}{3}\div\frac{2}{5}\right)$

$=\left(\frac{2}{5}\times3\right)\times\left(\frac{1}{3}\times\frac{5}{2}\right)$

$=\frac{\overset{1}{\cancel{6}}}{\underset{1}{\cancel{5}}}\times\frac{\overset{1}{\cancel{5}}}{\underset{1}{\cancel{6}}}=1$

답 1

주의

( )가 있는 혼합 계산은 ( ) 안을 먼저 계산합니다.

3 (현준이가 가진 밀가루의 양)

$=1\frac{5}{14}\times4=\frac{19}{\underset{7}{\cancel{14}}}\times\overset{2}{\cancel{4}}=\frac{38}{7}=5\frac{3}{7}$ (kg)

(만들 수 있는 쿠키 상자의 수)

$=5\frac{3}{7}\div\frac{2}{7}=\frac{\overset{19}{\cancel{38}}}{\underset{1}{\cancel{7}}}\times\frac{\overset{1}{\cancel{7}}}{\underset{1}{\cancel{2}}}=19$(상자)

답 19상자

4 (두 사람이 1시간 동안 딴 포도의 양)

$=7\frac{4}{5}+5\frac{4}{5}=12+\frac{8}{5}=12+1\frac{3}{5}=13\frac{3}{5}$ (kg)

(두 사람이 일한 시간)

$=28\div13\frac{3}{5}=28\div\frac{68}{5}$

$=\overset{7}{\cancel{28}}\times\frac{5}{\underset{17}{\cancel{68}}}=\frac{35}{17}=2\frac{1}{17}$(시간)

답 $2\frac{1}{17}$시간

5 (나무판의 넓이)=(한 변의 길이)×(한 변의 길이)

$=\frac{4}{5}\times\frac{4}{5}=\frac{16}{25}$ (m^2)

(나무판 1 m^2의 무게)

$=1\frac{1}{15}\div\frac{16}{25}=\frac{\overset{1}{\cancel{16}}}{\underset{3}{\cancel{15}}}\times\frac{\overset{5}{\cancel{25}}}{\underset{1}{\cancel{16}}}=\frac{5}{3}$(kg)

➜ (나무판 $\frac{2}{9}$ m^2의 무게)

$=\frac{5}{3}\times\frac{2}{9}=\frac{10}{27}$ (kg)

답 $\frac{10}{27}$ kg

6 $12\div\frac{●}{4}=★$을 곱셈식으로 나타내어 생각해 보면

$12\times\frac{4}{●}=\frac{48}{●}=★$이고 ●와 ★은 자연수이므로

●에 알맞은 수는 48의 약수입니다.

따라서 (●, ★)로 짝 지어 보면 (1, 48), (2, 24), (3, 16), (4, 12), (6, 8), (8, 6), (12, 4), (16, 3), (24, 2), (48, 1)로 모두 10쌍입니다.

답 10쌍

3 STEP 하이레벨 심화 20~24쪽

1 2시간 50분$=2\frac{50}{60}$시간$=2\frac{5}{6}$시간

(1 km를 걷는 데 걸리는 시간)

$=2\frac{5}{6}\div7\frac{1}{2}=\frac{17}{\underset{3}{\cancel{6}}}\times\frac{\overset{1}{\cancel{2}}}{15}=\frac{17}{45}$(시간)

($\frac{15}{17}$ km를 걷는 데 걸리는 시간)

$=\frac{\overset{1}{\cancel{17}}}{\underset{3}{\cancel{45}}}\times\frac{\overset{1}{\cancel{15}}}{\underset{1}{\cancel{17}}}=\frac{1}{3}=\frac{20}{60}$(시간) ➜ 20분

답 20분

2 사다리꼴의 높이를 □ cm라 하면

$\left(2\frac{1}{2}+4\frac{1}{6}\right)\times□\div2=8\frac{8}{9}$입니다.

$\left(2\frac{3}{6}+4\frac{1}{6}\right)\times□\div2=8\frac{8}{9}$, $6\frac{2}{3}\times□\div2=8\frac{8}{9}$

➜ $□=8\frac{8}{9}\times2\div6\frac{2}{3}=\frac{\overset{4}{\cancel{80}}}{\underset{3}{\cancel{9}}}\times2\times\frac{\overset{1}{\cancel{3}}}{\underset{1}{\cancel{20}}}=\frac{8}{3}=2\frac{2}{3}$

따라서 사다리꼴의 높이는 $2\frac{2}{3}$ cm입니다.

답 $2\frac{2}{3}$ cm

참고

(사다리꼴의 넓이)

=(윗변의 길이+아랫변의 길이)×(높이)÷2

3 (전체 복숭아의 무게)$=15\times2=30$ (kg)

$30\div6\frac{1}{5}=30\times\frac{5}{31}=\frac{150}{31}=4\frac{26}{31}$이므로 4바구니까지 담아 팔 수 있습니다.

➜ (복숭아를 판 금액)$=9000\times4=36000$(원)

답 36000원

4 $22+12=34$ (cm)가 전체 길이의 $1-\frac{7}{12}=\frac{5}{12}$입니다.

➜ (색 테이프의 전체 길이)

$=34\div\frac{5}{12}=34\times\frac{12}{5}$

$=\frac{408}{5}=81\frac{3}{5}$ (cm)

답 $81\frac{3}{5}$ cm

5 $\left(1\frac{2}{3}\text{시간 동안 탄 양초의 길이}\right)$

$=30-22\frac{1}{2}=7\frac{1}{2}$ (cm)

(1시간 동안 타는 양초의 길이)

$=7\frac{1}{2}\div1\frac{2}{3}=\frac{\overset{3}{\cancel{15}}}{2}\times\frac{3}{\underset{1}{\cancel{5}}}=\frac{9}{2}=4\frac{1}{2}$ (cm)

(남은 양초가 다 타는 데 걸리는 시간)

$=22\frac{1}{2}\div4\frac{1}{2}=\frac{45}{2}\div\frac{9}{2}=45\div9=5$(시간)

답 5시간

> **문제해결 Key**
>
> (1시간 동안 타는 양초의 길이)
> =(▩시간 동안 탄 양초의 길이)÷▩임을 이용하여 1시간 동안 타는 양초의 길이를 구합니다.

6 작년 6학년 여학생 수의 $\frac{6}{29}$만큼이 $280-250=30$(명)이므로 작년 6학년 여학생 수는

$30\div\frac{6}{29}=\overset{5}{\cancel{30}}\times\frac{29}{\underset{1}{\cancel{6}}}=145$(명)입니다.

6학년 남학생 수는 변화가 없으므로

$280-145=135$(명)입니다.

답 135명

7

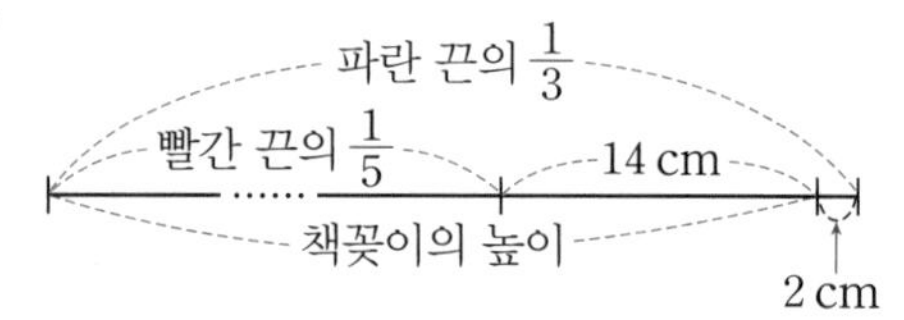

(책꽂이의 높이)=(빨간 끈의 길이)$\times\frac{1}{5}+14$

=(파란 끈의 길이)$\times\frac{1}{3}-2$

빨간 끈과 파란 끈의 길이는 같으므로 각각 □cm라 하면

$□\times\frac{1}{5}+14=□\times\frac{1}{3}-2$입니다.

$16=□\times\frac{1}{3}-□\times\frac{1}{5}$, $16=□\times\frac{2}{15}$,

$□=16\div\frac{2}{15}=\overset{8}{\cancel{16}}\times\frac{15}{\underset{1}{\cancel{2}}}=120$ (cm)

➜ (책꽂이의 높이)=(빨간 끈의 길이)$\times\frac{1}{5}+14$

$=\overset{24}{\cancel{120}}\times\frac{1}{\underset{1}{\cancel{5}}}+14$

$=24+14=38$ (cm)

답 38 cm

8 • 처음 출력값: A에 $\frac{5}{9}$, B에 $\frac{4}{9}$를 넣어 계산합니다.

$\frac{5}{9}◆\frac{4}{9}=\frac{5}{9}\div\frac{4}{9}+\frac{5}{9}=\frac{5}{\underset{1}{\cancel{9}}}\times\frac{\overset{1}{\cancel{9}}}{4}+\frac{5}{9}$

$=\frac{5}{4}+\frac{5}{9}=\frac{45}{36}+\frac{20}{36}=\frac{65}{36}=1\frac{29}{36}$

• 두 번째 출력값: A에 $1\frac{29}{36}$, B에 $\frac{4}{9}$를 넣어 계산합니다.

$1\frac{29}{36}◆\frac{4}{9}=1\frac{29}{36}\div\frac{4}{9}+1\frac{29}{36}$

$=\frac{65}{36}\div\frac{4}{9}+1\frac{29}{36}=\frac{65}{\underset{4}{\cancel{36}}}\times\frac{\overset{1}{\cancel{9}}}{4}+1\frac{29}{36}$

$=\frac{65}{16}+1\frac{29}{36}=4\frac{1}{16}+1\frac{29}{36}$

$=4\frac{9}{144}+1\frac{116}{144}=5\frac{125}{144}$

답 $5\frac{125}{144}$

9 ㉯ $\frac{5}{6}\div1\frac{2}{3}\times\frac{4}{5}=\frac{\overset{1}{\cancel{5}}}{\underset{1}{\cancel{\underset{2}{\cancel{6}}}}}\times\frac{\overset{1}{\cancel{3}}}{\underset{1}{\cancel{5}}}\times\frac{\overset{2}{\cancel{4}}}{5}=\frac{2}{5}$

㉮ $2\frac{2}{5}\div□\times\frac{1}{4}=\frac{2}{5}$,

$2\frac{2}{5}\div□=\frac{2}{5}\div\frac{1}{4}$

$=\frac{2}{5}\times4=\frac{8}{5}$

➜ $□=2\frac{2}{5}\div\frac{8}{5}=\frac{\overset{3}{\cancel{12}}}{\underset{1}{\cancel{5}}}\times\frac{\overset{1}{\cancel{5}}}{\underset{2}{\cancel{8}}}=\frac{3}{2}=1\frac{1}{2}$

답 $1\frac{1}{2}$

> **문제해결 Key**
>
> ① ㉯의 계산 결과 ▲를 구합니다.
> ② $2\frac{2}{5}\div□\times\frac{1}{4}$=▲임을 이용하여 □ 안에 알맞은 수를 구합니다.
> 이때 ●÷□=★에서 □=●÷★임에 주의합니다.

10 (지선이가 10 km를 가는 데 걸리는 시간)

=(1 km를 가는 데 걸린 시간)×10

$=\frac{2}{5}\div1\frac{1}{7}\times10$

$=\frac{\overset{1}{\cancel{2}}}{5}\times\frac{7}{\underset{4}{\cancel{8}}}\times10$

$=\frac{7}{\underset{2}{\cancel{20}}}\times\overset{1}{\cancel{10}}=\frac{7}{2}=3\frac{1}{2}$(시간)

(승희가 10 km를 가는 데 걸리는 시간)
=(1 km를 가는 데 걸린 시간)×10

$=3\frac{1}{2}\div4\frac{1}{5}\times10$

$=\frac{7}{2}\times\frac{5}{21}\times10$

$=\frac{5}{6}\times10=\frac{25}{3}=8\frac{1}{3}$(시간)

$8\frac{1}{3}-3\frac{1}{2}=\frac{25}{3}-\frac{7}{2}=\frac{50}{6}-\frac{21}{6}$

$=\frac{29}{6}=4\frac{5}{6}$(시간)

➡ $4\frac{5}{6}$시간$=4\frac{50}{60}$시간=4시간 50분이므로 지선이가 4시간 50분 더 빨리 도착합니다.

답 지선, 4시간 50분

11 두 시계는 하루에 $\frac{1}{6}+\frac{1}{10}=\frac{5}{30}+\frac{3}{30}=\frac{8}{30}=\frac{4}{15}$(분)씩 차이가 납니다.

$\frac{4}{15}$시간$=\frac{16}{60}$시간=16분만큼 차이가 나게 되는 때는

$16\div\frac{4}{15}=16\times\frac{15}{4}=60$(일) 후입니다.

➡ 5월 2일 낮 12시부터 60일 후는 7월 1일 낮 12시입니다.

답 7월 1일 낮 12시

12 • (㉠의 넓이)=(삼각형 나의 넓이)$\times\frac{1}{5}$

• (㉡의 넓이)=(삼각형 다의 넓이)$\times\frac{4}{7}$

㉠의 넓이가 ㉡의 넓이의 $\frac{7}{8}$이므로

(㉠의 넓이)=(삼각형 다의 넓이)$\times\frac{4}{7}\times\frac{7}{8}$

=(삼각형 다의 넓이)$\times\frac{1}{2}$

➡ (삼각형 나의 넓이)$\times\frac{1}{5}$=(삼각형 다의 넓이)$\times\frac{1}{2}$이므로

(삼각형 나의 넓이)÷(삼각형 다의 넓이)

$=\frac{1}{2}\div\frac{1}{5}=\frac{1}{2}\times5=\frac{5}{2}=2\frac{1}{2}$(배)입니다.

답 $2\frac{1}{2}$배

13 ㉮+㉯=32, ㉮+㉰=25에서 ㉯−㉰=32−25=7입니다.

㉯와 ㉰가 물에 잠긴 부분의 길이가 같으므로

㉯$\times\frac{2}{9}$=㉰$\times\frac{5}{12}$, ㉯=㉰$\times\frac{5}{12}\div\frac{2}{9}$,

㉯=㉰$\times\frac{5}{12}\times\frac{9}{2}$, ㉯=㉰$\times\frac{15}{8}$입니다.

㉯−㉰=7이고 ㉯=㉰$\times\frac{15}{8}$이므로

㉰$\times\frac{15}{8}$−㉰=7, ㉰$\times\frac{7}{8}$=7,

㉰$=7\div\frac{7}{8}=7\times\frac{8}{7}=8$ (m)입니다.

➡ (저수지의 물의 깊이)$=8\times\frac{5}{12}=\frac{10}{3}=3\frac{1}{3}$ (m)

답 $3\frac{1}{3}$ m

토론 발표 브레인스토밍 25~26쪽

1 $\frac{24}{17}=1+\frac{7}{17}=1+1\times\frac{7}{17}=1+1\div\frac{17}{7}=1+\cfrac{1}{\frac{17}{7}}$

$\frac{17}{7}=2+\frac{3}{7}=2+1\times\frac{3}{7}=2+1\div\frac{7}{3}$

$=2+\cfrac{1}{\frac{7}{3}}=2+\cfrac{1}{2+\frac{1}{3}}$

➡ $\frac{24}{17}=1+\cfrac{1}{2+\cfrac{1}{2+\frac{1}{3}}}$

따라서 ㉠=1, ㉡=2, ㉢=2, ㉣=3입니다.

답 1, 2, 2, 3

2 (땅의 한 변의 길이)

$=13\frac{1}{2}\div4=\frac{27}{2}\div4=\frac{27}{2}\times\frac{1}{4}=\frac{27}{8}=3\frac{3}{8}$ (m)

(땅의 한 변에 심은 나무와 나무 사이의 간격 수)

$=3\frac{3}{8}\div\frac{27}{32}=\frac{27}{8}\div\frac{27}{32}=\frac{27}{8}\times\frac{32}{27}=4$(군데)

(땅의 한 변에 심은 나무의 수)=4+1=5(그루)

(땅 전체에 심은 나무의 수)=5×5=25(그루)

(호수 둘레에 심을 나무와 나무 사이의 간격)

$=30\frac{5}{9}\div25=\frac{275}{9}\times\frac{1}{25}=\frac{11}{9}=1\frac{2}{9}$ (m)

답 $1\frac{2}{9}$ m

3 집에서 학교까지의 거리를 1이라 하면 우체국에서 도서관까지의 거리는 $\frac{3}{4}-\frac{1}{6}=\frac{9}{12}-\frac{2}{12}=\frac{7}{12}$이고,
이 거리는 오전 7시 50분－오전 7시 29분＝21분 동안 걸은 거리입니다.
(집에서 학교까지 가는 데 걸린 시간)
$=21\div\frac{7}{12}=\overset{3}{\cancel{21}}\times\frac{12}{\underset{1}{\cancel{7}}}=36$(분)
(집에서 우체국까지 가는 데 걸린 시간)$=36\times\frac{1}{6}=6$(분)
(집에서 출발한 시각)＝오전 7시 29분－6분
＝오전 7시 23분
(집에서 문구점까지 가는 데 걸린 시간)
$=\overset{4}{\cancel{36}}\times\frac{8}{\underset{1}{\cancel{9}}}=32$(분)
➜ (문구점을 지날 때의 시각)
＝오전 7시 23분＋32분＝오전 7시 55분

답 오전 7시 55분

4 □ 안에 2부터 넣었을 때 $\frac{1}{□}+\frac{2}{□}+\frac{3}{□}+\cdots\cdots+\frac{□-1}{□}$의 계산 결과를 차례대로 알아보면
□＝2일 때 $\frac{1}{2}$
□＝3일 때 $\frac{1}{3}+\frac{2}{3}=1$
□＝4일 때 $\frac{1}{4}+\frac{2}{4}+\frac{3}{4}=1\frac{1}{2}$
□＝5일 때 $\frac{1}{5}+\frac{2}{5}+\frac{3}{5}+\frac{4}{5}=2$
□＝6일 때 $\frac{1}{6}+\frac{2}{6}+\frac{3}{6}+\frac{4}{6}+\frac{5}{6}=2\frac{1}{2}$
⋮
이와 같이 순서대로 나열된 분수의 합은 나열된 분수 개수의 $\frac{1}{2}$배라는 것을 알 수 있습니다.
$\left(\frac{1}{□}+\frac{2}{□}+\frac{3}{□}+\cdots\cdots+\frac{□-1}{□}\right)\times\frac{1}{6}=8\frac{3}{4}$
$\frac{1}{□}+\frac{2}{□}+\frac{3}{□}+\cdots\cdots+\frac{□-1}{□}$
$=8\frac{3}{4}\div\frac{1}{6}=\frac{35}{\underset{2}{\cancel{4}}}\times\overset{3}{\cancel{6}}=\frac{105}{2}=52\frac{1}{2}$
나열된 분수의 개수는 (□－1)개이므로
$(□-1)\times\frac{1}{2}=52\frac{1}{2}$,
$□-1=52\frac{1}{2}\div\frac{1}{2}=\frac{105}{\underset{1}{\cancel{2}}}\times\overset{1}{\cancel{2}}=105$,
□＝105＋1＝106입니다.

답 106

2 단원 소수의 나눗셈

1 STEP 하이레벨 입문 31쪽

1 답 (1) 246, 246 (2) 246, 41, 41

참고
(소수)÷(소수)는 나누어지는 수와 나누는 수에 똑같이 10배, 100배 하여 (자연수)÷(자연수)로 계산해도 몫은 같다.
24.6÷0.6
10배↓ ↓10배
246÷6

2
```
        9
4.3)38.7
    38 7
       0
```
답 9

다른 풀이
분수의 나눗셈으로 계산할 수도 있습니다.
$38.7\div4.3=\frac{387}{10}\div\frac{43}{10}=387\div43=9$

3 25.76＞4.6
➜
```
       5.6
4.6)25.7 6
    23 0
     2 7 6
     2 7 6
         0
```
답 5.6

주의
세로로 계산하는 경우 몫의 소수점은 처음 소수점의 위치가 아닌 옮긴 소수점의 위치에 찍어야 함에 주의합니다.

4 (선주네 집~놀이공원)÷(선주네 집~미술관)
＝4.35÷1.45＝3(배)

답 4.35÷1.45＝3, 3배

5
```
      3.8 5            7.7
0.4)1.5 4 0      0.5)3.8 5
    1 2               3 5
      3 4               3 5
      3 2               3 5
        2 0               0
        2 0
          0
```
답 3.85, 7.7

6 ㉠

$$\begin{array}{r} 14 \\ 2.13\overline{)29.82} \\ 21\ 3 \\ \hline 8\ 52 \\ 8\ 52 \\ \hline 0 \end{array}$$

㉡

$$\begin{array}{r} 12 \\ 7.53\overline{)90.36} \\ 75\ 3 \\ \hline 15\ 06 \\ 15\ 06 \\ \hline 0 \end{array}$$

➡ 14 > 12이므로 ㉠ > ㉡입니다.

답 ㉡

7 어떤 수를 □라 하면 □ × 9.7 = 15.52입니다.

➡ □ = 15.52 ÷ 9.7, □ = 1.6이므로 어떤 수는 1.6입니다.

답 1.6

8 몫이 가장 크려면 나누어지는 수를 가장 크게, 나누는 수를 가장 작게 해야 합니다.

27.2 > 6.8 > 1.7이므로 가장 큰 수 27.2를 가장 작은 수 1.7로 나눕니다.

➡ 27.2 ÷ 1.7 = 16

답 16

참고

몫이 가장 작으려면 나누어지는 수를 가장 작게, 나누는 수를 가장 크게 해야 합니다.

1 STEP 하이레벨 입문 33쪽

1 나누어지는 수가 같을 때 나누는 수가 $\frac{1}{10}$배, $\frac{1}{100}$배가 되면 몫은 10배, 100배가 됩니다.

105 ÷ 21 = 5 → ($\frac{1}{10}$배, 10배) → 105 ÷ 2.1 = 50

105 ÷ 21 = 5 → ($\frac{1}{100}$배, 100배) → 105 ÷ 0.21 = 500

답 50, 500

2

$$\begin{array}{r} 2.633 \\ 3\overline{)7.9} \\ 6 \\ \hline 1\ 9 \\ 1\ 8 \\ \hline 10 \\ 9 \\ \hline 10 \\ 9 \\ \hline 1 \end{array}$$

몫의 소수 셋째 자리 숫자가 3이므로 몫을 반올림하여 소수 둘째 자리까지 나타내면 2.63이 됩니다.

답 2.63

참고

구하려는 자리 바로 아래 자리의 숫자가 0, 1, 2, 3, 4이면 버리고 5, 6, 7, 8, 9이면 올려서 나타내는 방법을 반올림이라고 합니다.

3

$$\begin{array}{r} 9.8 \\ 7\overline{)69} \\ 63 \\ \hline 6\ 0 \\ 5\ 6 \\ \hline 4 \end{array}$$

몫의 소수 첫째 자리 숫자가 8이므로 몫을 반올림하여 자연수로 나타낸 수 10은 69 ÷ 7의 몫 9.8……보다 큽니다.

답 >

4 (전체 찹쌀가루의 양)
÷ (꽈배기 한 개를 만드는 데 필요한 찹쌀가루의 양)
= 749 ÷ 21.4 = 35(개)

답 749 ÷ 21.4 = 35, 35개

5

$$\begin{array}{r} 50 \\ 0.62\overline{)31.00} \\ 31\ 0 \\ \hline 0 \end{array} \qquad \begin{array}{r} 40 \\ 1.25\overline{)50.00} \\ 50\ 0 \\ \hline 0 \end{array}$$

답 50, 40

6

$$\begin{array}{r} 26 \\ 3\overline{)80.6} \\ 6 \\ \hline 20 \\ 18 \\ \hline 2.6 \end{array}$$

(26 → 만들 수 있는 귀걸이 수, 2.6 → 남는 금의 양)

➡ 금 귀걸이를 26개까지 만들 수 있고 남는 금은 2.6 g입니다.

답 26개, 2.6 g

7 1시간 15분 = $1\frac{15}{60}$시간 = $1\frac{1}{4}$시간 = $1\frac{25}{100}$시간
= 1.25시간

➡ (1시간 동안 달릴 수 있는 거리)
= (달린 거리) ÷ (달린 시간)
= 70 ÷ 1.25 = 56 (km)

답 56 km

참고

1시간 = 60분이므로 1분 = $\frac{1}{60}$시간입니다.

8 나누어 담을 수 있는 봉지 수와 남는 밀가루의 양을 구하는 방법에는 30.2에서 6씩 덜어 내는 방법과 30.2÷6의 몫을 자연수까지만 계산하는 방법이 있습니다.

답 방법 1 예 $30.2-6-6-6-6-6=0.2$ / 5, 0.2

방법 2 예

```
    5     / 5, 0.2
 6)30.2
   30
    0.2
```

주의

방법 2와 같이 계산했을 때에는 나누는 수와 몫을 곱한 결과에 남는 양을 더하여 나누어지는 수가 되는지 살펴봅니다.

1 STEP 하이레벨 입문 34~35쪽

1 나누어지는 수가 같으므로 나누는 수가 작을수록 몫이 커집니다.

➔ ㉠>㉢>㉡

답 ㉠

다른 풀이

㉠ $9.6 \div 0.4=24$ ㉡ $9.6 \div 1.6=6$ ㉢ $9.6 \div 1.2=8$

➔ ㉠>㉢>㉡

2 (성연이의 몸무게)÷(고양이의 무게)

$=41.84 \div 5.23=8$(배)

답 8배

3 소수점을 옮겨서 계산하는 경우 몫의 소수점은 옮긴 위치에 찍어야 합니다.

답 예

```
        6.3
 2.4)15.1 2
     14 4
        7 2
        7 2
          0
```

주의

몫의 소수점을 처음 소수점의 위치에 찍지 않도록 주의합니다.

4 (1) 나누어지는 수가 같을 때 나누는 수가 $\frac{1}{10}$배씩 작아지면 몫은 10배씩 커집니다.

(2) 나누는 수가 같을 때 나누어지는 수가 10배씩 커지면 몫도 10배씩 커집니다.

답 (1) 12, 120, 1200 (2) 41, 410, 4100

5

```
   1.066 …… ➔ 1.07
 3)3.2
   3
    20
    18
     20
     18
      2
```

➔ 배의 무게는 사과의 무게의 1.07배입니다.

답 1.07배

6

```
    25
 3)76.8
   6
   16
   15
    1.8
```

➔ 상자를 25개까지 포장할 수 있고, 남는 리본은 1.8 m입니다.

답 25, 1.8

2 STEP 하이레벨 탐구 36~41쪽

대표 유형 1 (2) $6.7 \times ■=33.5$ ➔ $■=33.5 \div 6.7$, $■=5$이므로 세로는 5 cm입니다.

답 (1) 33.5 (2) 5 cm

체크 1-1 가로를 □cm라 하면

(직사각형의 넓이)=(가로)×(세로)이므로

$□\times 2.9=13.92$입니다.

➔ $□=13.92 \div 2.9$, $□=4.8$이므로 가로는 4.8 cm입니다.

답 4.8 cm

체크 1-2 평행사변형의 높이를 □cm라 하면

(평행사변형의 넓이)=(밑변의 길이)×(높이)이므로

$8.4 \times □=45.36$입니다.

➔ $□=45.36 \div 8.4$, $□=5.4$이므로 평행사변형의 높이는 5.4 cm입니다.

답 5.4 cm

대표 유형 2 (2) $■=8\times 6+1.7=49.7$이므로 어떤 수는 49.7입니다.

답 (1) 1.7 (2) 49.7

체크 2-1 어떤 수를 □라 하여 □÷4를 계산하면 몫은 4이고, 남는 양은 2.3입니다.
□=4×4+2.3=18.3이므로 어떤 수는 18.3입니다.

답 18.3

체크 2-2 어떤 수를 □라 하여 □÷7을 계산하면 몫은 3이고, 남는 양은 1.4입니다.
□=7×3+1.4=22.4이므로 어떤 수는 22.4입니다.

답 22.4

체크 2-3 모범 답안 ❶ 어떤 수를 □라 하여 □÷3을 계산하면 몫은 14이고, 남는 양은 0.7입니다.
❷ 따라서 □=3×14+0.7=42.7이므로 어떤 수는 42.7입니다.

답 42.7

채점 기준

❶ (어떤 수)÷3을 계산했을 때 몫과 남는 양을 각각 알아봄.	2점	5점
❷ 어떤 수를 구함.	3점	

대표 유형 3 (1) (깃발 사이의 간격 수)
=(도로의 길이)÷(깃발 사이의 간격)
=15.12÷0.42=36(군데)
(2) (깃발의 수)=(깃발 사이의 간격 수)+1
=36+1=37(개)

답 (1) 36군데 (2) 37개

참고
• 직선 도로의 처음부터 끝까지 깃발을 세우는 경우
➜ (깃발의 수)=(깃발 사이의 간격 수)+1
• 원 모양 호수의 둘레에 깃발을 세우는 경우
➜ (깃발의 수)=(깃발 사이의 간격 수)

체크 3-1 1 km=1000 m이므로 0.6 km=600 m입니다.
(가로등 사이의 간격 수)
=(도로의 길이)÷(가로등 사이의 간격)
=600÷2.5=240(군데)
(도로 한쪽에 처음부터 끝까지 세운 가로등의 수)
=(가로등 사이의 간격 수)+1=240+1=241(개)

답 241개

체크 3-2 모범 답안 ❶ 1 km=1000 m이므로 0.56 km=560 m입니다.
❷ (나무 사이의 간격 수)
=(도로의 길이)÷(나무 사이의 간격)
=560÷1.4=400(군데)
❸ (도로 한쪽에 처음부터 끝까지 심은 나무의 수)
=(나무 사이의 간격 수)+1=400+1=401(그루)
➜ (도로 양쪽에 처음부터 끝까지 심은 나무의 수)
=401×2=802(그루)

답 802그루

채점 기준

❶ 0.56 km는 몇 m인지 구함.	1점	5점
❷ 나무 사이의 간격 수를 구함.	2점	
❸ 도로 양쪽에 처음부터 끝까지 심은 나무의 수를 구함.	2점	

대표 유형 4 (1) 8.9÷3=2.9666……

답 (1) 2.9666 (2) 6 (3) 6

체크 4-1 7.1÷11=0.6454545……에서 몫의 소수 둘째 자리부터 4, 5가 반복되므로 소수 짝수 번째 자리 숫자는 4, 소수 홀수 번째 자리 숫자는 5입니다.
따라서 몫의 소수 55째 자리 숫자는 홀수 번째 자리 숫자와 같은 5입니다.

답 5

체크 4-2 41.9÷0.9=46.55555……이므로 몫의 소수 첫째 자리 숫자부터 5가 반복됩니다.
따라서 몫의 소수 99째, 100째 자리 숫자는 5이므로 반올림하면 몫의 소수 99째 자리 숫자는 6이 됩니다.

답 6

대표 유형 5 (1) 몫이 가장 크게 되도록 나눗셈식을 만들려면 나누어지는 수는 가장 큰 수로, 나누는 수는 가장 작은 수로 만듭니다.
9>8>7>3이므로 가장 큰 소수 두 자리 수를 만들면 9.87입니다.
(3) 9.87÷0.3=32.9

답 (1) 9.87 (2) 0.3 (3) 3, 9, 8, 7 / 32.9

체크 5-1 몫이 가장 작게 되도록 나눗셈식을 만들려면 나누어지는 수는 가장 작은 수로, 나누는 수는 가장 큰 수로 만듭니다.
1<3<5<9이므로 가장 작은 소수 두 자리 수를 만들면 1.35이고 나누는 수는 0.9입니다.
➜ 1.35÷0.9=1.5

답 9, 1, 3, 5 / 1.5

문제해결 Key
① 수 카드로 □.□□의 가장 작은 소수 두 자리 수를 만듭니다.
② 수 카드로 0.□의 가장 큰 소수 한 자리 수를 만듭니다.
③ ①÷②의 나눗셈식을 만들어 계산합니다.

체크 5-2 몫이 가장 크게 되도록 나눗셈식을 만들려면 나누어지는 수는 가장 큰 수로, 나누는 수는 가장 작은 수로 만듭니다.
$8>7>6>2>0$이므로 가장 큰 소수 두 자리 수를 만들면 8.76이고 가장 작은 소수 한 자리 수를 만들면 0.2입니다.
➜ $8.76\div0.2=43.8$

답 8, 7, 6, 0, 2 / 43.8

대표 유형 6 (2) $\frac{4}{4}$박자이므로 한 마디에 4박자가 들어가야 합니다. ➜ $4-1=3$(박자)
(3) ♪. (점8분음표)는 0.75박자이므로 $3\div0.75=4$(개) 그려야 합니다.

답 (1) 1박자 (2) 3박자 (3) 4개

체크 6-1 ♪ (8분음표)는 0.5박자이고 2개 그렸으므로 더 그려야 할 박자는 $4-0.5-0.5=3$(박자)입니다.
♩. (점4분음표)는 1.5박자이므로 $3\div1.5=2$(개) 그려야 합니다.

답 2개

> **주의**
> 한 마디의 음표의 박자 수를 모두 더하면 4박자가 되는지 확인합니다.

2 STEP 하이레벨 탐구 플러스 42~43쪽

1 • $5.92\div㉠=1.6$, $㉠=5.92\div1.6=3.7$
• $2.7\times㉡=9.18$, $㉡=9.18\div2.7=3.4$

답 3.7, 3.4

2 $12.5\div3=4.1666\cdots\cdots$이므로 소수 둘째 자리 숫자부터 6이 반복됩니다.
몫의 소수 18째, 19째 자리 숫자는 6이므로 반올림하면 몫의 소수 18째 자리 숫자는 7이 됩니다.

답 7

3
```
     12
 5)62.56
    5
   12
   10
    2.56
```
물을 5 L씩 12일 동안 쓰면 2.56 L가 남으므로 13일 만에 물을 모두 쓰게 됩니다.

답 13일

4 $41.04\div5.4=7.6$, $45.6\div2.4=19$
$7.6<\square<19$에서 □ 안에 들어갈 수 있는 자연수는 8부터 18까지의 수입니다.
따라서 □ 안에 들어갈 수 있는 자연수는 모두 $18-8+1=11$(개)입니다.

답 11개

5 (한 대각선의 길이)$=6.1\times2=12.2$ (cm)
$12.2\times\square\div2=32.94$
➜ $12.2\times\square=65.88$, $\square=65.88\div12.2=5.4$

답 5.4

> **참고**
> (마름모의 넓이)
> =(한 대각선의 길이)×(다른 대각선의 길이)÷2

6 몫이 가장 크게 되도록 나눗셈식을 만들려면 나누어지는 수는 가장 큰 수로, 나누는 수는 가장 작은 수로 만듭니다.
가장 큰 수는 높은 자리에 가장 큰 숫자부터 늘어놓아 만들고, 가장 작은 수는 높은 자리에 가장 작은 숫자부터 늘어놓아 만듭니다.
$9>7>5>4>3>1>0$이므로
가장 큰 소수 두 자리 수는 9.75이고,
가장 작은 소수 두 자리 수는 0.13입니다.
➜ $9.75\div0.13=75$

답 9, 7, 5, 0, 1, 3 / 75

> **참고**
> • 나누어지는 수가 클수록, 나누는 수가 작을수록 몫이 커집니다.
> • 나누어지는 수가 작을수록, 나누는 수가 클수록 몫이 작아집니다.

3 STEP 하이레벨 심화 44~48쪽

1 (물탱크의 들이)$=1.3\times42=54.6$ (L)
$54.6\div2$ ➜ 몫: 27, 남는 양: 0.6
따라서 27번까지 퍼낼 수 있고, 0.6 L가 남습니다.

답 27번, 0.6 L

2 $26.32\div3.6=7.31\cdots\cdots$이므로 소수 첫째 자리에서 나누어떨어지는 가장 큰 몫은 7.3입니다.
이때, 나누어지는 수는 $3.6\times7.3=26.28$입니다.
따라서 $26.32-26.28=0.04$를 빼야 합니다.

답 0.04

> **문제해결 Key**
> 나누어지는 수 26.32에서 얼마를 뺀 후 3.6으로 나눈 몫은 $26.32\div3.6$의 몫보다 작습니다.

3 (1 km를 달리는 데 필요한 휘발유의 양)
$=23.02\div460.4=0.05\,(\mathrm{L})$
(65 km를 달리는 데 필요한 휘발유의 양)
$=0.05\times65=3.25\,(\mathrm{L})$
(더 필요한 휘발유의 양)$=3.25-2.5=0.75\,(\mathrm{L})$

답 0.75 L

4 (타는 양초의 길이)$=15.9-9.96=5.94\,(\mathrm{cm})$
10분에 0.18 cm씩 타므로 1분에 0.018 cm씩 탑니다.
(5.94 cm가 타는 데 걸리는 시간)
$=5.94\div0.018=330$(분) ➜ 5시간 30분

답 5시간 30분

5 이등변삼각형 두 개를 이용하여 한 변의 길이가 0.25 m인 정사각형을 만들 수 있습니다.
바닥의 가로는 정사각형 모양의 한 변의 길이의 $4\div0.25=16$(배), 바닥의 세로는 $3\div0.25=12$(배)입니다.
➜ 이등변삼각형 모양의 타일은 $16\times12\times2=384$(장) 필요합니다.

답 384장

6 어떤 물건의 원가를 □원이라고 하면 정가는 (□$\times1.4$)원입니다.
이 금액을 0.15배만큼 할인하여 팔면
□$\times1.4\times0.85=$□$+3800$입니다.
➜ □$\times1.19=$□$+3800$, □$\times0.19=3800$,
□$=3800\div0.19=20000$입니다.
따라서 이 물건의 원가는 20000원입니다.

답 20000원

7 사다리꼴의 아랫변의 길이를 □ m라 하면
$(2.52+$□$)\times3.2\div2=10.656$입니다.
$(2.52+$□$)\times3.2=21.312$, □$+2.52=6.66$,
□$=4.14$
➜ (선분 ㄱㄴ의 길이)$=4.14-2.52=1.62\,(\mathrm{m})$

답 1.62 m

8 □ 안에 들어갈 수 있는 수는 20, 25, 30입니다.
출력되는 값은 $20\div2.5=8$, $25\div2.5=10$,
$30\div2.5=12$입니다.
따라서 출력되는 값의 합은 $8+10+12=30$입니다.

답 30

주의
20 이상 30 이하인 5의 배수에는 20과 30도 포함됩니다.

9 $48\div32=1.5$이므로 A 행성에서는 지구에서 잰 몸무게의 1.5배가 됩니다.
(지구에서 잰 수지의 어머니의 몸무게)
$=41.65\div0.85=49\,(\mathrm{kg})$
(A 행성에서 잰 수지의 어머니의 몸무게)
$=49\times1.5=73.5\,(\mathrm{kg})$

답 73.5 kg

10 몫을 반올림하여 0.6이 되려면 몫은 0.55 이상 0.65 미만인 수입니다.
$4\times0.55=2.2$, $4\times0.65=2.6$
➜ 2.□3은 2.2 이상 2.6 미만인 수입니다.
따라서 □ 안에 알맞은 숫자는 2, 3, 4, 5입니다.

답 2, 3, 4, 5

11 (밑변의 길이)=(삼각형의 넓이)$\times2\div$(높이)이므로
(변 ㄴㄷ)$=13.44\times2\div4.8=5.6\,(\mathrm{cm})$입니다.
(삼각형 ㄹㅁㄷ의 넓이)$=13.44\div1.25$
$=10.752\,(\mathrm{cm}^2)$
(변 ㅁㄷ)$=10.752\times2\div4.8$
$=4.48\,(\mathrm{cm})$
➜ (선분 ㄴㅁ)$=5.6-4.48=1.12\,(\mathrm{cm})$

답 1.12 cm

12

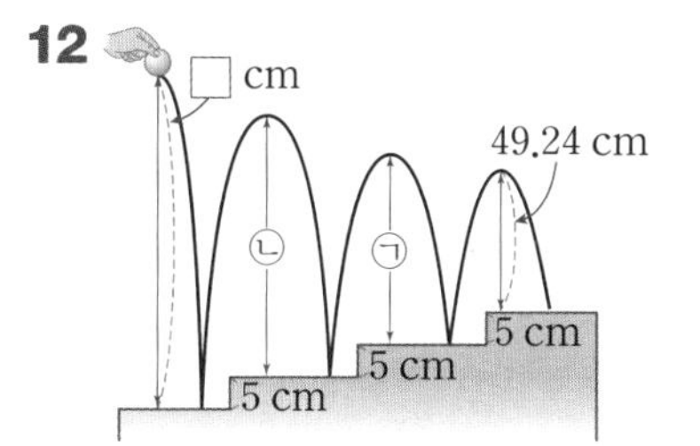

㉠$\times0.8=49.24+5$,
㉠$=(49.24+5)\div0.8=67.8$ (cm)
㉡$\times0.8=67.8+5$,
㉡$=(67.8+5)\div0.8=91$ (cm)
□$\times0.8=91+5$,
□$=(91+5)\div0.8=120$

답 120

13 $720\,\mathrm{m}=0.72\,\mathrm{km}$, $81.4\,\mathrm{m}=0.0814\,\mathrm{km}$
기차가 터널을 완전히 통과하려면
$0.72+0.0814=0.8014\,(\mathrm{km})$를 달려야 합니다.
1시간$=3600$초이므로 기차는 1초에
$147.6\div3600=0.041\,(\mathrm{km})$씩 달립니다.
따라서 터널을 완전히 통과하는 데 걸리는 시간을 반올림하여 자연수로 나타내면
$0.8014\div0.041=19.5\cdots\cdots$ ➜ 20초입니다.

답 20초

문제해결 Key
기차가 터널을 완전히 통과하기 위해 달려야 하는 거리는 (기차의 길이)+(터널의 길이)입니다.

2 단원 소수의 나눗셈

토론 발표 브레인스토밍 49~50쪽

1 $6 \circledbullet 2=\frac{6\div2}{6-2}=\frac{3}{4}=3\div4=0.75$

$4 \circledbullet 16=\frac{4\div16}{4+16}=\frac{0.25}{20}=0.25\div20=0.0125$

➜ $0.75 \circledbullet 0.0125=\frac{0.75\div0.0125}{0.75-0.0125}$
$=\frac{60}{0.7375}$
$=60\div0.7375$
$=81.35593\cdots\cdots$ ➜ 81.3559

답 81.3559

2 (사다리꼴 ㄱㄴㄷㄹ의 넓이)
=(삼각형 ㄱㄴㄷ의 넓이)+(삼각형 ㄱㄷㄹ의 넓이)이므로
삼각형 ㄱㄷㄹ의 넓이를 ○cm^2라고 하면
$32.4=○\times1.5+○=○\times2.5$입니다.
➜ $○=32.4\div2.5=12.96$
삼각형 ㄱㄷㄹ의 넓이가 $12.96\,\text{cm}^2$이므로 사다리꼴의 높이를 △ cm라 하면
$3.6\times△\div2=12.96$입니다.
➜ $△=12.96\times2\div3.6=7.2$
사다리꼴의 높이가 7.2 cm이므로
$(3.6+□)\times7.2\div2=32.4$입니다.
➜ $3.6+□=32.4\times2\div7.2$,
$3.6+□=9$,
$□=9-3.6=5.4$

답 5.4

3 배가 1시간 동안 움직이는 거리를 □km라 하면 배가 강을 따라 내려갈 때 1시간 동안 움직이는 거리는
$(□+2.5)$ km이고, 올라갈 때 1시간 동안 움직이는 거리는 $(□-2.5)$ km입니다.
$□+2.5=(□-2.5)\times1.2$이므로
$□+2.5=□\times1.2-2.5\times1.2$,
$□\times1.2-□=2.5+3$,
$□\times0.2=5.5$,
$□=5.5\div0.2=27.5$입니다.
배가 강을 따라 내려갈 때 1시간 동안 움직이는 거리는
$27.5+2.5=30$ (km),
올라갈 때 1시간 동안 움직이는 거리는
$27.5-2.5=25$ (km)입니다.
두 마을 사이의 거리를 △ km라 하면 내려가는 데 걸린 시간은 $\frac{△}{30}$시간, 올라가는 데 걸린 시간은 $\frac{△}{25}$시간입니다.
가와 나 마을 사이를 왕복하는 데
1시간 50분$=1\frac{5}{6}$시간이 걸렸으므로
$\frac{△}{30}+\frac{△}{25}=1\frac{5}{6}=\frac{11}{6}$입니다.
➜ $△\times5+△\times6=275$, $△\times11=275$, $△=25$
따라서 가와 나 두 마을 사이의 거리는 25 km입니다.

답 25 km

4 • 1부터 9까지의 수 카드 중에서 3장을 뽑아 가장 큰 수를 자연수로 해야 하므로 9는 분모가 될 수 없습니다.
• 만들 수 있는 대분수에서
분모가 2, 4, 5, 8이면 분자를 분모로 나누었을 때 몫이 소수로 나누어떨어지고,
분모가 3, 6, 7이면 분자를 분모로 나누었을 때 몫이 소수로 나누어떨어지지 않습니다.

① 분모가 2, 4, 5, 8인 대분수의 합

$●=\left(3\frac{1}{2}+4\frac{1}{2}+5\frac{1}{2}+6\frac{1}{2}+7\frac{1}{2}+8\frac{1}{2}+9\frac{1}{2}\right)$
$+\left(5\frac{1}{4}+6\frac{1}{4}+7\frac{1}{4}+8\frac{1}{4}+9\frac{1}{4}+5\frac{3}{4}+6\frac{3}{4}+7\frac{3}{4}+8\frac{3}{4}+9\frac{3}{4}\right)$
$+\left(6\frac{1}{5}+7\frac{1}{5}+8\frac{1}{5}+9\frac{1}{5}+6\frac{2}{5}+7\frac{2}{5}+8\frac{2}{5}+9\frac{2}{5}+6\frac{3}{5}+7\frac{3}{5}+8\frac{3}{5}+9\frac{3}{5}+6\frac{4}{5}+7\frac{4}{5}+8\frac{4}{5}+9\frac{4}{5}\right)$
$+\left(9\frac{1}{8}+9\frac{3}{8}+9\frac{5}{8}+9\frac{7}{8}\right)$
$=45\frac{1}{2}+75+128+38$
$=286\frac{1}{2}=286.5$

② 분모가 3, 6, 7인 대분수의 합

$▲=\left(4\frac{1}{3}+5\frac{1}{3}+6\frac{1}{3}+7\frac{1}{3}+8\frac{1}{3}+9\frac{1}{3}+4\frac{2}{3}+5\frac{2}{3}+6\frac{2}{3}+7\frac{2}{3}+8\frac{2}{3}+9\frac{2}{3}\right)$
$+\left(7\frac{1}{6}+8\frac{1}{6}+9\frac{1}{6}+7\frac{5}{6}+8\frac{5}{6}+9\frac{5}{6}\right)$
$+\left(8\frac{1}{7}+9\frac{1}{7}+8\frac{2}{7}+9\frac{2}{7}+8\frac{3}{7}+9\frac{3}{7}+8\frac{4}{7}+9\frac{4}{7}+8\frac{5}{7}+9\frac{5}{7}+8\frac{6}{7}+9\frac{6}{7}\right)$
$=84+51+108=243$

따라서 $●\div▲=286.5\div243=1.17\cdots\cdots$이므로
몫을 반올림하여 소수 첫째 자리까지 나타내면 1.2입니다.

답 1.2

3 단원 공간과 입체

1 STEP 하이레벨 입문 55쪽

1 • 왼쪽 사진은 나무가 오른쪽 집에 가려 보이지 않으므로 ②에서 찍은 사진입니다.
• 가운데 사진은 나무가 왼쪽 건물에 가려 보이지 않으므로 ①에서 찍은 사진입니다.
• 오른쪽 사진은 건물이 나무에 가려 보이지 않으므로 ③에서 찍은 사진입니다.

답 ②, ①, ③

2 앞에서 보면 왼쪽부터 3층, 1층, 2층으로 보이고, 옆에서 보면 왼쪽부터 3층, 1층, 2층으로 보입니다.

답 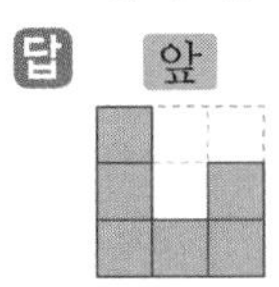

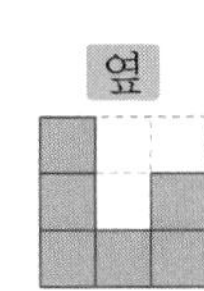

3

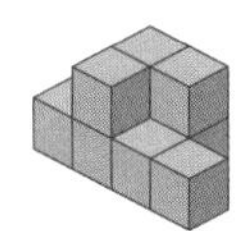

1층에 7개, 2층에 3개 ➔ $7+3=10$(개)

답 10개

주의

위에서 본 모양과 실제로 쌓은 모양에서 보이는 위의 면들이 서로 다르므로 뒤에 보이지 않는 쌓기나무가 있음을 알 수 있습니다.

4 ① 위에서 본 모양을 보고 1층에 쌓습니다.
② 앞과 옆에서 본 모양을 보고 더 필요한 쌓기나무 3개를 쌓으면 쌓은 모양은 나입니다.

답 나

5

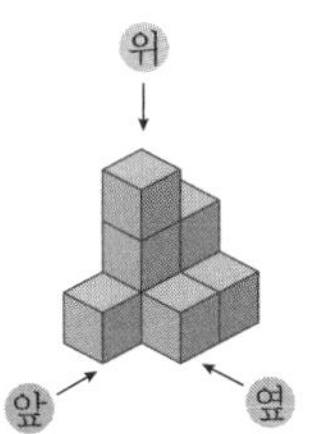

나 모양에는 쌓기나무가 1층에 5개, 2층에 2개, 3층에 1개 있습니다.
➔ $5+2+1=8$(개)

답 8개

6

1층에 7개, 2층에 2개이므로 사용한 쌓기나무는 $7+2=9$(개)입니다.
따라서 만들고 남은 쌓기나무는 $11-9=2$(개)입니다.

답 2개

주의

위에서 본 모양과 실제로 쌓은 모양에서 보이는 위의 면들이 서로 다르므로 뒤에 보이지 않는 쌓기나무가 1개 있음을 알 수 있습니다.

1 STEP 하이레벨 입문 57쪽

1 위에서 본 모양의 각 자리에 쌓은 쌓기나무의 개수를 세어 위에서 본 모양에 수를 씁니다.

답 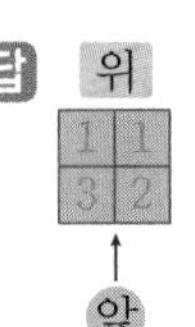

2 층별로 같은 위치에 그립니다.

답 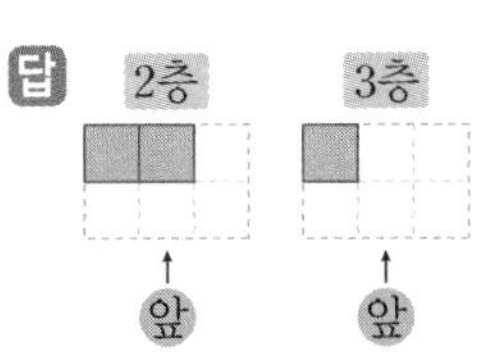

참고

1층 모양을 보고 쌓은 모양의 뒤에 보이지 않는 쌓기나무가 없다는 것을 알 수 있습니다.

3 각 줄의 가장 높은 층수만큼 각 줄에 그립니다.
왼쪽부터 차례로 2층, 3층, 1층으로 보입니다.

답 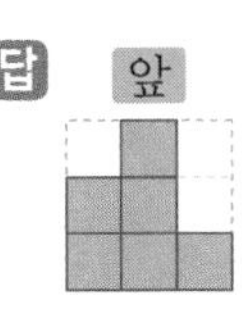

참고

똑같은 모양으로 쌓는 데 필요한 쌓기나무의 개수는 위에서 본 모양에 쓰인 수를 모두 더하면 됩니다.

4 왼쪽부터 차례로 2층, 3층, 2층으로 보입니다.

답 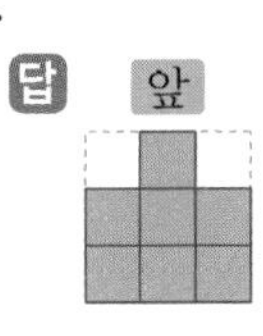

5

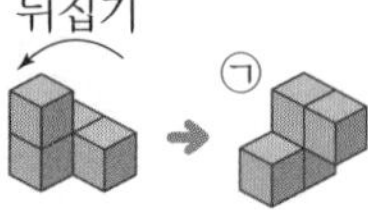

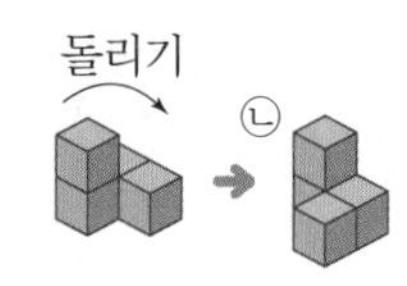

답 ㉠, ㉡

6 2층까지 그려진 자리에는 2를, 3층까지 그려진 자리에는 3을 써넣고 나머지 자리에는 1을 써넣습니다.
따라서 똑같은 모양으로 쌓는 데 필요한 쌓기나무는
$3+2+1+2+1=9$(개)입니다.

답 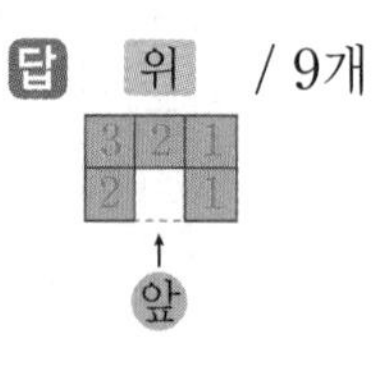

/ 9개

참고
쌓기나무로 쌓은 모양은 오른쪽과 같습니다.

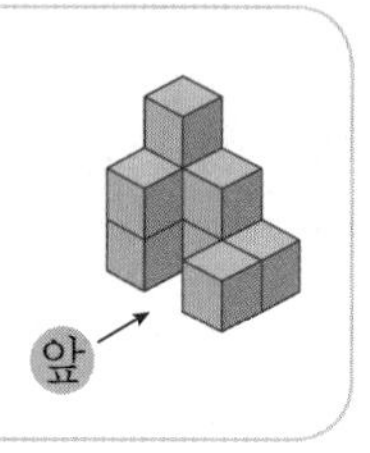

7 ㉠ 돌리기

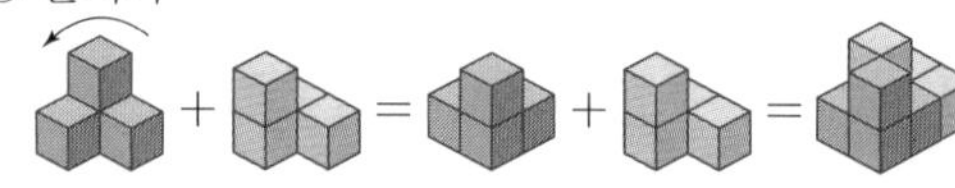

㉢ 돌리기

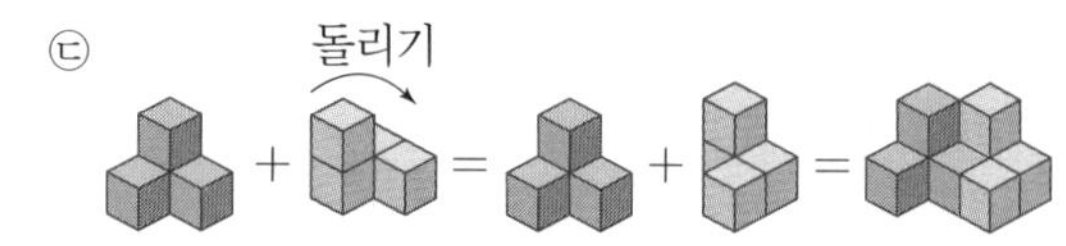

답 ㉡

❷ 앞에서 보면 왼쪽부터 2층, 3층, 3층으로 보이고, 옆에서 보면 왼쪽부터 3층, 2층, 3층으로 보입니다.

답 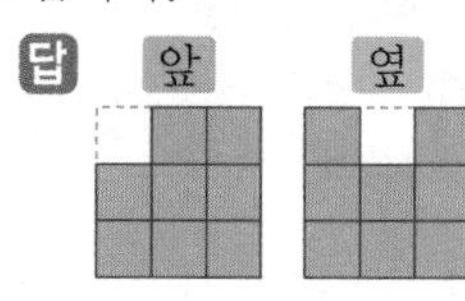

❸

2	㉠	3
1	1	
	2	

㉠ 자리에는 쌓기나무가 1개 또는 2개가 있습니다.
따라서 쌓기나무가 가장 적은 경우는
$2+1+3+1+1+2=10$(개)입니다.

답 10개

❹

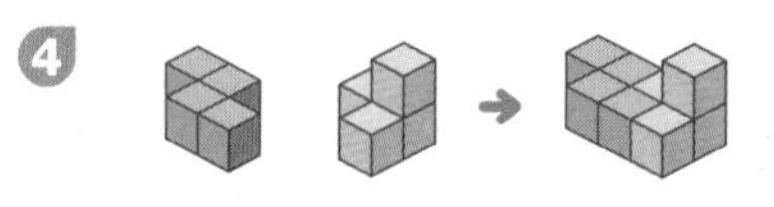

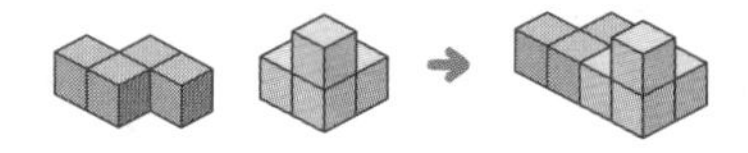

답 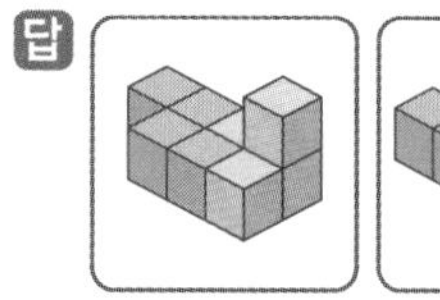 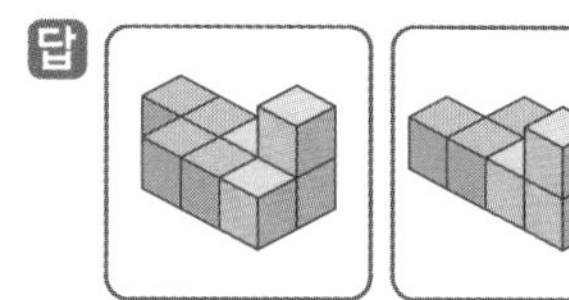

1 STEP 하이레벨 입문 58~59쪽

❶ (1) 1층: 5개, 2층: 4개, 3층: 1개 ➔ $5+4+1=10$(개)
(2) 1층: 6개, 2층: 4개, 3층: 1개 ➔ $6+4+1=11$(개)

답 (1) 10 (2) 11

다른 풀이
위에서 본 모양의 각 자리에 쌓인 쌓기나무의 개수를 구합니다.

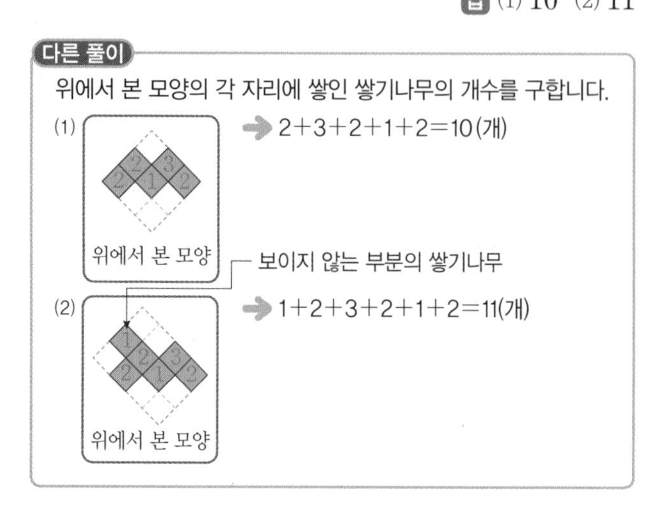

2 STEP 하이레벨 탐구 60~65쪽

대표 유형 1 (1) 2층에 8개, 3층에 2개 쌓여 있으므로 1층에는 $20-8-2=10$(개) 쌓여 있습니다.

답 (1) 10개 (2) 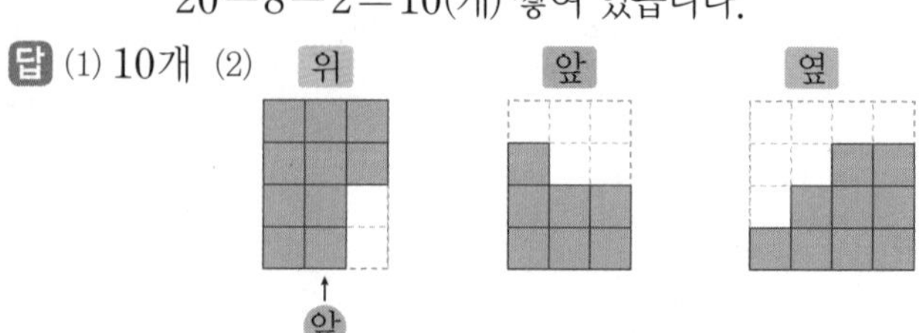

체크 1-1 2층에 6개, 3층에 1개 쌓여 있으므로 1층에는 $15-6-1=8$(개) 쌓여 있습니다.

답 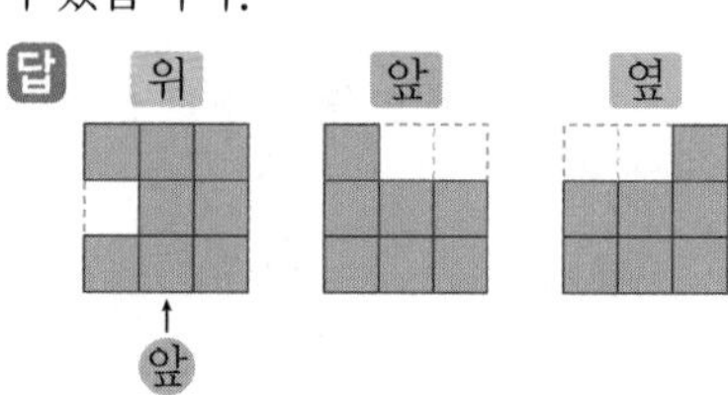

체크 1-2 빗금 친 쌓기나무를 빼낸 모양은 다음과 같으므로 옆에서 본 모양을 그릴 때에는 왼쪽 줄부터 가장 높게 쌓여 있는 층수에 맞게 그립니다.

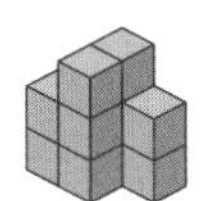

답 옆

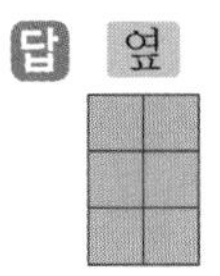

대표 유형 2 (1) (전체 쌓기나무의 개수)
$=2+4+1+1+3+2+3=16$(개)

(2) 1층에 쌓은 쌓기나무의 개수는 위에서 본 모양의 사각형 수와 같으므로 7개입니다.

(3) 2층 이상의 층에 쌓은 쌓기나무는 $16-7=9$(개)입니다.

답 (1) 16개 (2) 7개 (3) 9개

다른 풀이

(2층에 쌓은 쌓기나무의 개수)
=(2 이상의 수가 쓰여 있는 칸의 수)=5개
(3층에 쌓은 쌓기나무의 개수)
=(3 이상의 수가 쓰여 있는 칸의 수)=3개
(4층에 쌓은 쌓기나무의 개수)
=(4 이상의 수가 쓰여 있는 칸의 수)=1개
➡ $5+3+1=9$(개)

문제해결 Key

① 전체 쌓기나무의 개수를 구합니다.
② 전체 쌓기나무의 개수 중 1층에 쌓은 쌓기나무의 개수를 뺍니다.

체크 2-1 (전체 쌓기나무의 개수)
$=2+3+4+1+1+1+3+2=17$(개)
1층에 쌓은 쌓기나무의 개수는 위에서 본 모양의 사각형 수와 같으므로 8개입니다.
따라서 2층 이상의 층에 쌓은 쌓기나무는
(전체 쌓기나무의 개수)−(1층에 쌓은 쌓기나무의 개수)
$=17-8=9$(개)입니다.

답 9개

참고

전체 쌓기나무의 개수에서 1층에 쌓은 쌓기나무의 개수를 빼면 2층 이상의 층에 쌓은 쌓기나무의 개수를 알 수 있습니다.

체크 2-2 **모범 답안** ❶ (전체 쌓기나무의 개수)
$=4+3+1+3+2+1=14$(개)

❷ (1층에 쌓은 쌓기나무의 개수)
=(위에서 본 모양의 사각형의 개수)=6개,
(2층에 쌓은 쌓기나무의 개수)
=(2 이상의 수가 쓰여 있는 칸의 수)=4개이므로

❸ (전체 쌓기나무의 개수)−(1층의 쌓기나무의 개수)
−(2층의 쌓기나무의 개수)
$=14-6-4=4$(개)입니다.

답 4개

다른 풀이

3층 이상의 층에 쌓은 쌓기나무의 개수를 구합니다.
(3층에 쌓은 쌓기나무의 개수)
=(3 이상의 수가 쓰여 있는 칸의 수)=3개
(4층에 쌓은 쌓기나무의 개수)
=(4 이상의 수가 쓰여 있는 칸의 수)=1개
➡ $3+1=4$(개)

채점 기준

❶ 전체 쌓기나무의 개수를 구함.	2점	5점
❷ 1층과 2층의 쌓기나무의 개수를 구함.	2점	
❸ 1층과 2층이 아닌 곳의 쌓기나무의 개수를 구함.	1점	

대표 유형 3 (1) (정육면체 모양의 쌓기나무의 개수)
$=3\times3\times3=27$(개)

(2) (남은 쌓기나무의 개수)$=8+4+3=15$(개)

(3) (빼낸 쌓기나무의 개수)$=27-15=12$(개)

답 (1) 27개 (2) 15개 (3) 12개

체크 3-1 (정육면체 모양의 쌓기나무의 개수)
$=3\times3\times3=27$(개)
(남은 쌓기나무의 개수)$=7+6+4=17$(개)
➡ (빼낸 쌓기나무의 개수)$=27-17=10$(개)

답 10개

체크 3-2 가장 작은 정육면체를 만들려면 한 모서리가 쌓기나무 3개로 이루어진 정육면체를 만들어야 하므로 쌓기나무는 모두 $3\times3\times3=27$(개) 필요합니다.
(주어진 모양의 쌓기나무의 개수)$=6+5=11$(개)
➡ (더 필요한 쌓기나무의 개수)$=27-11=16$(개)

답 16개

대표 유형 4 (1) 위에서 본 모양을 그립니다.

가장 적을 때: 2 2 2 2 2

➡ $2+2+2+2+2=10$(개)

(2) 가장 많을 때: 가장 적을 때의 위에서 본 모양에서 뒤쪽에 같은 줄의 쌓기나무의 개수를 한 개씩 줄여 가며 위에서 본 모양을 그립니다.

(2−1) (2−1)

1개씩 줄입니다.

뒤쪽에 쌓은 쌓기나무의 개수가 앞쪽에 쌓은 쌓기나무의 개수보다 적어서 쌓기나무가 보이지 않습니다.

(2−1)

➡ $1+1+2+1+1+1+2+2+2+2=15$(개)

답 (1) 10개 (2) 15개

체크 4-1 • 가장 적을 때:

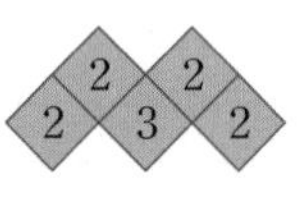

➡ $2+2+2+3+2=11$(개)

• 가장 많을 때:

➡ $1+1+1+1+2+2+2+1+2+3+2=18$(개)

답 11개, 18개

체크 4-2 • 가장 적을 때:

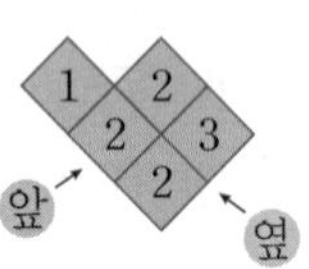

• 가장 많을 때:

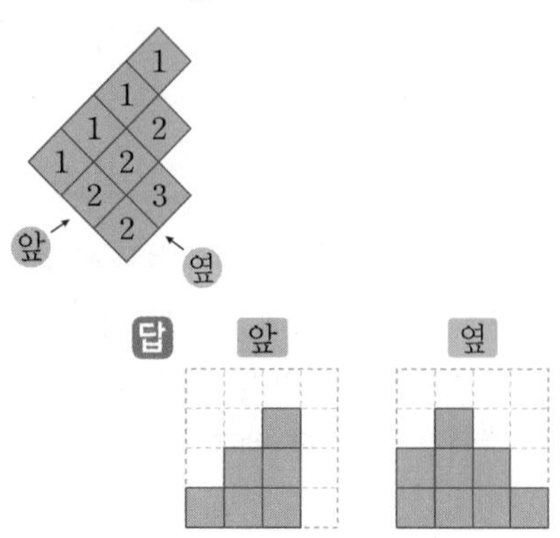

대표 유형 5 (1) (쌓기나무 한 면의 넓이)$=2\times2=4\,(\text{cm}^2)$

(2) 위에서 보면 쌓기나무의 면은 25개이므로 위, 아래의 쌓기나무의 면은 50개입니다. 앞에서 보면 쌓기나무의 면은 9개이므로 앞, 뒤, 양옆의 쌓기나무의 면은 모두 $9\times4=36$(개)입니다.

➡ $50+36=86$(개)

(3) (쌓기나무로 쌓은 모양의 겉면의 넓이)
$=4\times86=344\,(\text{cm}^2)$

답 (1) $4\,\text{cm}^2$ (2) 86개 (3) $344\,\text{cm}^2$

체크 5-1 모범 답안 ❶ (쌓기나무 한 면의 넓이)$=3\times3$
$=9\,(\text{cm}^2)$

❷ 위에서 보면 쌓기나무의 면은 $7\times7=49$(개)이므로 위, 아래의 쌓기나무의 면은 모두 $49\times2=98$(개)입니다. 앞에서 보면 쌓기나무의 면은 16개이므로 앞, 뒤, 양옆의 쌓기나무의 면은 모두 $16\times4=64$(개)입니다.

➡ $98+64=162$(개)

❸ 따라서 겉면의 넓이는 $9\times162=1458\,(\text{cm}^2)$입니다.

답 $1458\,\text{cm}^2$

채점 기준

❶ 쌓기나무 한 면의 넓이를 구함.	1점	5점
❷ 쌓기나무 모양에서 보이는 면의 개수를 구함.	3점	
❸ 겉면의 넓이를 구함.	1점	

대표 유형 6 (1)

(2)

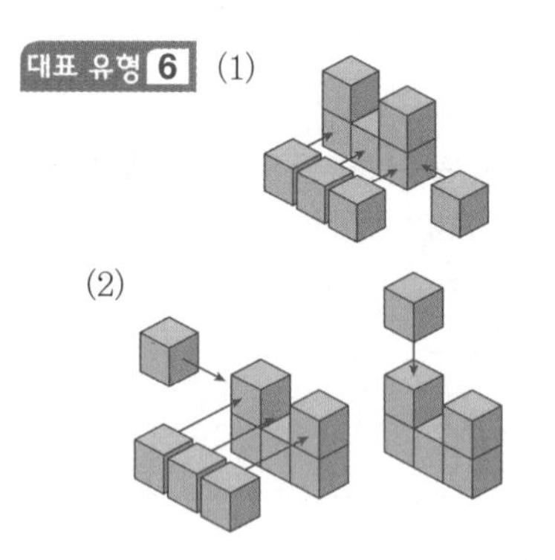

답 (1) 4 (2) 4, 1 (3) 9가지

체크 6-1

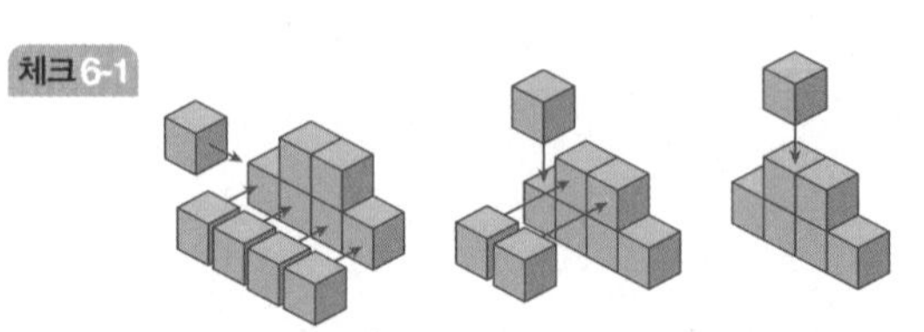

1층: 5가지 2층: 3가지 3층: 1가지

➡ $5+3+1=9$(가지)입니다.

답 9가지

2 STEP 하이레벨 탐구 플러스 66~67쪽

1 쌓기나무가 3층에 1개, 2층에 2개 쌓여 있으므로 1층에는 6개 쌓여 있습니다.

답 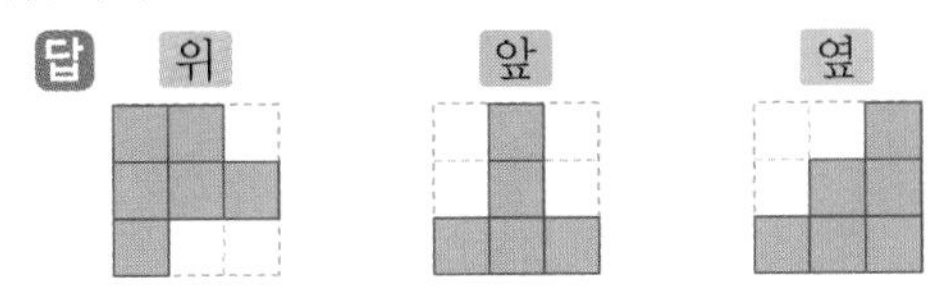

2 왼쪽 모양을 시계 반대 방향으로 90° 돌린 다음 모양을 비교해 보면 쌓기나무 5개를 더 쌓아야 함을 알 수 있습니다.

답 5개

다른 풀이
(오른쪽 모양의 쌓기나무의 개수)$=3+2+2+2+2+2=13$(개)
(왼쪽 모양의 쌓기나무의 개수)$=2+3+2+1=8$(개)
➔ $13-8=5$(개)

3 ㉮는 1층: 6개, 2층: 3개이므로 $6+3=9$(개)의 쌓기나무를 사용하였고, ㉯는 1층: 6개, 2층: 4개, 3층: 1개이므로 $6+4+1=11$(개)의 쌓기나무를 사용하였습니다.
따라서 ㉮와 ㉯에 사용된 쌓기나무 개수의 차는 $11-9=2$(개)입니다.

답 2개

4 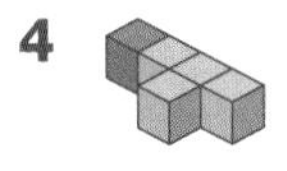 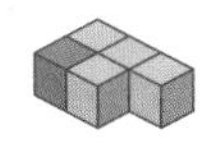 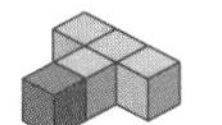 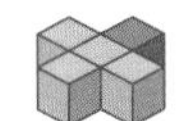 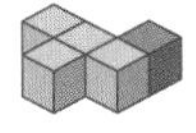
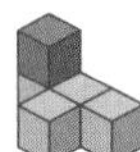 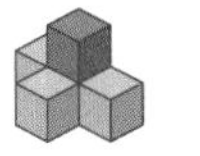 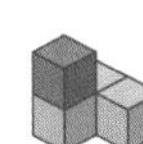 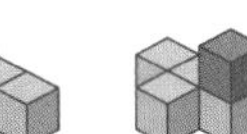
➔ 9가지

답 9가지

5 ㉮: 4층 이상인 칸이 4칸이므로 4층에 쌓은 쌓기나무가 4개입니다.
㉯: 4층 이상인 칸이 5칸이므로 4층에 쌓은 쌓기나무가 5개입니다.
따라서 ㉮와 ㉯에 4층에 쌓은 쌓기나무는 모두 $4+5=9$(개)입니다.

답 9개

6 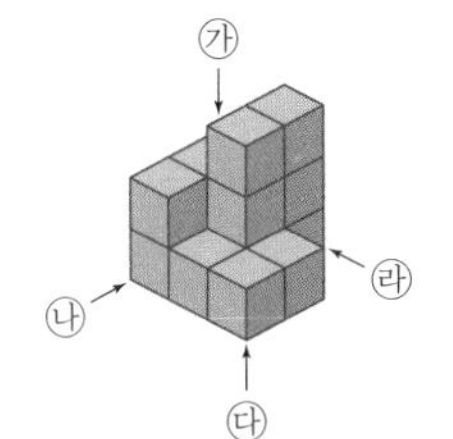

쌓기나무 모양에서 맨 앞쪽 줄이 1층, 그 왼쪽 줄도 1층, 그 오른쪽 줄도 1층이므로 오른쪽 모양은 완성된 모양을 ㉰에서 본 것입니다.

답 ㉰

3 STEP 하이레벨 심화 68~72쪽

1 쌓기나무가 11개이므로 사용된 모양은 3개짜리, 4개짜리, 4개짜리 모양입니다.
즉, 쌓기나무 3개로 만들어진 ㉮를 사용하였습니다.
㉮와 ㉱를 쌓고 나머지 모양을 추측해 보면 ㉯입니다.

예 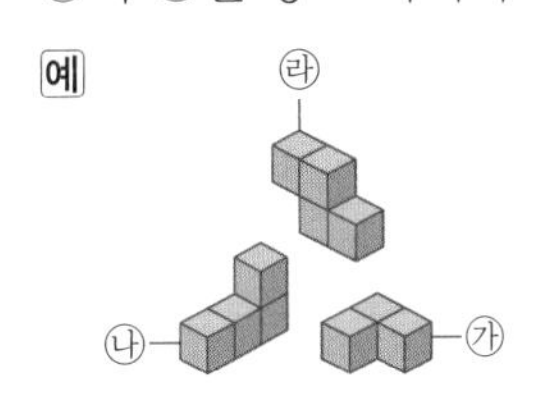

답 ㉮, ㉯

2 위에서 본 모양을 그리고 필요한 쌓기나무가 가장 많을 때의 개수를 알아봅니다.

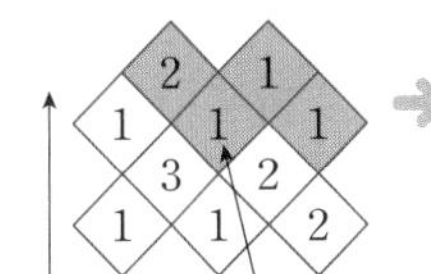

➔ $1+1+2+1+2+2+1+3+1+1=15$(개)

1개씩 줄입니다.

1에서 1개를 줄이면 0개이지만 양옆에 쌓기나무가 3개, 2개로 쌓여 있어 보이지 않는 부분이 있고 여기에 쌓기나무가 1개 있을 수도 있습니다.

답 15개

3 2층의 쌓기나무가 1개, 3층의 쌓기나무가 1개이므로 1층에는 쌓기나무가 $10-1-1=8$(개) 있습니다.

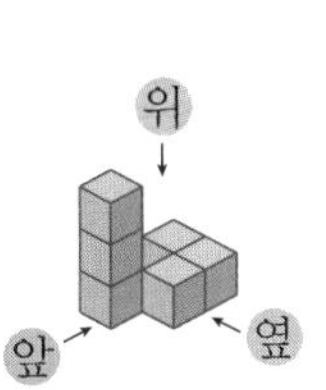

1층에는 보이는 쌓기나무가 7개이므로 보이지 않는 부분에 쌓기나무가 1개 있습니다.
빗금 친 쌓기나무를 빼낸 후의 모양은 위와 같으므로 각 방향에서 본 모양대로 알맞게 그립니다.

답 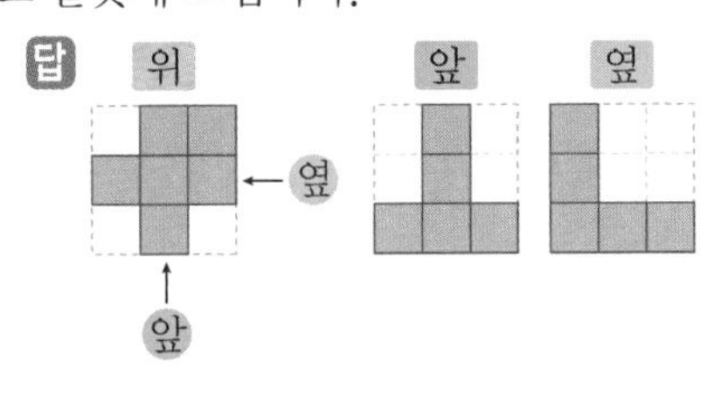

4 주어진 모양은 1층에 9개, 2층에 4개, 3층에 1개로 $9+4+1=14$(개)의 쌓기나무로 쌓은 모양입니다. 가장 작은 정육면체를 만들려면 한 모서리가 쌓기나무 5개로 이루어진 정육면체 모양을 만들어야 하므로 전체 쌓기나무의 개수는 $5\times5\times5=125$(개)가 되어야 합니다.
따라서 더 필요한 쌓기나무는 $125-14=111$(개)입니다.

답 111개

5 위에서 본 모양에 수를 써넣는데, 각 방향에서 본 모양에서 각 줄에 쌓기나무의 개수가 가장 많을 때를 생각하여 수를 써넣어 봅니다.

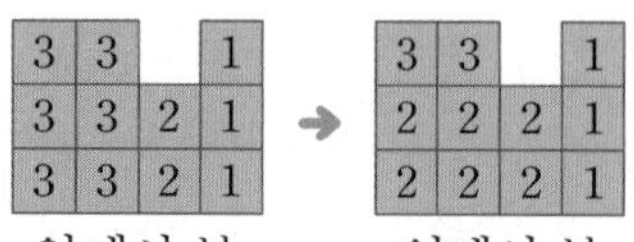

➔ 따라서 필요한 쌓기나무가 가장 많을 때는
$3+3+1+2+2+2+1+2+2+2+1=21$(개) 입니다.

답 21개

6 위에서 본 모양에 수를 써넣으면 오른쪽과 같습니다.

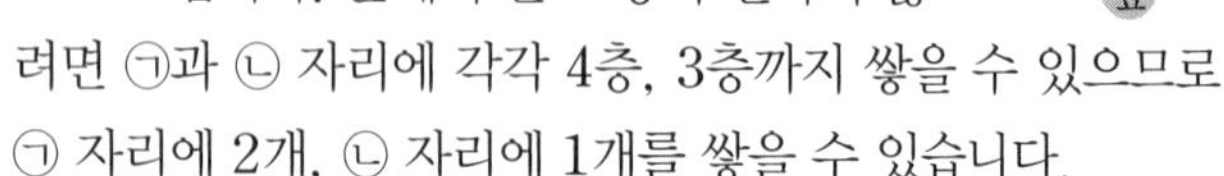

4	3	
3	1	1
2	2	

앞에서 보면 왼쪽부터 차례로 4층, 3층, 1층으로 보입니다. 앞에서 본 모양이 변하지 않으려면 ㉠과 ㉡ 자리에 각각 4층, 3층까지 쌓을 수 있으므로 ㉠ 자리에 2개, ㉡ 자리에 1개를 쌓을 수 있습니다.

➔ $2+1=3$(개)

답 3개

7

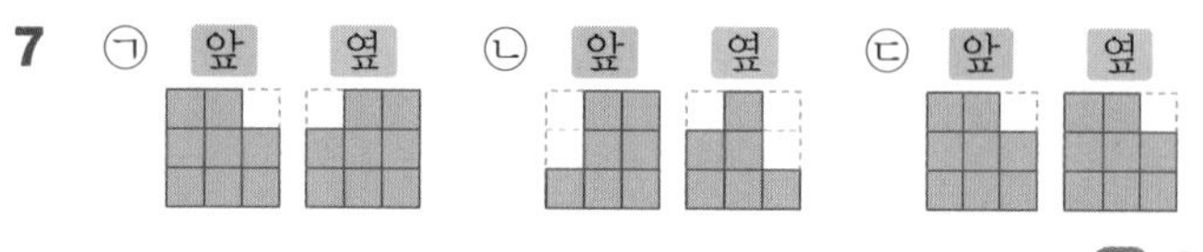

답 ㉢

8

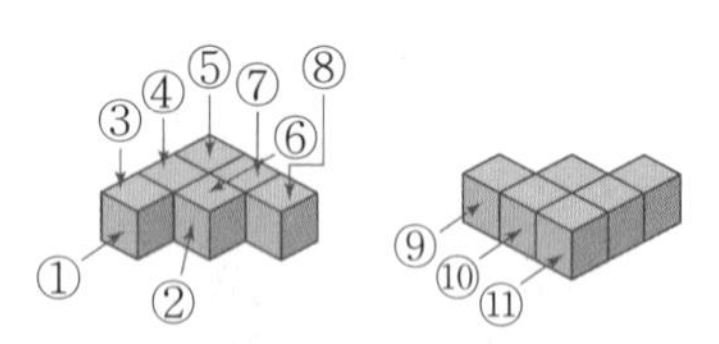

➔ ①번부터 ⑪번까지 놓을 수 있으므로 11가지입니다.

답 11가지

참고
모양을 뒤집거나 돌렸을 때 같으면 같은 모양입니다.

9 맨 윗층부터 쌓기나무의 개수는 1개, 4개, 9개, 16개, ……, 100개입니다.

➔ (쌓기나무의 개수)
$=1+4+9+16+25+36+49+64+81+100$
$=385$(개)

답 385개

10

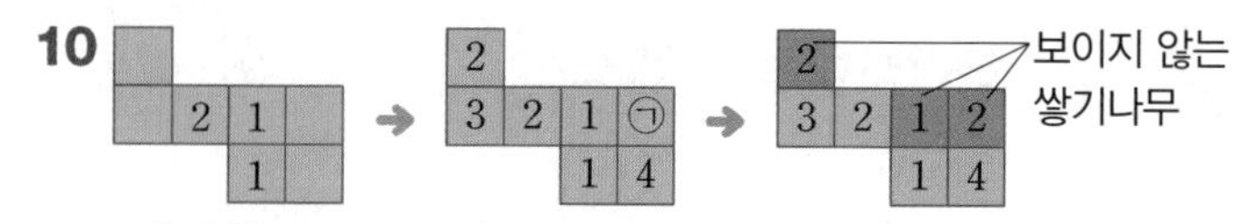

㉠$=15-(2+3+2+1+1+4)=2$

➔ 앞에서 볼 때 보이지 않는 쌓기나무는
$2+1+2=5$(개)입니다.

답 5개

11 가장 많을 때는

1	1	2	3
1	1	2	2

이므로
$1+1+2+3+1+1+2+2=13$(개)이고,

가장 적을 때는

		1	3
1	1	2	

이므로
$1+3+1+1+2=8$(개)입니다.

답 13개, 8개

12 먼저 쌓기나무를 가장 적게 쌓을 때와 가장 많이 쌓을 때를 알아봅니다.

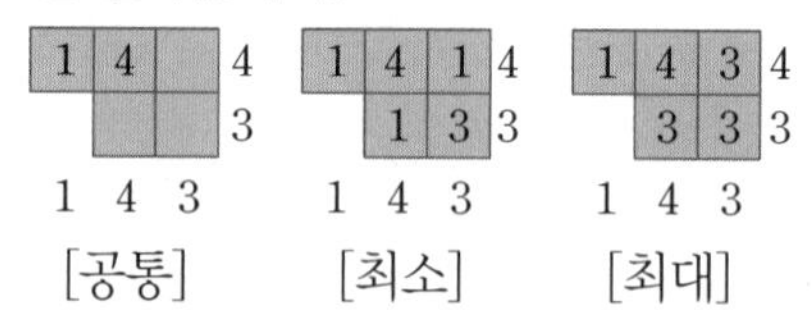

즉, 쌓을 수 있는 쌓기나무는 최소 10개, 최대 14개로 쌓았을 때입니다.

① 10개로 쌓을 수 있는 방법: 1가지

② 11개로 쌓을 수 있는 방법: 2가지

1	4	1
	2	3

1	4	2
	1	3

③ 12개로 쌓을 수 있는 방법: 4가지

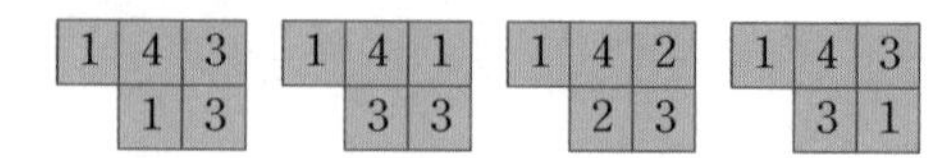

④ 13개로 쌓을 수 있는 방법: 3가지

1	4	3
	2	3

1	4	2
	3	3

1	4	3
	3	2

⑤ 14개로 쌓을 수 있는 방법: 1가지

➔ $1+2+4+3+1=11$(가지)

답 11가지

문제해결 Key
① 쌓기나무가 가장 많을 때와 가장 적을 때를 알아봅니다.
② 쌓기나무의 개수마다 쌓을 수 있는 방법을 알아봅니다.

토론 발표 브레인스토밍 73~74쪽

1

㉠	㉡	㉢	2
1			1 ← 옆
㉣	㉤		2

㉣과 ㉤ 중에서 적어도 한 개는 2이므로 (㉣, ㉤)은 (1, 2), (2, 1), (2, 2)와 같이 3가지 경우가 있습니다.
(㉣, ㉤)이 (1, 2)일 때
㉠, ㉡, ㉢ 중에서 적어도 한 개는 2이므로 (㉠, ㉡, ㉢)은 (2, 1, 1), (1, 2, 1), (1, 1, 2), (2, 1, 2), (2, 2, 1), (1, 2, 2), (2, 2, 2)와 같이 7가지 경우가 있습니다.
(㉣, ㉤)이 (2, 1), (2, 2)일 때도 마찬가지로 가능한 (㉠, ㉡, ㉢)은 각각 7가지씩 있습니다.
따라서 만들 수 있는 모양은 모두 $7 \times 3 = 21$(가지)입니다.

답 21가지

2 각 층마다 색이 2면만 칠해진 쌓기나무의 개수를 세어 보면 다음과 같습니다.

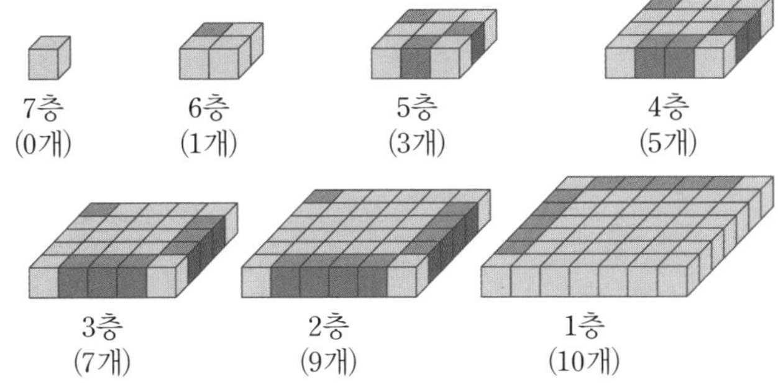

➜ $1+3+5+7+9+10=35$(개)

답 35개

문제해결 Key
① 맨 위의 층부터 차례로 색이 2면만 칠해지는 쌓기나무를 찾아 규칙을 찾습니다.
② 각 층에서 구한 수를 모두 더합니다.

주의
1층은 바닥면에도 색을 칠하므로 6층, 5층, 4층, 3층, 2층에서의 규칙대로 1층에서 색이 2면만 칠해진 쌓기나무의 개수를 찾지 않도록 주의합니다.

3 한 모서리에 있는 쌓기나무가 3개일 때, 색이 2면만 칠해진 쌓기나무는 오른쪽 그림과 같이 한 모서리마다 $3-2=1$(개)씩 있고, 모서리는 12개이므로 색이 2면만 칠해진 쌓기나무는 $1 \times 12 = 12$(개)입니다.
즉, 한 모서리에 있는 쌓기나무의 개수를 □개라 하면 색이 2면만 칠해진 쌓기나무의 개수는 {(□-2)$\times 12$}개이므로 (□-2)$\times 12=84$, □$-2=7$, □$=9$입니다.
따라서 정육면체 모양으로 쌓은 쌓기나무는 모두 $9 \times 9 \times 9 = 729$(개)입니다.

답 729개

4

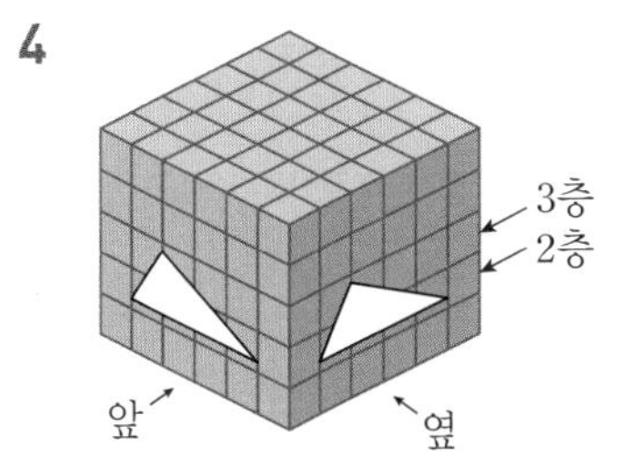

(앞에서 봤을 때 자르게 될 쌓기나무의 개수)
$=7 \times 6 = 42$(개)
(옆에서 봤을 때 자르게 될 쌓기나무의 개수)
$=7 \times 6 = 42$(개)
위에서 본 모양에서 겹치는 쌓기나무를 표시하면 다음과 같습니다.

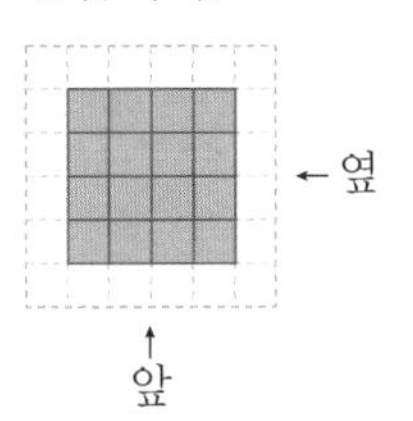

2층에서 겹치는 쌓기나무의 개수: 16개

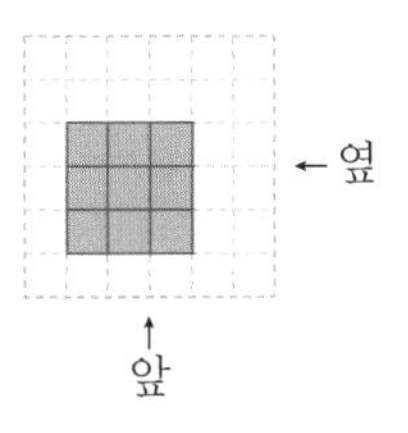

3층에서 겹치는 쌓기나무의 개수: 9개
따라서 겹치는 쌓기나무 $16+9=25$(개)를 빼야 합니다.
➜ (자르게 될 쌓기나무의 개수)
$=42+42-25=59$(개)

답 59개

4 단원 비례식과 비례배분

1 STEP 하이레벨 입문 79쪽

1 $5:8$ ➔ $30:48$ (외항, 내항)

답 5, 48 / 8, 30

2 $2:5$ ➔ $(2\times3):(5\times3)$ ➔ $6:15$
$30:25$ ➔ $(30\div5):(25\div5)$ ➔ $6:5$
$15:9$ ➔ $(15\div3):(9\div3)$ ➔ $5:3$

답 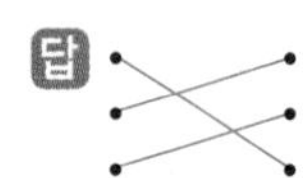

참고
• 비의 성질
① 비의 전항과 후항에 0이 아닌 같은 수를 곱하여도 비율은 같습니다.
② 비의 전항과 후항을 0이 아닌 같은 수로 나누어도 비율은 같습니다.

3 〈가〉 (밑변) : (높이) ➔ $14:6$ ➔ $(14\div2):(6\div2)$ ➔ $7:3$
〈나〉 (밑변) : (높이) ➔ $12:15$ ➔ $(12\div3):(15\div3)$ ➔ $4:5$
〈다〉 (밑변) : (높이) ➔ $12:8$ ➔ $(12\div4):(8\div4)$ ➔ $3:2$
〈라〉 (밑변) : (높이) ➔ $8:10$ ➔ $(8\div2):(10\div2)$ ➔ $4:5$

답 나, 라

4 $2:5$ ➔ $\frac{2}{5}$, $3:7$ ➔ $\frac{3}{7}$, $6:8$ ➔ $\frac{6}{8}=\frac{3}{4}$,
$8:20$ ➔ $\frac{8}{20}=\frac{2}{5}$
비율이 같은 비를 찾으면 $2:5$와 $8:20$입니다.
따라서 두 비를 비례식으로 나타내면
$2:5=8:20$ 또는 $8:20=2:5$가 됩니다.

답 $2:5=8:20$ 또는 $8:20=2:5$

5 〈희수〉 $3.2:4.8$ ➔ $(3.2\times10):(4.8\times10)$ ➔ $32:48$
➔ $(32\div16):(48\div16)$ ➔ $2:3$
〈재호〉 $\frac{4}{5}:\frac{2}{7}$ ➔ $\left(\frac{4}{5}\times35\right):\left(\frac{2}{7}\times35\right)$ ➔ $28:10$
➔ $(28\div2):(10\div2)$ ➔ $14:5$

답 재호

6 $9:6\frac{3}{4}$ ➔ $(9\times4):\left(\frac{27}{4}\times4\right)$ ➔ $36:27$
➔ $(36\div9):(27\div9)$ ➔ $4:3$

답 예 $4:3$

다른 풀이
$9:6\frac{3}{4}$ ➔ $9:6.75$
➔ $(9\times100):(6.75\times100)$
➔ $900:675$
➔ $(900\div225):(675\div225)$
➔ $4:3$

7 7과 4를 외항으로, 1과 28을 내항으로 할 수 있는 경우는 $7:1=28:4$, $7:28=1:4$, $4:1=28:7$, $4:28=1:7$입니다.

답 예 $7:1=28:4$

8 1시간 동안 한 숙제의 양 ➔ (재우)$=\frac{1}{2}$, (희정)$=\frac{1}{3}$
$\frac{1}{2}:\frac{1}{3}$ ➔ $\left(\frac{1}{2}\times6\right):\left(\frac{1}{3}\times6\right)$ ➔ $3:2$

답 예 $3:2$

1 STEP 하이레벨 입문 81쪽

1 비례식은 외항의 곱과 내항의 곱이 같아야 합니다.
㉢ 외항의 곱: $8\times2=16$,
내항의 곱: $3\times10=30$
㉣ 외항의 곱: $12\times11=132$,
내항의 곱: $6\times23=138$
➔ ㉢과 ㉣은 외항의 곱과 내항의 곱이 서로 다르므로 비례식이 아닙니다.

답 ㉠, ㉡

2 가: $160\times\frac{3}{3+5}=160\times\frac{3}{8}=60$
나: $160\times\frac{5}{3+5}=160\times\frac{5}{8}=100$

답 60, 100

3 외항의 곱: ㉠$\times35=140$, ㉠$=140\div35=4$
(외항의 곱)=(내항의 곱)이므로
$140=7\times$㉡, ㉡$=140\div7=20$입니다.

답 4, 20

4 높이를 □cm라 하고 비례식을 세우면
$4:3=64:$□입니다.
➔ $4\times$□$=3\times64$, $4\times$□$=192$, □$=192\div4=48$

답 48 cm

5 형: $50\times\frac{3}{3+2}=50\times\frac{3}{5}=30$(개)

동생: $50\times\frac{2}{3+2}=50\times\frac{2}{5}=20$(개)

➔ $30-20=10$(개)

답 10개

6 36장 복사하는 데 걸리는 시간을 □초라 하고 비례식을 세우면 5 : 4=□ : 36입니다.

➔ 5×36=4×□, 4×□=180, □=45

답 45초

다른 풀이

36장 복사하는 데 걸리는 시간을 □초라 하고 비례식을 세우면 5 : □=4 : 36입니다.

➔ 5×36=□×4, □×4=180, □=45

7 (외항의 곱)=(내항의 곱)이고 5×▲=8×●이므로 5와 ▲는 외항, 8과 ●는 내항으로 하여 비례식을 세우면 5 : 8=● : ▲입니다.

답 5 : 8

참고

외항의 곱과 내항의 곱은 같다는 비례식의 성질을 거꾸로 이용하여 등식을 비례식으로 나타냅니다.

8 (도화지의 넓이)=$25\times20=500$ (cm²)

진호: $500\times\frac{3}{3+7}=500\times\frac{3}{10}=150$ (cm²)

지선: $500\times\frac{7}{3+7}=500\times\frac{7}{10}=350$ (cm²)

답 150 cm², 350 cm²

1 STEP 하이레벨 입문 82~83쪽

1 4 : 7 ➔ (4×2) : (7×2) ➔ 8 : 14

4 : 7 ➔ (4×3) : (7×3) ➔ 12 : 21

답 예 8 : 14, 12 : 21

2 (민희의 몸무게) : (지우의 몸무게)

➔ $1\frac{3}{4}$: 2.25 ➔ 1.75 : 2.25

➔ (1.75×100) : (2.25×100)

➔ 175 : 225 ➔ (175÷25) : (225÷25) ➔ 7 : 9

답 예 7 : 9

3 ㉠, ㉣은 두 비로 이루어진 등식이 아닙니다.

㉡, ㉢, ㉤, ㉥에서 두 비의 비율이 같은지 알아봅니다.

㉡ 4, $\frac{8}{3}$ ㉢ $\frac{2}{5}$, $\frac{2}{5}$ ㉤ $\frac{5}{4}$, $\frac{4}{5}$ ㉥ $\frac{2}{3}$, $\frac{2}{3}$

➔ ㉢과 ㉥에서 두 비의 비율이 같으므로 비례식입니다.

답 ㉢, ㉥

4 (1) 야구 선수가 안타를 칠 것으로 예상되는 횟수를 □번이라 놓고 비례식을 세우면 12 : 3=100 : □입니다.

(2) 12 : 3=100 : □

12×□=3×100

12×□=300

□=25

답 (1) 예 12 : 3=100 : □ (2) 25번

5 (1) 1.5 : $\frac{1}{2}$ ➔ 1.5 : 0.5 ➔ (1.5×10) : (0.5×10)

➔ 15 : 5 ➔ (15÷5) : (5÷5) ➔ 3 : 1

(2) 단희: $10000\times\frac{3}{3+1}=10000\times\frac{3}{4}=7500$(원)

동생: $10000\times\frac{1}{3+1}=10000\times\frac{1}{4}=2500$(원)

답 (1) 예 3 : 1 (2) 7500원, 2500원

2 STEP 하이레벨 탐구 84~91쪽

대표 유형 1 (1) (직사각형의 넓이)=$0.4\times0.8=0.32$ (m²)

(2) (정사각형의 넓이)=$0.6\times0.6=0.36$ (m²)

(3) (직사각형의 넓이) : (정사각형의 넓이)

➔ 0.32 : 0.36 ➔ (0.32×100) : (0.36×100)

➔ 32 : 36 ➔ (32÷4) : (36÷4) ➔ 8 : 9

답 (1) 0.32 m² (2) 0.36 m² (3) 예 8 : 9

체크 1-1 (직사각형의 넓이)=$0.8\times0.5=0.4$ (m²)

(평행사변형의 넓이)=$1.4\times0.3=0.42$ (m²)

➔ (직사각형의 넓이) : (평행사변형의 넓이)

➔ 0.4 : 0.42 ➔ (0.4×100) : (0.42×100)

➔ 40 : 42 ➔ (40÷2) : (42÷2) ➔ 20 : 21

답 예 20 : 21

체크 1-2 두 도형의 높이가 같으므로

(삼각형의 넓이)=8×(높이)÷2=4×(높이),

(평행사변형의 넓이)=10×(높이)입니다.

두 도형의 넓이의 비를 간단한 자연수의 비로 나타내면

(삼각형의 넓이) : (평행사변형의 넓이) ➔ 4 : 10

➔ (4÷2) : (10÷2) ➔ 2 : 5입니다.

답 예 2 : 5

대표 유형 2 (1) 15 : 30 ➔ (15÷15) : (30÷15) ➔ 1 : 2

(3) 위 (2)의 비 중에서 전항이 6보다 작은 비는

1 : 2, 2 : 4, 3 : 6, 4 : 8, 5 : 10으로 모두 5개입니다.

답 (1) 1 : 2 (2) 1 : 2, 2 : 4, 3 : 6, 4 : 8, 5 : 10, 6 : 12
(3) 5개

체크 2-1 21 : 6을 가장 간단한 자연수의 비로 나타내면
21 : 6 ➔ (21÷3) : (6÷3) ➔ 7 : 2입니다.
7 : 2의 각 항을 1배, 2배, 3배, 4배 한 비를 구하면
7 : 2, 14 : 4, 21 : 6, 28 : 8입니다.
따라서 전항이 26보다 작은 비는 7 : 2, 14 : 4, 21 : 6으로 모두 3개입니다.

답 3개

체크 2-2 24 : 40을 가장 간단한 자연수의 비로 나타내면
24 : 40 ➔ (24÷8) : (40÷8) ➔ 3 : 5입니다.
3 : 5를 1배, 2배, 3배, 4배, 5배, 6배 한 비를 구하면
3 : 5, 6 : 10, 9 : 15, 12 : 20, 15 : 25, 18 : 30입니다.
따라서 후항이 30보다 작은 비는 3 : 5, 6 : 10, 9 : 15, 12 : 20, 15 : 25로 모두 5개입니다.

답 5개

체크 2-3 48 : 42를 가장 간단한 자연수의 비로 나타내면
48 : 42 ➔ (48÷6) : (42÷6) ➔ 8 : 7입니다.
8 : 7을 1배, 2배, 3배, 4배 한 비를 구하면 8 : 7, 16 : 14, 24 : 21, 32 : 28입니다. 따라서 전항이 15보다 크고 25보다 작은 비는 16 : 14, 24 : 21로 모두 2개입니다.

답 2개

대표 유형 3 (2) (시간) : (달린 거리)를 이용하여 비례식을 세웁니다. ➔ $\frac{1}{4}:3=1\frac{5}{12}:$■

(3) $\frac{1}{4}:3=1\frac{5}{12}:$■ ➔ $\frac{1}{4}\times$■$=3\times1\frac{5}{12}$,

$\frac{1}{4}\times$■$=\frac{17}{4}$, ■$=17$

답 (1) 15, 1, 25, 5
(2) 예 $\frac{1}{4}:3=1\frac{5}{12}:$■
(3) 17 km

체크 3-1 2시간 20분$=2\frac{20}{60}$시간$=2\frac{1}{3}$시간입니다.
15시간 동안 만들 수 있는 냉장고의 수를 □대라 놓고 비례식을 세우면 $2\frac{1}{3}:7=15:$□입니다.

➔ $2\frac{1}{3}\times$□$=7\times15$, $\frac{7}{3}\times$□$=105$, □$=45$

따라서 15시간 동안 만들 수 있는 냉장고는 45대입니다.

답 45대

체크 3-2 모범 답안 ❶ 3시간 30분$=3\frac{30}{60}$시간
$=3\frac{1}{2}$시간$=3.5$시간

❷ 3.5시간씩 $7\times2=14$(일) 동안 일하므로
$3.5\times14=49$(시간)을 일하고, 이때 받을 수 있는 금액을 □원이라 놓고 비례식을 세우면
4 : 42000=49 : □입니다.

❸ $4\times$□$=42000\times49$, $4\times$□$=2058000$,
□$=514500$
따라서 미소는 514500원을 받을 수 있습니다.

답 514500원

채점 기준

❶ 3시간 30분을 시간 단위로 나타냄.	1점	5점
❷ 비례식을 바르게 세움.	2점	
❸ 미소가 받을 수 있는 금액을 구함.	2점	

대표 유형 4 (1) 미정이가 사용하고 남은 색종이는 전체의
$1-\frac{1}{4}=\frac{3}{4}$이므로 $68\times\frac{3}{4}=51$(장)입니다.

(2) 미정이가 사용하고 남은 색종이 51장을 경민이와 혜민이가 8 : 9로 나누어 가졌습니다.

➔ 경민: $51\times\frac{8}{8+9}=51\times\frac{8}{17}=24$(장)

혜민: $51\times\frac{9}{8+9}=51\times\frac{9}{17}=27$(장)

(3) 경민: 24장, 혜민: 27장 ➔ $27-24=3$(장)

답 (1) 51장 (2) 24장, 27장 (3) 3장

체크 4-1 동생에게 주고 남은 연필은 전체의
$1-\frac{1}{3}=\frac{2}{3}$이므로 $75\times\frac{2}{3}=50$(자루)입니다.

(형이 가진 연필 수)$=50\times\frac{3}{2+3}=50\times\frac{2}{5}=20$(자루)

(민재가 가진 연필 수)$=50\times\frac{3}{2+3}=50\times\frac{3}{5}=30$(자루)

따라서 민재는 형보다 연필을 $30-20=10$(자루) 더 많이 가졌습니다.

답 10자루

체크 4-2 (가로)+(세로)$=240\div2=120$ (cm)

가로: $120\times\frac{5}{5+7}=120\times\frac{5}{12}=50$ (cm)

세로: $120\times\frac{7}{5+7}=120\times\frac{7}{12}=70$ (cm)

→ (직사각형의 넓이)=(가로)×(세로)

$=50\times70=3500$ (cm^2)

답 3500 cm^2

대표 유형 5 (2) ■$\times\frac{5}{3+5}=25$, ■$\times\frac{5}{8}=25$,

■$=25\div\frac{5}{8}=25\times\frac{8}{5}=40$

답 (1) 5, 25 (2) 40

체크 5-1 어떤 수를 □라 하고 비례배분하는 식을 쓰면

□$\times\frac{11}{11+14}=33$입니다.

□$\times\frac{11}{11+14}=33$, □$\times\frac{11}{25}=33$, □$=75$입니다.

따라서 어떤 수는 75입니다.

답 75

체크 5-2 모범 답안 ❶ 처음 바구니에 있던 사탕 수를 □개라 하고 비례배분하는 식을 쓰면 □$\times\frac{7}{7+4}=28$입니다.

❷ □$\times\frac{7}{7+4}=28$, □$\times\frac{7}{11}=28$, □$=44$이므로 처음 바구니에 있던 사탕은 모두 44개입니다.

답 44개

채점 기준

❶ 처음 바구니에 있던 사탕 수를 □개라 하여 식을 바르게 세움.	2점	5점
❷ 처음 바구니에 있던 사탕 수를 구함.	3점	

대표 유형 6 (2) ㉮$\times\frac{2}{3}=$㉯$\times\frac{1}{4}$ (외항으로, 내항으로) → ㉮ : ㉯$=\frac{1}{4}:\frac{2}{3}$

(3) ㉮ : ㉯ → $\frac{1}{4}:\frac{2}{3}$ → $\left(\frac{1}{4}\times12\right):\left(\frac{2}{3}\times12\right)$ → 3 : 8

답 (1) $\frac{2}{3}$, $\frac{1}{4}$ (2) $\frac{1}{4}:\frac{2}{3}$ (3) 예 3 : 8

체크 6-1 ㉮의 0.5와 ㉯의 $\frac{2}{5}$가 같으므로 ㉮$\times0.5=$㉯$\times\frac{2}{5}$입니다.

㉮$\times0.5=$㉯$\times\frac{2}{5}$ → ㉮ : ㉯$=\frac{2}{5}:0.5$

㉮ : ㉯ → $\frac{2}{5}:0.5$ → $\frac{2}{5}:\frac{1}{2}$

→ $\left(\frac{2}{5}\times10\right):\left(\frac{1}{2}\times10\right)$ → 4 : 5

답 예 4 : 5

체크 6-2 10 % → $\frac{10}{100}=\frac{1}{10}$이고, ㉮의 $\frac{1}{4}$과 ㉯의 $\frac{1}{10}$이 같으므로 ㉮$\times\frac{1}{4}=$㉯$\times\frac{1}{10}$입니다.

㉮$\times\frac{1}{4}=$㉯$\times\frac{1}{10}$ → ㉮ : ㉯$=\frac{1}{10}:\frac{1}{4}$

㉮ : ㉯ → $\frac{1}{10}:\frac{1}{4}$ → $\left(\frac{1}{10}\times20\right):\left(\frac{1}{4}\times20\right)$ → 2 : 5

㉮와 ㉯의 넓이의 비는 2 : 5이므로 ㉯의 넓이를 □cm^{2}라 놓고 비례식을 세우면 2 : 5=37.4 : □입니다.

→ 2×□=5×37.4, 2×□=187, □=93.5

따라서 ㉯의 넓이는 93.5 cm^{2}입니다.

답 93.5 cm^2

대표 유형 7 (1) (㉮의 톱니 수) : (㉯의 톱니 수)=16 : 20

(2) 맞물리는 톱니 수가 같을 때 톱니 수가 적으면 회전수가 많고, 톱니 수가 많으면 회전수가 적습니다.

따라서 톱니바퀴 ㉮와 ㉯의 회전수의 비는 20 : 16입니다. → 20 : 16 → 5 : 4

(3) 5 : 4=10 : □

→ 5×□=4×10, 5×□=40, □=40÷5=8

답 (1) 16 : 20 (2) 예 5 : 4 (3) 8바퀴

체크 7-1 (㉮의 톱니 수) : (㉯의 톱니 수)=32 : 18

㉮와 ㉯의 회전수의 비는 18 : 32입니다.

㉮와 ㉯의 회전수의 비를 간단한 자연수의 비로 나타내면 18 : 32 → (18÷2) : (32÷2) → 9 : 16입니다.

㉯가 48바퀴를 도는 동안 ㉮는 □바퀴 돈다 하고 비례식을 세우면 9 : 16=□ : 48입니다.

→ 9×48=16×□, 16×□=432, □=27

따라서 톱니바퀴 ㉮는 27바퀴 돕니다.

답 27바퀴

체크 7-2 (㉮의 반지름) : (㉯의 반지름)=16 : 12

→ (㉮의 원주) : (㉯의 원주)=16 : 12

㉮와 ㉯의 회전수의 비는 12 : 16입니다.

㉮와 ㉯의 회전수의 비를 간단한 자연수의 비로 나타내면 12 : 16 → (12÷4) : (16÷4) → 3 : 4입니다.

㉮가 24바퀴를 도는 동안 ㉯는 □바퀴 돈다 하고 비례식을 세우면 3 : 4=24 : □입니다.

→ 3×□=4×24, 3×□=96, □=32

따라서 바퀴 ㉯는 32바퀴 돕니다.

답 32바퀴

대표 유형 8 (1) $1:1.6=19.5:\square$ ➡ $\square=1.6\times19.5=31.2$
(2) (배꼽부터 무릎까지의 길이) : (무릎부터 발끝까지의 길이) ➡ $1.6:1$ ➡ $16:10$ ➡ $8:5$
(3) 31.2 cm를 $8:5$로 비례배분하면 ㉠은
$31.2\times\frac{5}{8+5}=31.2\times\frac{5}{13}=\frac{312}{10}\times\frac{5}{13}=12$ (cm)
입니다. 답 (1) 31.2 cm (2) 예 $8:5$ (3) 12 cm

체크 8-1 (선분 ㄱㅁ)=■ cm, (선분 ㅁㄹ)=▲ cm, 높이를 ● cm라 하여 식을 만들어 봅니다.
(가의 넓이)=((■+■+▲)×●÷2) cm^2
(나의 넓이)=(▲×●÷2) cm^2
(가의 넓이) : (나의 넓이)
➡ (■×2+▲)×●÷2 : ▲×●÷2 ➡ ■×2+▲ : ▲
가와 나의 넓이의 비가 $11:5$이므로
■×2+▲ : ▲=11 : 5, (■×2+▲)×5=▲×11,
■×10=▲×6입니다.
따라서 ■ : ▲ ➡ 6 : 10 ➡ 3 : 5입니다. 답 예 $3:5$

2 STEP 하이레벨 탐구 플러스 92~93쪽

1 ㉯에 대한 ㉮의 비율은 $\frac{㉮}{㉯}=\frac{7}{9}$이므로 ㉮ : ㉯=$7:9$입니다. ㉮를 □라 놓고 비례식을 세우면 $7:9=\square:54$입니다. ➡ $7\times54=9\times\square$, $9\times\square=378$, $\square=42$ 답 42

2 (준수가 가진 연필 수)$=12\times7=84$(자루)
서희에게 주고 남은 연필은 가지고 있던 연필의 $1-\frac{1}{4}=\frac{3}{4}$이므로 $84\times\frac{3}{4}=63$(자루)입니다.
63자루를 윤하와 우진이에게 $5:4$로 나누어 주었으므로 준수는 우진이에게 연필을 $63\times\frac{4}{5+4}=63\times\frac{4}{9}=28$(자루) 주었습니다. 답 28자루

3 ㉮와 ㉯의 회전수의 비는 ㉮ : ㉯ ➡ $85:119$
➡ $(85\div17):(119\div17)$ ➡ $5:7$입니다.
㉮와 ㉯의 톱니 수의 비는 $7:5$이므로 ㉯의 톱니 수를 □개라 놓고 비례식을 세우면 $7:5=42:\square$입니다.
➡ $7\times\square=5\times42$, $7\times\square=210$, $\square=30$
따라서 두 톱니바퀴 ㉮와 ㉯의 톱니 수의 차는 $42-30=12$(개)입니다. 답 12개

4 서윤이와 윤재가 하루에 책을 읽은 양은 각각 한 권의 $\frac{1}{30}$, $\frac{1}{42}$이므로
(서윤이가 하루에 읽은 양) : (윤재가 하루에 읽은 양)
➡ $\frac{1}{30}:\frac{1}{42}$ ➡ $\left(\frac{1}{30}\times210\right):\left(\frac{1}{42}\times210\right)$ ➡ $7:5$
입니다. 답 예 $7:5$

5 공기가 100 %라면 질소와 산소는 $78+21=99$ (%)이므로 공기 120 g 안에 있는 (질소의 양)+(산소의 양)을 □g이라 놓고 비례식을 세우면 $100:99=120:\square$입니다.
$100\times\square=99\times120$, $100\times\square=11880$, $\square=118.8$
답 118.8 g (또는 $118\frac{4}{5}$ g)

6 여학생 수의 $\frac{1}{3}$이 30명이므로 여학생 수는 90명입니다.
남학생 수를 □명이라 놓고 비례식을 세우면
(남학생 수) : (여학생 수) ➡ $4:3=\square:90$입니다.
$4\times90=3\times\square$, $3\times\square=360$, $\square=120$
따라서 6학년 전체 학생은 $120+90=210$(명)입니다.
답 210명

3 STEP 하이레벨 심화 94~98쪽

1 0.18을 기약분수로 나타내면 $\frac{9}{50}$이므로 ㉮ : ㉯=$9:50$입니다.
➡ $9:50$, $18:100$, $27:150$ ……
$50-9=41$ $100-18=82$ $150-27=123$
따라서 두 항의 차가 100 미만인 비는 $9:50$, $18:100$입니다. 답 $9:50$, $18:100$

2 필통의 가격이 10 % 올랐으므로 오르기 전의 가격을 □원이라 하면
$\square\times\left(1+\frac{10}{100}\right)=4950$, $\square\times1.1=4950$, $\square=4500$
입니다.
(오르기 전 가격) : (오른 후 가격)
➡ $4500:4950$ ➡ $(4500\div450):(4950\div450)$
➡ $10:11$ 답 예 $10:11$

3 만들어지는 직사각형의 가로를 □cm라 놓고 비례식을 세우면 $2:5=\square:49$입니다.
➡ $2\times49=5\times\square$, $5\times\square=98$, $\square=19.6$
정사각형과 직사각형의 세로가 같으므로 정사각형과 직사각형의 넓이의 비는 정사각형과 직사각형의 가로의 비와 같습니다.
(정사각형의 가로) : (직사각형의 가로)
➡ $49:19.6$ ➡ $(49\times10):(19.6\times10)$ ➡ $490:196$
➡ $(490\div98):(196\div98)$ ➡ $5:2$ 답 예 $5:2$

다른 풀이
정사각형의 세로와 직사각형의 세로는 서로 같고 정사각형의 가로와 직사각형의 가로가 5 : 2가 되도록 줄였으므로 넓이의 비도 5 : 2입니다.

4 정오 $\xrightarrow{12시간}$ 자정 $\xrightarrow{6시간}$ 다음날 오전 6시

정오에서 다음날 오전 6시까지는 18시간입니다.

다음날 오전 6시까지 늦어진 시간을 □분이라 놓고 비례식을 세우면 24 : 4＝18 : □입니다.

➡ 24×□＝4×18, 24×□＝72, □＝3

따라서 다음날 오전 6시에 이 시계가 가리키는 시각은 3분 늦은 오전 5시 57분입니다. **답** 오전 5시 57분

5 겹쳐진 부분의 넓이를 ㉯의 □라고 하면 ㉮의 $\frac{6}{25}$과 ㉯의 □가 같으므로 ㉮×$\frac{6}{25}$＝㉯×□입니다.

㉮×$\frac{6}{25}$＝㉯×□ ➡ ㉮ : ㉯＝□ : $\frac{6}{25}$이고

㉮ : ㉯＝8 : 3이므로 □ : $\frac{6}{25}$＝8 : 3

➡ □×3＝$\frac{6}{25}$×8, □×3＝$\frac{48}{25}$, □＝$\frac{16}{25}$

➡ $\frac{16}{25}$×100＝64 (%)입니다. **답** 64 %

6 처음에 다희가 가진 붙임 딱지를 (5×□)장, 예준이가 가진 붙임 딱지를 (4×□)장이라고 하면

(5×□−8) : (4×□+8)＝1 : 2

➡ (5×□−8)×2＝4×□+8,

10×□−16＝4×□+8, 6×□＝24, □＝4입니다.

따라서 처음에 다희가 가진 붙임 딱지는 5×4＝20(장)입니다. **답** 20장

문제해결 Key

① 처음에 다희가 가진 붙임 딱지 수와 예준이가 가진 붙임 딱지 수를 비에 맞게 식으로 나타냅니다.

② 위 ①의 식으로 붙임 딱지를 준 다음의 수로 나타내어 비례식으로 나타냅니다.

③ 비례식의 성질을 이용하여 문제를 해결합니다.

7 철사의 길이를 1이라고 하면

(곰을 만드는 데 사용한 철사의 길이)

$=\left(1-\frac{3}{4}\right)\times\frac{2}{3}=\frac{1}{4}\times\frac{2}{3}=\frac{1}{6}$

(코끼리를 만드는 데 사용한 철사의 길이)

: (곰을 만드는 데 사용한 철사의 길이)

➡ $\frac{3}{4}:\frac{1}{6}$ ➡ $\left(\frac{3}{4}\times12\right):\left(\frac{1}{6}\times12\right)$ ➡ 9 : 2

답 예 9 : 2

8 $36\times\frac{5}{5+7}=36\times\frac{5}{12}=15$,

$36\times\frac{7}{5+7}=36\times\frac{7}{12}=21$

답 삼십육을 오 대 칠로 나누어 보시오. / 15, 21

9 밭의 실제 가로를 □cm라 하면 □ : 5＝50000 : 1, □＝250000이므로 가로는 2500 m이고, 실제 세로를 △cm라 하면 △ : 2＝50000 : 1, △＝100000이므로 세로는 1000 m입니다. 따라서 실제 밭의 넓이는 2500×1000＝2500000 (m^2) ➡ 2.5 km^2입니다.

답 2.5 km^2

10 1분에 새는 물의 양을 □L라 놓고 비례식을 세우면 7 : 1＝6.3 : □입니다. ➡ 7×□＝1×6.3, □＝0.9로 1분에 새는 물의 양은 0.9 L입니다.

따라서 1분에 수조에 차는 물의 양은 6.3−0.9＝5.4 (L)입니다. ➡ 1시간 10분＝70분이므로 70분 후에는 5.4×70＝378 (L)의 물이 차게 됩니다. **답** 378 L

11 ㉮ : ㉯ ➡ 200만 : 150만 ➡ 4 : 3이므로

이익금 70만 원을 4 : 3으로 나누면

㉯는 70만×$\frac{3}{4+3}$＝70만×$\frac{3}{7}$＝30만 (원)을 받을 수 있습니다. 120÷30＝4(배)이므로 이익금이 4배로 늘어나려면 투자금도 4배로 늘어나야 합니다.

따라서 ㉯는 150만×4＝600만 (원)을 투자해야 합니다.

답 600만 원

12 ㉮×1.15＝㉯×0.9 ➡ ㉮ : ㉯＝0.9 : 1.15

㉮ : ㉯ ➡ 0.9 : 1.15 ➡ (0.9×100) : (1.15×100)

➡ 90 : 115 ➡ (90÷5) : (115÷5) ➡ 18 : 23

상품 ㉮의 정가를 □원이라 놓고 비례식을 세우면

18 : 23＝□ : 2300입니다.

➡ 18×2300＝23×□, 23×□＝41400, □＝1800

답 1800원

13

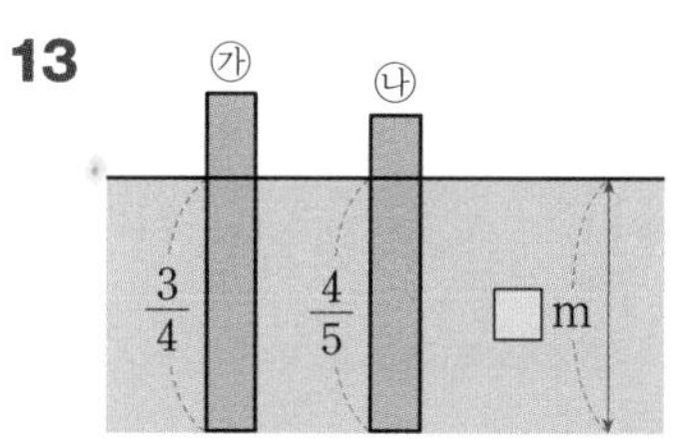

두 막대의 길이를 각각 ㉮, ㉯, 연못의 깊이를 □m라 하면

□＝㉮×$\frac{3}{4}$＝㉯×$\frac{4}{5}$에서

㉮ : ㉯ ➡ $\frac{4}{5}:\frac{3}{4}$

➡ 16 : 15입니다.

따라서 ㉮＝6.2×$\frac{16}{16+15}$

$=\frac{\overset{2}{\cancel{62}}}{\underset{5}{\cancel{10}}}\times\frac{\overset{8}{\cancel{16}}}{\underset{1}{\cancel{31}}}=\frac{16}{5}=3\frac{1}{5}$ (m)이므로

연못의 깊이는 $3\frac{1}{5}\times\frac{3}{4}=\frac{\overset{4}{\cancel{16}}}{5}\times\frac{3}{\underset{1}{\cancel{4}}}=\frac{12}{5}=2\frac{2}{5}$ (m)입니다. **답** $2\frac{2}{5}$ m(＝2.4 m)

14 나중에 남은 검은색 바둑돌과 흰색 바둑돌의 수는

검은색 바둑돌: $160\times\frac{3}{3+2}=160\times\frac{3}{5}=96$(개),

흰색 바둑돌: $160\times\frac{2}{3+2}=160\times\frac{2}{5}=64$(개)입니다.

흰색 바둑돌의 수는 변하지 않았으므로 처음에 있던 검은색 바둑돌을 □개라 놓고 비례식을 세우면

5 : 4=□ : 64입니다.

➔ 5×64=4×□, 4×□=320, □=80

따라서 친구에게 받은 검은색 바둑돌은 96−80=16(개)입니다.

답 16개

문제해결 Key

① 나중에 남은 검은색 바둑돌과 흰색 바둑돌 수를 각각 구합니다.

② 처음에 있던 검은색 바둑돌 수를 □개라 놓고 비례식을 세웁니다.

③ 친구에게 받은 바둑돌 수를 구합니다.

토론 발표 브레인스토밍

99~100쪽

1 컵 가와 나에서 각각 마신 주스의 양을 ㉢이라 합니다.

컵 가: $㉠\times\frac{2}{3}-㉢=㉠\times\frac{1}{6}$,

$㉢=㉠\times\frac{2}{3}-㉠\times\frac{1}{6}$, $㉢=㉠\times\frac{1}{2}$

컵 나: $㉡\times\frac{40}{100}-㉢=㉡\times\frac{1}{5}$,

$㉢=㉡\times\frac{40}{100}-㉡\times\frac{1}{5}$, $㉢=㉡\times\frac{1}{5}$

두 개의 컵에서 각각 마신 주스의 양은 같으므로

$㉠\times\frac{1}{2}=㉡\times\frac{1}{5}$입니다.

㉠ : ㉡ ➔ $\frac{1}{5}:\frac{1}{2}$ ➔ $\left(\frac{1}{5}\times10\right):\left(\frac{1}{2}\times10\right)$ ➔ 2 : 5

답 예 2 : 5

2 세진이가 처음에 낸 돈은 전체 사탕 값의

$\frac{13}{13+15}=\frac{13}{28}$으로 이것은 사탕 값의

$\frac{4}{4+5}=\frac{4}{9}$보다 500원이 더 많습니다.

즉, 전체 사탕 값의 $\frac{13}{28}-\frac{4}{9}=\frac{5}{252}$가 500원이므로

전체 사탕 값을 □원이라 하면

$□\times\frac{5}{252}=500$, $□=500\times\frac{252}{5}=25200$입니다.

따라서 세진이가 처음에 낸 돈은

$25200\times\frac{13}{28}=11700$(원)입니다.

답 11700원

3 물의 높이는 막대 가의 길이의 $\frac{3}{4}$, 막대 나의 길이의 $\frac{9}{10}$, 막대 다의 길이의 $\frac{3}{5}$이므로

가$\times\frac{3}{4}$=나$\times\frac{9}{10}$ ➔ 가 : 나 ➔ $\frac{9}{10}:\frac{3}{4}$ ➔ 6 : 5 ➔ 12 : 10입니다.

나$\times\frac{9}{10}$=다$\times\frac{3}{5}$ ➔ 나 : 다 ➔ $\frac{3}{5}:\frac{9}{10}$ ➔ 2 : 3 ➔ 10 : 15입니다.

가 : 나 : 다=12 : 10 : 15이고, 3개의 막대의 길이의 합이 2.22 m=222 cm이므로 막대 가의 길이는

$222\times\frac{12}{12+10+15}=222\times\frac{12}{37}=72$ (cm)입니다.

따라서 물의 높이는 $72\times\frac{3}{4}=54$ (cm)입니다.

답 54 cm

4 점 ㅂ은 선분 ㄱㄴ의 $\frac{1}{3}$이 되는 점이므로

(선분 ㄱㅂ) : (선분 ㅂㄴ)=1 : 2입니다.

삼각형 가와 라의 넓이의 비는 2 : 5이므로 선분 ㄱㅁ의 길이를 □cm, 선분 ㅁㄹ의 길이를 △cm라 하면

$\frac{□\times1}{2}:\frac{△\times3}{2}=2:5$, □×5=△×6이므로

□ : △=6 : 5입니다.

삼각형 ㄱㄴㅁ과 삼각형 ㅁㄷㄹ에서 높이가 서로 같으므로 삼각형 ㄱㄴㅁ과 삼각형 ㅁㄷㄹ의 넓이의 비도 6 : 5입니다.

이때, 삼각형 ㄱㄴㅁ의 넓이를 6이라 하면 삼각형 ㅁㄷㄹ의 넓이는 5이므로 직사각형 ㄱㄴㄷㄹ의 넓이는

(6+5)×2=22입니다.

삼각형 나의 넓이는 직사각형 넓이의 $\frac{2}{3}\times\frac{1}{2}=\frac{1}{3}$이므로

$22\times\frac{1}{3}=\frac{22}{3}$, 삼각형 다의 넓이는

$22-2-\frac{22}{3}-5=\frac{23}{3}$입니다.

따라서 삼각형 나와 다의 넓이의 비를 간단한 자연수의 비로 나타내면 $\frac{22}{3}:\frac{23}{3}=22:23$입니다.

답 예 22 : 23

5 단원 원의 넓이

1 STEP 하이레벨 입문 105쪽

1 정육각형은 길이가 같은 변이 6개이므로 둘레는
$1\times6=6$ (cm)입니다.
정사각형은 길이가 같은 변이 4개이므로 둘레는
$2\times4=8$ (cm)입니다.

답 6 cm, 8 cm

2 원주는 한 변의 길이가 1 cm인 정육각형의 둘레보다 길고, 한 변의 길이가 2 cm인 정사각형의 둘레보다 짧습니다.

답 $<$, $<$

3 (원주)÷(지름)$=21.98\div7=3.14$
(원주)÷(지름)$=34.54\div11=3.14$
(원주)÷(지름)=(원주율)$=3.14$로 일정합니다.
즉, 원주율은 원의 크기와 상관없이 일정합니다.

답 3.14, 3.14

4 (원주)=(지름)×(원주율)
$=17\times3.14=53.38$ (cm)

답 $17\times3.14=53.38$, 53.38 cm

5 ㉡ 원주율은 (원주)÷(지름)의 값입니다.

답 ㉡

6 (왼쪽 원의 원주)$=18\times3.1=55.8$ (cm)
(오른쪽 원의 원주)$=20\times3.1=62$ (cm)
➜ $62-55.8=6.2$ (cm)

답 6.2 cm

7 (굴렁쇠가 1바퀴 굴러간 거리)=(굴렁쇠의 원주)
$=30\times3.1=93$ (cm)
➜ (굴렁쇠가 2바퀴 굴러간 거리)$=93\times2=186$ (cm)

답 186 cm

8 (㉠의 지름)$=58.9\div3.1=19$ (cm)
(㉡의 지름)$=24.8\div3.1=8$ (cm)
(㉢의 지름)$=10$ cm
➜ $8<10<19$이므로 지름이 짧은 것부터 차례로 쓰면 ㉡, ㉢, ㉠입니다.

답 ㉡, ㉢, ㉠

참고
(원주)=(지름)×(원주율) ➜ (지름)=(원주)÷(원주율)

1 STEP 하이레벨 입문 107쪽

1 $75\times6=450$ (cm^2)
$100\times6=600$ (cm^2)
450 cm^2<(원의 넓이), (원의 넓이)<600 cm^{2}이므로 원의 넓이는 450 cm^{2}보다 크고 600 cm^{2}보다 작은 넓이로 어림할 수 있습니다.

답 예 525 cm^2

2 (원의 넓이)=(반지름)×(반지름)×(원주율)
$=6\times6\times3$
$=108$ (cm^2)

답 108 cm^2

3 (직사각형의 가로)=(원주)$\times\frac{1}{2}$
$=10\times3.14\times\frac{1}{2}$
$=15.7$ (cm)
(원의 반지름)$=10\div2=5$ (cm)
➜ (원의 넓이)=(직사각형의 넓이)
$=15.7\times5$
$=78.5$ (cm^2)

답 15.7 / 78.5 cm^2

4 (반지름)$=14\div2=7$ (cm)
➜ (반원의 넓이)=(원의 넓이)÷2
$=7\times7\times3\div2$
$=73.5$ (cm^2)

답 73.5 cm^2

5 (㉠의 넓이)$=12\times12\times3.1=446.4$ (cm^2)
(㉢의 넓이)$=16\times16\times3.1=793.6$ (cm^2)
➜ ㉢ 793.6 cm^2 > ㉠ 446.4 cm^2 > ㉡ 375.1 cm^2

답 ㉢, ㉠, ㉡

다른 풀이
(원의 넓이)=(반지름)×(반지름)×(원주율)이므로 반지름이 길수록 넓이가 더 넓습니다.
- (㉠의 반지름)$=24\div2=12$ (cm)
- $375.1\div3.1=121$이고 $121=11\times11$이므로 ㉡의 반지름은 11 cm입니다.
- (㉢의 반지름)$=16$ cm

➜ ㉢ 16 cm > ㉠ 12 cm > ㉡ 11 cm

6 (지름)=(원주)÷(원주율)
=102÷3=34 (cm)이므로
(반지름)=34÷2=17 (cm)입니다.
➜ (원의 넓이)=17×17×3
=867 (cm^2)

답 867 cm^2

7 (색칠한 부분의 넓이)=(정사각형의 넓이)−(원의 넓이)
=10×10−5×5×3.14
=100−78.5
=21.5 (cm^2)

답 21.5 cm^2

참고
(색칠하지 않은 부분의 넓이)=(반원의 넓이)×2
=(원의 넓이)

1 STEP 하이레벨 입문 108~109쪽

1 ㉠ (원주율)=(원주)÷(지름)=$\frac{(원주)}{(지름)}$입니다.
㉡ 원의 크기와 상관없이 원주율은 항상 일정합니다.
㉢ (원주율)=3.141··· ➜ 3.14
↳ 버립니다

답 ㉡

2 지름이 더 긴 원의 크기가 더 큽니다.
(㉡의 지름)=49.6÷3.1=16 (cm)
➜ 18>16이므로 ㉠>㉡입니다.

답 ㉠

다른 풀이
원주가 더 긴 원의 크기가 더 큽니다.
(㉠의 원주)=18×3.1=55.8 (cm)
➜ 55.8>49.6이므로 ㉠>㉡입니다.

참고
원주가 길수록 원의 지름이 길고, 원의 크기도 더 큽니다.

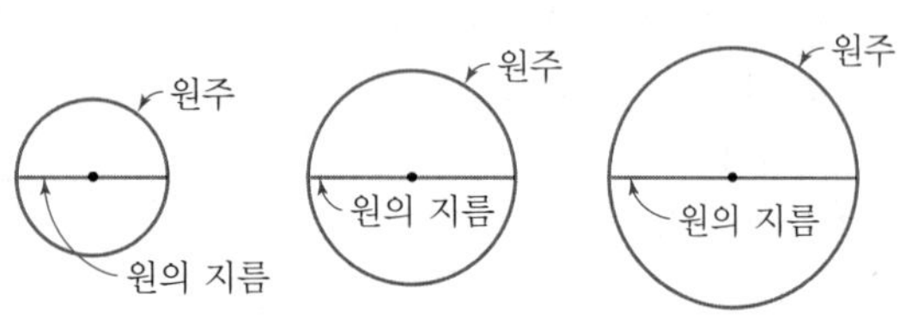

3
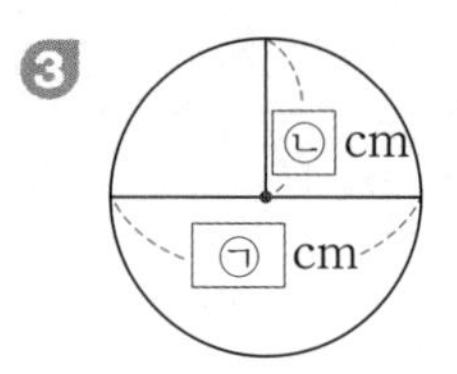

㉠ (지름)=(원주)÷(원주율)
=36÷3=12 (cm)
㉡ (반지름)=12÷2=6 (cm)

답 (위에서부터) 6, 12

참고
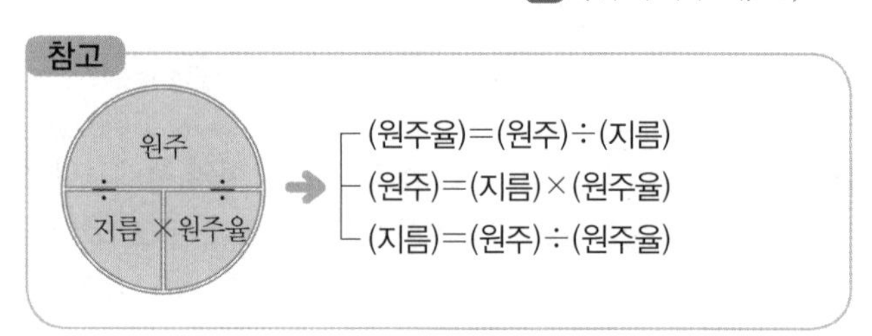

원주
÷
÷
지름
×
원주율
(원주율)=(원주)÷(지름)
(원주)=(지름)×(원주율)
(지름)=(원주)÷(원주율)

4 (원 밖에 있는 정사각형의 넓이)=8×8=64 (cm^2)
(원 안에 있는 정사각형의 넓이)=8×8÷2=32 (cm^2)
따라서 32 cm^2<(원의 넓이), (원의 넓이)<64 cm^2입니다.
즉, 원의 넓이는 32 cm^2보다 크고 64 cm^2보다 작은 넓이로 어림할 수 있습니다.

답 예 48 cm^2

참고
(원 밖에 있는 정사각형의 한 변의 길이)
=(원의 지름)
=(원 안에 있는 정사각형의 대각선의 길이)

5 (반지름)=20÷2=10 (cm)
➜ (원의 넓이)=(반지름)×(반지름)×(원주율)
=10×10×3.1
=310 (cm^2)

답 310 cm^2

6
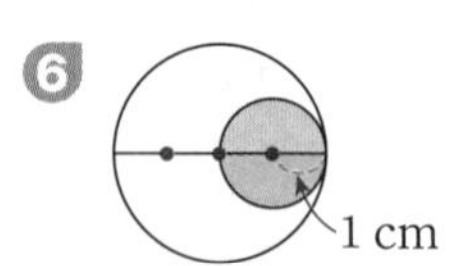

반원 부분을 옮겨 원의 넓이를 구합니다.
➜ (색칠한 부분의 넓이)
=(반지름이 1 cm인 원의 넓이)
=1×1×3
=3 (cm^2)

답 3 cm^2

참고
색칠한 부분을 합하면 어떤 도형이 되는지 확인하여 구합니다.

2 STEP 하이레벨 탐구 110~117쪽

대표 유형 1 (1) (㉡의 지름)$=68.2\div3.1$
$=22$ (cm)

(2) $49.6\div3.1=16$이고 $4\times4=16$이므로 ㉢의 반지름은 4 cm입니다.
➜ (㉢의 지름)$=4\times2=8$ (cm)

(3) ㉡ 22 cm > ㉠ 9 cm > ㉢ 8 cm이므로 가장 큰 원은 지름이 가장 긴 ㉡입니다.

답 (1) 22 cm (2) 8 cm (3) ㉡

체크 1-1 반지름으로 원의 크기를 비교합니다.
㉡ $75\div3=25$이고 $5\times5=25$이므로 반지름은 5 cm입니다.
(㉢의 반지름)$=18\div3\div2=3$ (cm)
반지름을 비교하면 ㉢<㉡<㉠이고 반지름이 가장 짧은 원이 가장 작은 원이므로 가장 작은 원은 ㉢입니다.

답 ㉢

체크 1-2 지름으로 원의 크기를 비교합니다.
(㉠의 지름)$=10\times2=20$ (cm)
(㉢의 지름)$=69.08\div3.14$
$=22$ (cm)
지름을 비교하면 ㉢>㉡>㉠이고 지름이 가장 긴 원이 가장 큰 원이므로 가장 큰 원은 ㉢입니다.
➜ (㉢의 넓이)$=11\times11\times3.14$
$=379.94$ (cm^2)

답 379.94 cm^2

다른 풀이
원주로 원의 크기를 비교합니다.
(㉠의 원주)$=10\times2\times3.14=62.8$ (cm)
(㉡의 원주)$=21\times3.14=65.94$ (cm)
(㉢의 원주)$=69.08$ cm
원주를 비교하면 ㉢>㉡>㉠이고 원주가 가장 긴 원이 가장 큰 원이므로 가장 큰 원은 ㉢입니다.
➜ (㉢의 반지름)$=69.08\div3.14\div2=11$ (cm)
(㉢의 넓이)$=11\times11\times3.14=379.94$ (cm^2)

대표 유형 2 (1) (쟁반이 한 바퀴 굴러간 거리)
$=$(쟁반의 원주)
$=70\times3$
$=210$ (cm)

(2) (쟁반이 3바퀴 굴러간 거리)$=210\times3$
$=630$ (cm)

답 (1) 210 cm (2) 630 cm

체크 2-1 접시가 한 바퀴 굴러간 거리는 접시의 원주와 같습니다.
(접시의 원주)$=20\times2\times3.14=125.6$ (cm)
➜ (접시가 4바퀴 굴러간 거리)
$=125.6\times4=502.4$ (cm)

답 502.4 cm

체크 2-2 모범 답안 ❶ 원반이 한 바퀴 굴러간 거리는 원반의 원주와 같으므로
(원반의 원주)$=12\times2\times3.1=74.4$ (cm)입니다.
❷ ➜ (원반의 원주)$\times$(바퀴 수)$=223.2$이므로 원반을 $223.2\div74.4=3$(바퀴) 굴렸습니다.

답 3바퀴

채점 기준

❶ 원반이 한 바퀴 굴러간 거리가 원반의 원주와 같음을 알고 바르게 구함.	3점	5점
❷ 원반을 몇 바퀴 굴렸는지 바르게 구함.	2점	

대표 유형 3 (1) (정사각형의 넓이)$=16\times16=256$ (cm^2)

(2) (색칠하지 않은 부분의 넓이)
$=8\times8\times3.14$
$=200.96$ (cm^2)

(3) (색칠한 부분의 넓이)
$=$(정사각형의 넓이)$-$(색칠하지 않은 부분의 넓이)
$=256-200.96$
$=55.04$ (cm^2)

답 (1) 256 cm^2 (2) 200.96 cm^2 (3) 55.04 cm^2

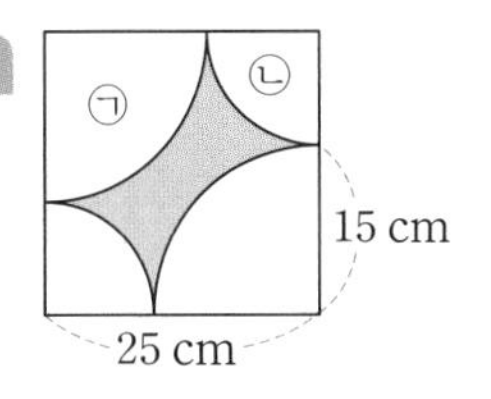

(색칠한 부분의 넓이)
$=$(정사각형의 넓이)$-$(㉠$\times2$)$-$(㉡$\times2$)
(작은 원의 반지름)$=25-15=10$ (cm)
(정사각형의 넓이)$=25\times25$
$=625$ (cm^2)
(큰 반원의 넓이)$=15\times15\times3\div2$
└➜ ㉠$\times2$ $=337.5$ (cm^2)
(작은 반원의 넓이)$=10\times10\times3\div2$
└➜ ㉡$\times2$ $=150$ (cm^2)
➜ (색칠한 부분의 넓이)
$=625-337.5-150$
$=137.5$ (cm^2)

답 137.5 cm^2

체크 3-2

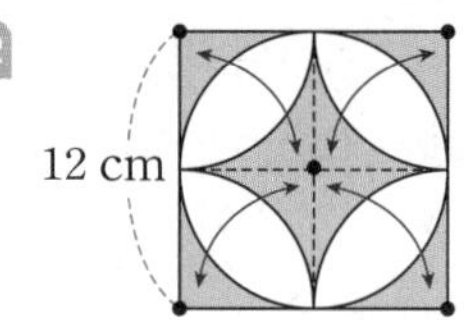

모범 답안 ❶ 화살표로 표시한 부분은 서로 넓이가 같으므로 색칠한 부분의 넓이는 정사각형의 넓이에서 원의 넓이를 뺀 값의 2배입니다.

❷ (정사각형의 넓이)$=12\times12=144$ (cm^2),
(원의 넓이)$=6\times6\times3.1=111.6$ (cm^2)

❸ ➔ (색칠한 부분의 넓이)
$=(144-111.6)\times2=64.8$ (cm^2)

답 64.8 cm^2

채점 기준

❶ 색칠한 부분의 넓이 구하는 방법을 앎.	1점	5점
❷ 정사각형의 넓이와 원의 넓이를 각각 바르게 구함.	2점	
❸ 색칠한 부분의 넓이를 바르게 구함.	2점	

대표 유형 4 (1) (곡선 부분의 길이)$=12\times2\times3.14\times\frac{1}{4}$
$=18.84$ (cm)

(2) (직선 부분의 길이)$=12+12=24$ (cm)

(3) (색칠한 부분의 둘레)
=(곡선 부분의 길이)+(직선 부분의 길이)
$=18.84+24=42.84$ (cm)

답 (1) 18.84 cm (2) 24 cm (3) 42.84 cm

체크 4-1 색칠한 부분의 둘레는 반지름이 20 cm인 원의 원주의 $\frac{1}{4}$과 지름이 20 cm인 원의 원주의 $\frac{1}{2}$의 합입니다.

(반지름이 20 cm인 원의 원주의 $\frac{1}{4}$)
$=20\times2\times3\times\frac{1}{4}=30$ (cm)

(지름이 20 cm인 원의 원주의 $\frac{1}{2}$)
$=20\times3\times\frac{1}{2}=30$ (cm)

➔ $30+30=60$ (cm)

답 60 cm

체크 4-2 (정사각형의 한 변의 길이)$=30\div2=15$ (cm)

(선분 ㄱㄴ)=(선분 ㄷㄹ)$=15\times\frac{1}{3}=5$ (cm)

(직선 부분의 길이)$=10\times4=40$ (cm)

(곡선 부분의 길이)
$=(10\times3\div2)+(30\times3\div2)=15+45=60$ (cm)

➔ (색칠한 부분의 둘레)$=40+60=100$ (cm)

답 100 cm

대표 유형 5 (1) 곡선 부분의 길이는 지름이 10 cm인 원의 원주와 같습니다.
➔ (곡선 부분의 길이)$=10\times3.1=31$ (cm)

(2) 직선 부분의 길이는 원의 지름의 4배와 같습니다.
➔ (직선 부분의 길이)$=10\times4$
$=40$ (cm)

(3) (사용한 끈의 길이)
=(곡선 부분의 길이)+(직선 부분의 길이)
$=31+40$
$=71$ (cm)

답 (1) 31 cm (2) 40 cm (3) 71 cm

체크 5-1

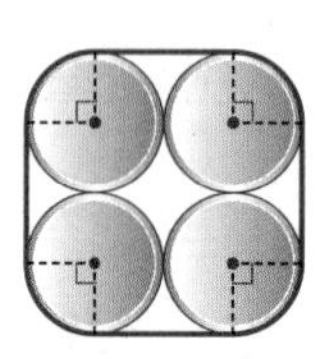

(사용한 끈의 길이)
=(곡선 부분의 길이)+(직선 부분의 길이)
곡선 부분의 길이는 원주와 같으므로
$7\times3=21$ (cm)입니다.
직선 부분의 길이는 원의 지름의 4배와 같으므로
$7\times4=28$ (cm)입니다.
➔ (사용한 끈의 길이)$=21+28$
$=49$ (cm)

답 49 cm

체크 5-2

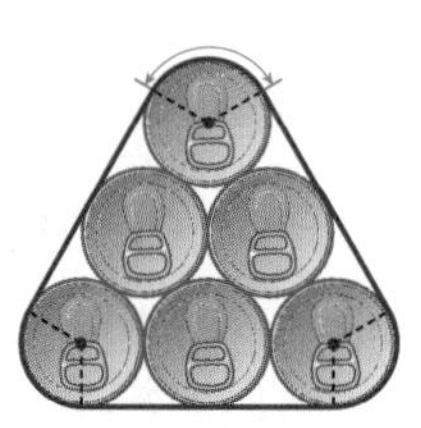

곡선 부분의 길이는 원주와 같으므로
(지름)$\times3.14$ cm이고, 직선 부분의 길이는 원의 지름의 6배와 같으므로 (지름)$\times6$ cm입니다.
통조림 통의 지름을 □ cm라고 하면
□$\times3.14+$□$\times6=45.7$, □$\times9.14=45.7$,
□$=45.7\div9.14=5$입니다.
➔ (통조림 통 한 개의 반지름)$=5\div2$
$=2.5$ (cm)

답 2.5 cm

문제해결 Key

① 곡선 부분의 길이와 직선 부분의 길이가 지름의 몇 배인지 각각 알아봅니다.
② 통조림 통의 지름을 □cm라고 하여 식을 세운 후 통조림 통 한 개의 반지름을 구합니다.

대표 유형 6 (1) (전체의 넓이)$=29\times29\times3+90\times58$
$=2523+5220=7743\ (m^2)$

(2) (잔디밭의 넓이)$=25\times25\times3+90\times50$
$=1875+4500=6375\ (m^2)$

(3) (트랙의 넓이)=(전체의 넓이)−(잔디밭의 넓이)
$=7743-6375$
$=1368\ (m^2)$

답 (1) $7743\ m^2$ (2) $6375\ m^2$ (3) $1368\ m^2$

체크 6-1 10점, 9점, 8점, 7점의 넓이에서 10점, 9점, 8점의 넓이를 뺍니다.
(10점, 9점, 8점, 7점인 원의 반지름)
$=5+4+4+4=17\ (cm)$
(10점, 9점, 8점인 원의 반지름)
$=5+4+4=13\ (cm)$
➜ (7점에 해당하는 부분의 넓이)
$=17\times17\times3.1-13\times13\times3.1$
$=895.9-523.9$
$=372\ (cm^2)$

답 $372\ cm^2$

문제해결 Key
① 10점, 9점, 8점, 7점인 원의 반지름과 10점, 9점, 8점인 원의 반지름을 각각 구합니다.
② 7점에 해당하는 부분의 넓이를 구합니다.

체크 6-2 (색칠한 부분의 직선 부분의 둘레의 합)
$=(1.3\times4)+(3.6\times2)+(12.5\times2)$
$=5.2+7.2+25=37.4\ (m)$
(색칠한 부분의 곡선 부분의 둘레의 합)
$=(12.5\times3)+(3.6\times3\times2)=37.5+21.6=59.1\ (m)$
➜ (색칠한 부분의 둘레)$=37.4+59.1$
$=96.5\ (m)$

답 $96.5\ m$

대표 유형 7 (1) 직사각형의 가로는 원주의 2배와 같으므로 $6\times2\times3\times2=72\ (cm)$이고, 세로는 원의 지름과 같으므로 $6\times2=12\ (cm)$입니다.
➜ (직사각형 부분의 넓이)$=72\times12=864\ (cm^2)$

(2) 색칠한 부분의 넓이는 반지름이 6 cm인 원의 넓이와 같으므로 $6\times6\times3=108\ (cm^2)$입니다.

(3) (원이 지나간 자리의 넓이)
=(직사각형 부분의 넓이)+(색칠한 부분의 넓이)
$=864+108$
$=972\ (cm^2)$

답 (1) $864\ cm^2$ (2) $108\ cm^2$ (3) $972\ cm^2$

체크 7-1 직사각형의 가로는 원주의 3배와 같으므로 $10\times2\times3\times3=180\ (cm)$이고, 세로는 원의 지름과 같으므로 $10\times2=20\ (cm)$입니다.
➜ (직사각형 부분의 넓이)$=180\times20=3600\ (cm^2)$
색칠한 부분의 넓이는 반지름이 10 cm인 원의 넓이와 같으므로 $10\times10\times3=300\ (cm^2)$입니다.
(원이 지나간 자리의 넓이)
=(직사각형 부분의 넓이)+(색칠한 부분의 넓이)
$=3600+300$
$=3900\ (cm^2)$

답 $3900\ cm^2$

체크 7-2 삼각형의 꼭짓점에 있는 도형은 원의 $\frac{1}{3}$이고, 각 꼭짓점에 있는 3개를 합하면 반지름이 4 cm인 원입니다.

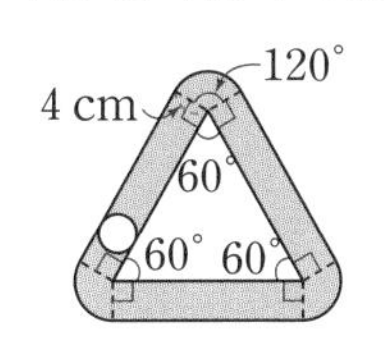

원이 지나간 자리의 넓이는 반지름이 4 cm인 원과 가로가 10 cm, 세로가 4 cm인 직사각형 3개의 넓이의 합입니다.
(원이 지나간 자리의 넓이)
$=4\times4\times3.1+10\times4\times3$
$=49.6+120=169.6\ (cm^2)$

답 $169.6\ cm^2$

대표 유형 8 (1) 부채꼴 ㄱㅇㄴ의 넓이는 반지름이 6 cm인 원의 넓이의 $\frac{1}{4}$과 같습니다.
➜ (부채꼴 ㄱㅇㄴ의 넓이)
$=6\times6\times3.14\times\frac{1}{4}$
$=28.26\ (cm^2)$

(2) 삼각형 ㄱㅇㄴ은 밑변의 길이가 6 cm, 높이가 6 cm이므로 넓이는 $6\times6\div2=18\ (cm^2)$입니다.

(3) (겹쳐진 부분의 넓이)
={(부채꼴 ㄱㅇㄴ의 넓이)−(삼각형 ㄱㅇㄴ의 넓이)}×2
$=(28.26-18)\times2$
$=20.52\ (cm^2)$

답 (1) $28.26\ cm^2$ (2) $18\ cm^2$ (3) $20.52\ cm^2$

체크 8-1 (겹쳐진 부분의 넓이)
={(부채꼴 ㄱㅇㄴ의 넓이)−(삼각형 ㄱㅇㄴ의 넓이)}×2
$=\left\{\left(8\times8\times3.1\times\frac{1}{4}\right)-(8\times8\div2)\right\}\times2$
$=(49.6-32)\times2$
$=35.2\ (cm^2)$

답 $35.2\ cm^2$

체크 8-2 색칠한 부분은 오른쪽과 같이 반지름이 10 cm이고, 중심각이 60°인 원의 일부분으로 고쳐 구할 수 있습니다.

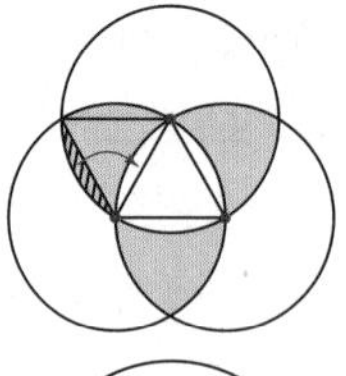

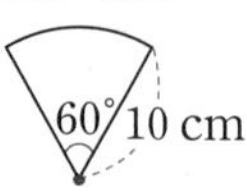

오른쪽과 같은 모양이 3개이므로 색칠한 부분의 넓이는 반지름이 10 cm인 원의 넓이의 $\frac{1}{2}$과 같습니다.

➜ (색칠한 부분의 넓이)$=10\times10\times3\times\frac{1}{2}$

$=150\ (\text{cm}^2)$

답 $150\ \text{cm}^2$

2 STEP 하이레벨 탐구 플러스 118~119쪽

1 (㉠의 반지름)$=13\div2=6.5$ (cm)

(㉡의 반지름)$=56.52\div3.14\div2=9$ (cm)

㉢의 반지름을 □cm라 하면

□×□×3.14=176.625,

□×□=56.25에서 7.5×7.5=56.25이므로 □=7.5입니다.

➜ 6.5<7.5<9이므로 반지름이 짧은 것부터 차례로 쓰면 ㉠, ㉢, ㉡입니다.

답 ㉠, ㉢, ㉡

2 자전거 바퀴가 한 바퀴 도는 거리는 원주와 같으므로

(자전거 바퀴의 원주)$=0.3\times2\times3=1.8$ (m)입니다.

따라서 집에서 학교까지의 거리는 $1.8\times410=738$ (m)입니다.

답 738 m

3 곡선 부분의 길이의 합은 원 1개의 원주와 같습니다.

➜ (운동장의 둘레)

=(지름이 65 m인 원의 원주)+(직사각형의 가로)×2

$=65\times3.14+90\times2$

$=204.1+180=384.1$ (m)

답 384.1 m

4 지름이 6 cm, 10 cm, 14 cm, 24 cm인 원의 원주를 구하여 더합니다.

➜ (나이테의 둘레)

$=6\times3.1+10\times3.1+14\times3.1+24\times3.1$

$=18.6+31+43.4+74.4$

$=167.4$ (cm)

답 167.4 cm

5 (지름이 23 cm인 원의 원주)$=23\times3.1=71.3$ (cm)

(지름이 15 cm인 원의 원주)$=15\times3.1=46.5$ (cm)

(원주의 차)$=71.3-46.5=24.8$ (cm)

따라서 원주가 24.8 cm인 원의 지름은

$24.8\div3.1=8$ (cm)입니다.

답 8 cm

문제해결 Key

① 지름이 23 cm인 원의 원주와 지름이 15 cm인 원의 원주를 각각 구합니다.

② ①에서 구한 두 원의 원주의 차를 구합니다.

③ 두 원의 원주의 차와 원주가 같은 원의 지름을 구합니다.

6

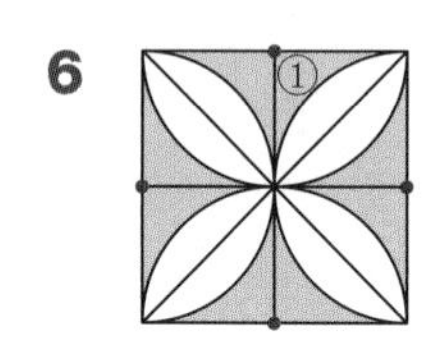

(①의 넓이)$=6\times6-6\times6\times3\times\frac{1}{4}$

$=36-27=9\ (\text{cm}^2)$

따라서 색칠한 부분의 넓이는 ①의 넓이의 8배와 같으므로 $9\times8=72\ (\text{cm}^2)$입니다.

답 $72\ \text{cm}^2$

3 STEP 하이레벨 심화 120~124쪽

1 4바퀴 반은 4.5바퀴이므로 굴러간 거리는 굴렁쇠의 원주에 4.5를 곱하면 됩니다.

➜ (굴렁쇠가 굴러간 거리)$=(0.25\times2\times3.1)\times4.5$

$=6.975$ (m)

답 6.975 m

2

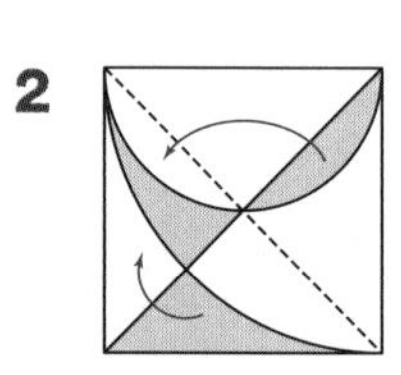

색칠한 부분의 넓이는 정사각형의 넓이의 $\frac{1}{4}$과 같습니다.

➜ (색칠한 부분의 넓이)$=17\times17\times\frac{1}{4}=72.25\ (\text{cm}^2)$

답 $72.25\ \text{cm}^2$

3 남은 빈대떡은 전체의 $\frac{5}{8}$이고, 반지름을 □ cm라고 하면

□×□×3.1×$\frac{5}{8}$=279, □×□×3.1=446.4,

□×□=144, □=12입니다.

➜ (빈대떡의 지름)$=12\times2=24$ (cm)

답 24 cm

문제해결 Key

① 빈대떡의 반지름을 □cm라 하여 원의 넓이 구하는 식을 세웁니다.

② ①에서 세운 식을 계산하여 빈대떡의 지름을 구합니다.

4

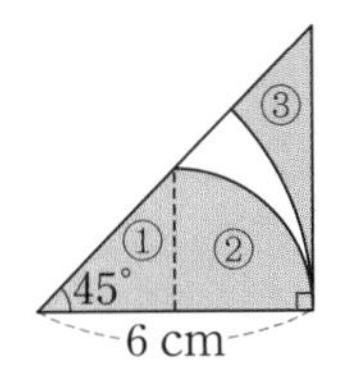

(①의 넓이)$=3\times3\div2$
$=4.5\,(\text{cm}^2)$
(②의 넓이)$=3\times3\times3.14\div4$
$=7.065\,(\text{cm}^2)$
(③의 넓이)$=(6\times6\div2)-(6\times6\times3.14\div8)$
$=18-14.13$
$=3.87\,(\text{cm}^2)$
➡ (색칠한 부분의 넓이)
=(①의 넓이)+(②의 넓이)+(③의 넓이)
$=4.5+7.065+3.87$
$=15.435\,(\text{cm}^2)$

답 $15.435\,\text{cm}^2$

5

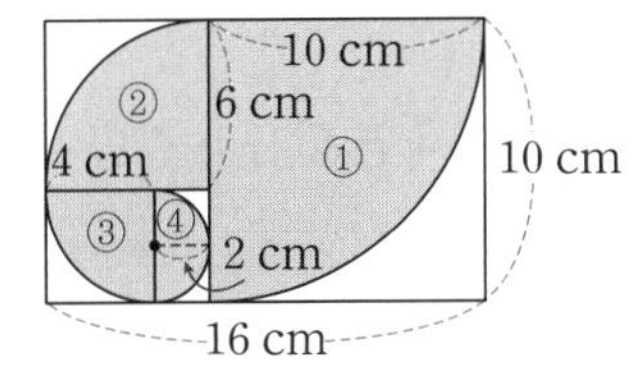

(색종이를 이어 붙인 부분의 넓이의 합)
=①+②+③+④
$=(10\times10\times3.1\div4)+(6\times6\times3.1\div4)$
$+(4\times4\times3.1\div4)+(2\times2\times3.1\div2)$
$=77.5+27.9+12.4+6.2$
$=124\,(\text{cm}^2)$

답 $124\,\text{cm}^2$

6

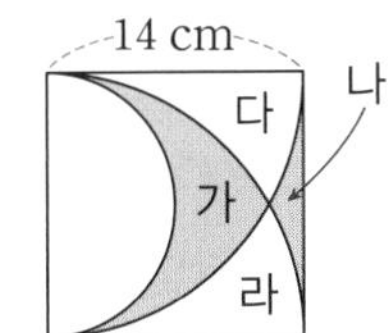

(가−나)를 구할 수 없으므로 다와 라가 같음을 이용하여 (가+다)−(나+라)를 구하여 가와 나의 넓이의 차를 구합니다.
➡ 가−나=(가+다)−(나+라)
$=\left(14\times14\times3\times\frac{1}{4}-7\times7\times3\times\frac{1}{2}\right)$
$-\left(14\times14-14\times14\times3\times\frac{1}{4}\right)$
$=(147-73.5)-(196-147)$
$=73.5-49$
$=24.5\,(\text{cm}^2)$

답 $24.5\,\text{cm}^2$

7 $\frac{45}{360}=\frac{1}{8}$이므로 부채꼴 ㄱㄴㄷ은 반지름이 22 cm인 원의 $\frac{1}{8}$입니다.
➡ (색칠한 부분의 넓이)
=(부채꼴 ㄱㄴㄷ의 넓이)
$-\left(\text{반지름이 11 cm인 원의 넓이의 }\frac{1}{4}\right)$
−(삼각형 ㄹㄴㅇ의 넓이)
$=22\times22\times3\times\frac{1}{8}-11\times11\times3\times\frac{1}{4}-11\times11\div2$
$=181.5-90.75-60.5$
$=30.25\,(\text{cm}^2)$

답 $30.25\,\text{cm}^2$

8

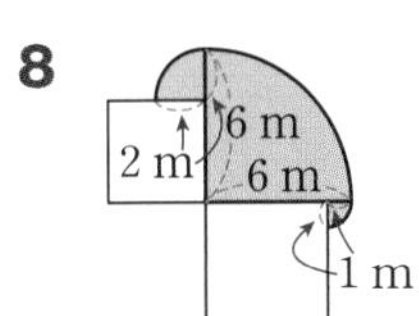

염소가 움직일 수 있는 범위는 왼쪽의 색칠한 부분과 같습니다.
➡ (움직일 수 있는 범위의 넓이)
$=6\times6\times3\times\frac{1}{4}+2\times2\times3\times\frac{1}{4}+1\times1\times3\times\frac{1}{4}$
$=27+3+0.75$
$=30.75\,(\text{m}^2)$

답 $30.75\,\text{m}^2$

문제해결 Key
① 염소가 움직일 수 있는 범위를 색칠해 봅니다.
② ①에서 색칠한 부분의 넓이를 구합니다.

9 • 가에 필요한 끈의 길이
(곡선인 부분의 끈의 길이)
$=16\times3.1\times\frac{1}{4}\times4$
$=49.6\,(\text{cm})$
(직선인 부분의 끈의 길이)
$=16\times6=96\,(\text{cm})$
➡ $49.6+96=145.6\,(\text{cm})$
• 나에 필요한 끈의 길이
(곡선인 부분의 끈의 길이)
$=16\times3.1\times\frac{1}{3}\times3$
$=49.6\,(\text{cm})$
(직선인 부분의 끈의 길이)
$=16\times6=96\,(\text{cm})$
➡ $49.6+96=145.6\,(\text{cm})$

답 145.6, 145.6

10 원 ㉯와 원 ㉰가 지나간 곳의 넓이의 합은 반지름이 $21+14=35$ (cm)인 원의 넓이에서 반지름이 $21-8=13$ (cm)인 원의 넓이를 뺀 것과 같습니다.

➔ (원 ㉯와 원 ㉰가 지나간 곳의 넓이의 합)
$=35\times35\times3.1-13\times13\times3.1$
$=3797.5-523.9$
$=3273.6$ (cm²)

답 3273.6 cm²

문제해결 Key
① 원 ㉯와 원 ㉰가 지나는 곳을 그려 봅니다.
② ①에서 그린 원 ㉯와 원 ㉰가 지나간 곳의 넓이의 합을 구합니다.

11 선분 ㄴㄷ의 $\frac{1}{2}$을 □cm라고 하면
선분 ㄴㄷ의 길이는 (□×2) cm,
선분 ㄱㄴ의 길이는 (□×4) cm,
선분 ㄱㄷ의 길이는 (□×6) cm입니다.
(㉮의 넓이)={반지름이 (□×6) cm인 반원의 넓이}이므로
(㉮의 넓이)=□×6×□×6×3.1÷2
=□×□×55.8 (cm²)입니다.
(㉯의 넓이)={반지름이 (□×6) cm인 반원의 넓이}
−{반지름이 (□×5) cm인 반원의 넓이}
+(반지름이 □cm인 반원의 넓이)이므로
(㉯의 넓이)=□×6×□×6×3.1÷2
−□×5×□×5×3.1÷2
+□×□×3.1÷2
=□×□×55.8−□×□×38.75
+□×□×1.55
=□×□×18.6 (cm²)입니다.

➔ (□×□×55.8)÷(□×□×18.6)
=55.8÷18.6=3(배)

답 3배

문제해결 Key
① 선분 ㄴㄷ의 길이와 선분 ㄱㄴ의 길이를 □를 사용하여 나타낸 후 ㉮의 넓이와 ㉯의 넓이 구하는 식을 각각 세웁니다.
② ①에서 세운 식을 계산하여 ㉮의 넓이는 ㉯의 넓이의 몇 배인지 구합니다.

12 (정사각형 ㄱㄴㄷㄹ의 넓이)$=14\times14\div2$
$=98$ (cm²)
정사각형의 한 변의 길이를 □cm라고 하면
□×□=98입니다.

오른쪽 그림의 색칠한 부분의 넓이는

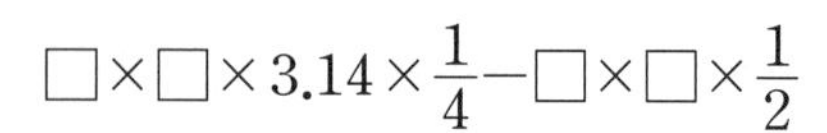

□×□×3.14×$\frac{1}{4}$−□×□×$\frac{1}{2}$
$=98\times3.14\times\frac{1}{4}-98\times\frac{1}{2}$
$=76.93-49=27.93$ (cm²)입니다.

➔ (색칠한 부분의 넓이)
$=(98-27.93\times2)\times4=168.56$ (cm²)

답 168.56 cm²

문제해결 Key
① 대각선의 길이를 이용하여 정사각형 ㄱㄴㄷㄹ의 넓이를 구합니다.
② 정사각형의 한 변을 □cm라 하여 색칠한 부분의 넓이를 구합니다.

토론 발표 브레인스토밍 125~126쪽

1 원이 지나는 부분을 그림으로 나타내면 다음과 같습니다. 이때, 직사각형의 네 귀퉁이 부분은 지나갈 수 없습니다.

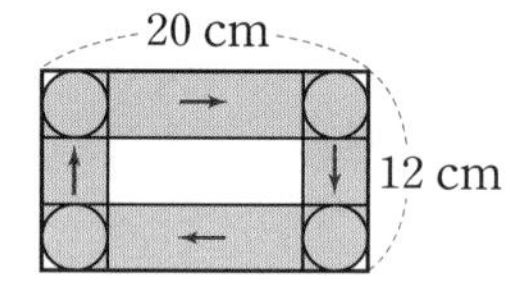

➔ (원이 지나는 부분의 넓이)
$=(20\times12)-(12\times4)-\{(4\times4)-(2\times2\times3.14)\}$
$=240-48-3.44=188.56$ (cm²)

답 188.56 cm²

2 (반지름이 30 cm인 원의 넓이의 $\frac{1}{4}$)
$=30\times30\times3.14\times\frac{1}{4}=706.5$ (cm²)
색칠한 부분 가와 나의 넓이가 같으므로 직각삼각형의 넓이도 706.5 cm²입니다.
선분 ㄱㄴ의 길이를 □cm라고 하면
(30+□)×30÷2=706.5입니다.

➔ (30+□)×30=1413, 30+□=47.1, □=17.1

답 17.1 cm

3 변 ㄱㄴ이 지나는 부분의 넓이는 다음 그림에서 색칠한 부분의 넓이와 같습니다.

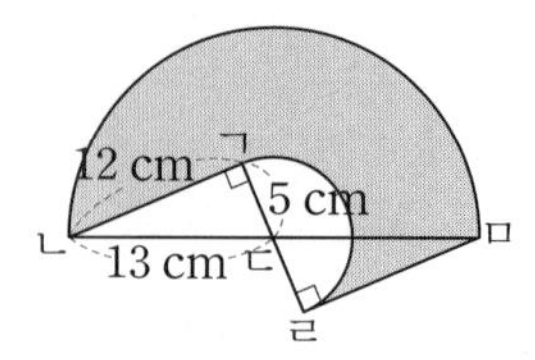

(색칠한 부분의 넓이)
$=\{($큰 반원의 넓이$)+($삼각형 ㄷㄹㅁ의 넓이$)\}$
$-\{($작은 반원의 넓이$)+($삼각형 ㄱㄴㄷ의 넓이$)\}$
$=($큰 반원의 넓이$)-($작은 반원의 넓이$)$
$=\left(13\times13\times3.14\times\frac{1}{2}\right)-\left(5\times5\times3.14\times\frac{1}{2}\right)$
$=265.33-39.25=226.08\,(\text{cm}^2)$
따라서 변 ㄱㄴ이 지나는 부분의 넓이는 $226.08\,\text{cm}^2$입니다.

답 $226.08\,\text{cm}^2$

4 원 가의 반지름을 ㉠cm, 원 나의 반지름을 ㉡cm라 합니다.
원 가와 나가 겹쳐지지 않은 두 부분의 넓이의 차는 $263.76\,\text{cm}^2$이므로
㉠$\times$㉠$\times3.14-29.16+263.76$
$=$㉡$\times$㉡$\times3.14-29.16$,
㉠$\times$㉠$\times3.14+263.76=$㉡$\times$㉡$\times3.14$,
㉠$\times$㉠$+84=$㉡$\times$㉡ → 조건 1
원 가와 나가 겹쳐진 부분의 넓이가 $29.16\,\text{cm}^2$이므로 원 가의 넓이는 $29.16\,\text{cm}^2$보다 넓습니다.
㉠$\times$㉠$\times3.14>29.16$, ㉠$\times$㉠$>9.28\cdots\cdots$
➡ 원 가의 반지름은 자연수이므로 4 cm와 같거나 4 cm보다 커야 합니다. → 조건 2
원 가와 나가 겹쳐지지 않은 두 부분의 넓이의 차가 $263.76\,\text{cm}^2$이므로 원 나의 넓이는 $263.76\,\text{cm}^2$보다 넓습니다.
㉡$\times$㉡$\times3.14>263.76$, ㉡$\times$㉡>84
➡ 원 나의 반지름도 자연수이므로 10 cm와 같거나 10 cm보다 커야 합니다. → 조건 3
겹쳐지지 않은 두 부분의 넓이의 합이 될 수 있는 값 중 가장 작은 값을 구해야 하므로 세 조건을 모두 만족하는 ㉠과 ㉡ 중에서 ㉠, ㉡이 모두 가장 작은 경우를 찾습니다.
같은 두 수를 곱하여 나오는 값을 알아보면 $4\times4=16$, $5\times5=25$, $6\times6=36$, $7\times7=49$, $8\times8=64$, $9\times9=81$, $10\times10=100$, $11\times11=121\cdots\cdots$
㉠$=4$, ㉡$=10$일 때 조건 1을 계산해 보면
$4\times4+84=10\times10$이므로 세 조건을 모두 만족합니다.
따라서 세 조건을 모두 만족하는 ㉠과 ㉡ 중에서 ㉠, ㉡이 모두 가장 작은 경우는 ㉠$=4$, ㉡$=10$입니다.
➡ (겹쳐지지 않은 두 부분의 넓이의 합)
$=(4\times4\times3.14-29.16)$
$+(10\times10\times3.14-29.16)$
$=21.08+284.84=305.92\,(\text{cm}^2)$

답 305.92

6 단원 원기둥, 원뿔, 구

1 STEP 하이레벨 입문 131쪽

1 두 밑면이 서로 평행하고 합동인 원으로 이루어진 기둥 모양의 입체도형을 모두 찾습니다.

나 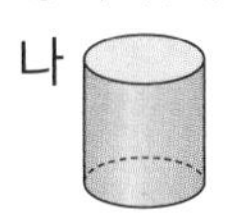 라 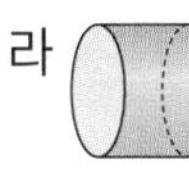

답 나, 라

2 직사각형 모양의 종이를 한 변을 기준으로 돌렸을 때 만들어지는 입체도형은 원기둥으로 원기둥의 높이는 직사각형의 세로와 같습니다.

답 7 cm

참고
직사각형 모양의 종이를 한 변을 기준으로 돌렸을 때 만들어지는 원기둥의 밑면의 반지름은 직사각형의 가로와 같습니다.

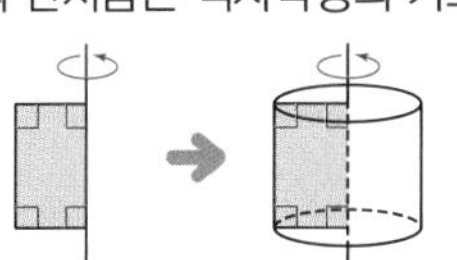

3

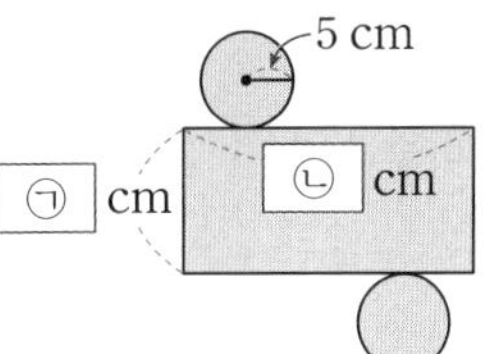

㉠ 원기둥의 높이: 15 cm
㉡ (밑면의 둘레)$=5\times2\times3.1$
$=31\,(\text{cm})$

답 (왼쪽부터) 15, 31

4

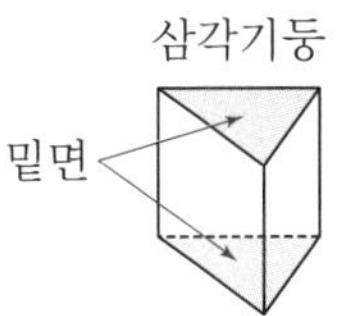

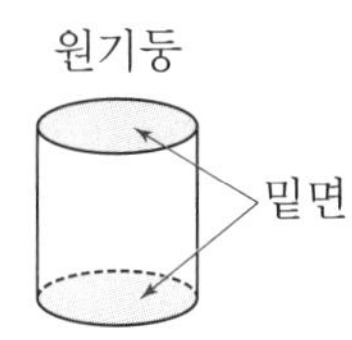

밑면의 모양: 삼각형 밑면의 모양: 원
밑면의 수: 2개 밑면의 수: 2개

답 (위에서부터) 삼각형, 원 / 2, 2

5 ⑤ 원기둥의 전개도에서 옆면의 가로는 밑면의 둘레와 같습니다.

답 ⑤

6 원기둥의 전개도에서 옆면의 가로는 원주와 같으므로 $10\times3.1=31\,(\text{cm})$입니다.
원기둥의 전개도에서 옆면의 세로는 원기둥의 높이와 같으므로 8 cm입니다.
➡ (옆면의 둘레)$=(31+8)\times2=78\,(\text{cm})$

답 78 cm

1 STEP 하이레벨 입문 133쪽

1 평평한 면이 원이고 옆으로 둘러싼 면이 굽은 면인 뿔 모양의 입체도형을 모두 찾습니다.

➜ 가 바

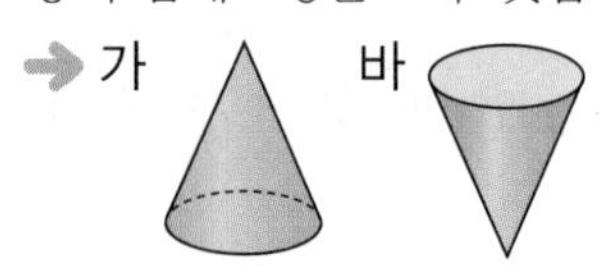

답 가, 바

2

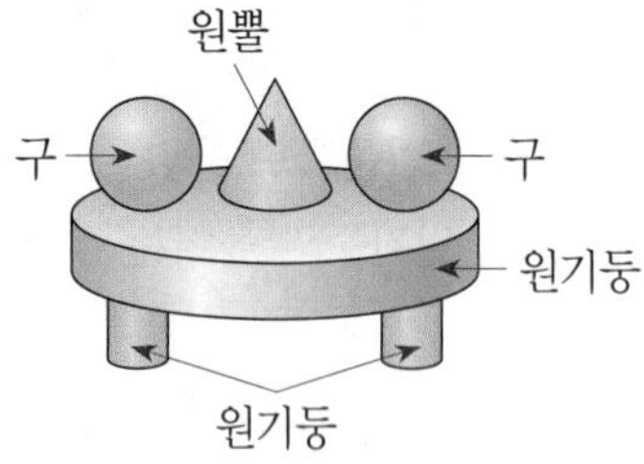

원기둥 3개, 원뿔 1개, 구 2개를 사용한 모양입니다.

답 3개
1개
2개

3 ㉠ 자와 삼각자를 사용하여 밑면의 가장자리에서 자를 수직으로 올려 원뿔의 꼭짓점까지의 길이를 재는 것
➜ 원뿔의 높이

㉡ 원뿔의 꼭짓점과 밑면인 원의 둘레의 한 점을 이은 선분의 길이를 재는 것 ➜ 원뿔의 모선의 길이

답 높이
모선의 길이

4 (1) 반원의 반지름은 구의 반지름과 같습니다.
➜ (구의 반지름)$=6$ cm

(2) $6\times2=12$ (cm)

답 (1) 6 cm
(2) 12 cm

5 ① 높이를 잴 수 있습니다.
③ 모선은 무수히 많습니다.
④ 밑면의 모양은 원이고 1개입니다.
⑤ 모선의 길이는 모두 같습니다.

답 ②

6 지름을 기준으로 반원 모양의 종이를 한 바퀴 돌리면 구가 만들어집니다.

➜ (구의 반지름)$=$(반원의 지름)$\div2$
$=10\div2=5$ (cm)

답 5 cm

1 STEP 하이레벨 입문 134~135쪽

1 ㉢ 입체도형 나는 원기둥으로 꼭짓점과 모서리가 없습니다.

답 ㉢

2 (옆면의 가로)$=$(밑면의 둘레)
$=3\times2\times3.14$
$=18.84$ (cm)

(옆면의 세로)$=$(원기둥의 높이)$=7$ cm

답 (위에서부터) 3 / 18.84, 7

3 원뿔의 꼭짓점과 밑면인 원의 둘레의 한 점을 이은 선분의 길이는 10 cm이고, 무수히 많습니다.

답 10 cm, 무수히 많습니다.

4 ㉠ 원뿔은 밑면의 모양이 원이고, 각뿔은 밑면의 모양이 다각형입니다.
㉣ 원뿔은 굽은 면이 있지만 각뿔은 굽은 면이 없습니다.

답 ㉡, ㉢

5 돌리기 전 반원의 반지름이 구의 반지름이 되므로 반원의 반지름은 5 cm입니다.

답 5 cm

6 원기둥을 위에서 본 모양은 원이고, 앞과 옆에서 본 모양은 직사각형입니다.

답 예 (원), (직사각형), (직사각형)

참고

원뿔과 구를 위, 앞, 옆에서 본 모양 알아보기

	위에서 본 모양	앞에서 본 모양	옆에서 본 모양
원뿔	(원)	(삼각형)	(삼각형)
구	(원)	(원)	(원)

2 STEP 하이레벨 탐구 136~141쪽

대표 유형 1 (1) 원기둥의 전개도에서
(밑면의 원주)=(옆면의 가로)입니다.
(밑면의 원주)=18 cm
(2) 원기둥의 밑면의 반지름을 □cm라고 하면
□×2×3=18, □×6=18,
□=18÷6=3입니다. 답 (1) 18 cm (2) 3 cm

체크 1-1 원기둥의 전개도에서 (밑면의 원주)=(옆면의 가로)입니다.
(밑면의 원주)=24.8 cm
원기둥의 밑면의 반지름을 □cm라고 하면
□×2×3.1=24.8, □×6.2=24.8,
□=24.8÷6.2=4 답 4 cm

체크 1-2 원기둥의 전개도에서 (밑면의 원주)=(옆면의 가로)입니다.
(밑면의 원주)=18.84 cm
원기둥의 밑면의 반지름을 □cm라고 하면
□×2×3.14=18.84, □×6.28=18.84,
□=18.84÷6.28=3입니다. 답 3 cm

대표 유형 2 (1) 모선에 사용한 철사는 5군데이고 모선의 길이는 모두 같으므로
(모선에 사용한 철사의 길이)=10×5=50 (cm)입니다.
(2) (밑면에 사용한 철사의 길이)=65−50=15 (cm)
답 (1) 50 cm (2) 15 cm

체크 2-1 모범 답안 ❶ 모선에 사용한 철사는 4군데이고 모선의 길이는 모두 같으므로
(모선에 사용한 철사의 길이)=15×4=60 (cm)입니다.
❷ 0.9 m=90 cm이므로
(밑면의 둘레)=90−60=30 (cm)입니다.
답 30 cm

채점 기준

❶ 모선에 사용한 철사의 길이를 구함.	3점	5점
❷ 밑면의 둘레를 구함.	2점	

체크 2-2 선분 ㄱㄴ, 선분 ㄱㄷ, 선분 ㄱㄹ, 선분 ㄱㅁ, 선분 ㄱㅂ은 모두 모선이고
(모선에 사용한 철사의 길이)=287−57=230 (cm)입니다.
➔ 모선의 길이는 모두 같으므로
(선분 ㄱㄷ)=230÷5=46 (cm)입니다. 답 46 cm

대표 유형 3 (2) (평면도형의 넓이)=8×12=96 (cm^2)
답 (1) (위에서부터) 12, 8 (2) 96 cm^2

체크 3-1 돌리기 전의 평면도형은 오른쪽과 같이 밑변의 길이가 7 cm, 높이가 16 cm인 직각삼각형입니다.

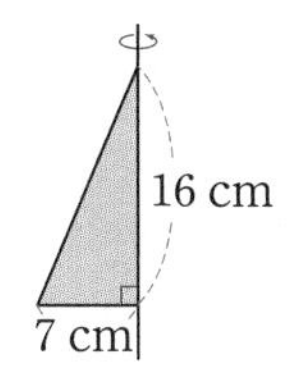

➔ (평면도형의 넓이)=7×16÷2
=56 (cm^2)
답 56 cm^2

체크 3-2 모범 답안 ❶ 돌리기 전의 평면도형은 오른쪽과 같이 반지름이 9 cm인 반원입니다.

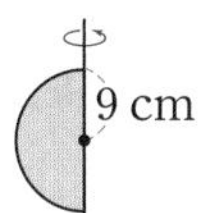

❷ ➔ (평면도형의 둘레)
=(곡선 부분의 길이)+(직선 부분의 길이)
=9×2×3÷2+18=45 (cm)
답 45 cm

채점 기준

❶ 반원의 반지름을 구함.	2점	5점
❷ 평면도형의 둘레를 구함.	3점	

대표 유형 4 (1) (옆면의 넓이)=(옆면의 가로)×(옆면의 세로)
=(밑면의 둘레)×(높이)
➔ 원기둥의 높이를 □cm라고 하면
6×2×3×□=180, 36×□=180, □=5입니다.
(2) (옆면의 둘레)=(6×2×3+5)×2
=41×2=82 (cm)
답 (1) 5 cm (2) 82 cm

체크 4-1 밑면의 반지름을 □cm라고 하면
□×2×3.14×10=251.2,
□×62.8=251.2,
□=251.2÷62.8, □=4 답 4 cm

체크 4-2 밑면의 반지름을 □cm라고 하면
□×□×3=243, □×□=243÷3=81,
□=9입니다.
➔ (옆면의 넓이)=9×2×3×5
=270 (cm^2)
답 270 cm^2

대표 유형 5 (1) (쿠키 상자 1개의 옆면의 넓이)
=5×2×3.14×20=628 (cm^2)
(2) 쿠키 상자 3개를 포장하므로
(필요한 포장지의 넓이)
=628×3=1884 (cm^2)입니다.
답 (1) 628 cm^2 (2) 1884 cm^2

체크 5-1 1척=약 30 cm

물을 더 담을 수 있는 원기둥의 높이는 1척의 $\frac{2}{3}$이므로

약 $30\times\frac{2}{3}=20$ (cm)입니다. 답 약 20 cm

체크 5-2 색칠을 해야 할 최소한의 넓이는 옆면의 넓이와 같습니다.

➜ 약 $4.6\times3\times3\times30=1242$ (cm^2)

답 약 1242 cm^2

대표 유형 6 (1) (한 밑면의 둘레)$=6\times2\times3.1\div2+6\times2$
$=18.6+12$
$=30.6$ (cm)

(2) (옆면의 둘레)={(밑면의 둘레)+(높이)}$\times2$
$=(30.6+20)\times2$
$=101.2$ (cm)

답 (1) 30.6 cm (2) 101.2 cm

체크 6-1 (한 밑면의 둘레)$=14\times2+14\times2\times3\times\frac{1}{4}$
$=28+21$
$=49$ (cm)

➜ (옆면의 둘레)$=(49+18)\times2$
$=134$ (cm)

답 134 cm

체크 6-2 만들어지는 입체도형은 다음과 같습니다.

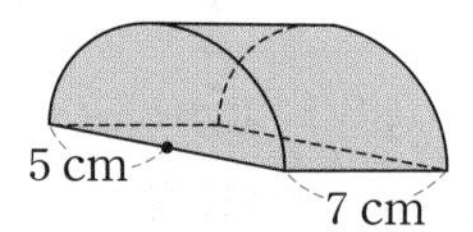

입체도형의 옆면의 가로는

$5\times2\times3\div2+5\times2=25$ (cm), 세로는 7 cm입니다.

➜ (옆면의 넓이)$=25\times7$
$=175$ (cm^2)

답 175 cm^2

2 STEP 하이레벨 탐구 플러스 142~143쪽

1 ㉠ 원기둥의 밑면의 수: 2개
㉡ 원뿔의 꼭짓점의 수: 1개
㉢ 원뿔의 밑면의 수: 1개
➜ $2+1+1=4$(개) 답 4개

2 (밑면의 둘레)=(옆면의 넓이)÷(높이)
$=351.68\div8$
$=43.96$ (cm)

➜ (반지름)$=43.96\div3.14\div2$
$=7$ (cm)

답 7 cm

3 구를 앞에서 본 모양은 반지름이 15 cm인 원이므로 원의 둘레를 구합니다.

➜ (둘레)$=15\times2\times3.1$
$=93$ (cm)

답 93 cm

4 만들어지는 입체도형의 밑면의 반지름은 12 cm입니다.

➜ (한 밑면의 둘레)$=12\times2\times3$
$=72$ (cm)

답 72 cm

5 원기둥의 전개도에서 (밑면의 원주)=(옆면의 가로)입니다.
(밑면의 원주)=36 cm
원기둥의 밑면의 반지름을 □cm라고 하면
$\square\times2\times3=36$, $\square\times6=36$, $\square=36\div6=6$ (cm)입니다.

답 6 cm

6 롤러를 한 바퀴 굴렸을 때 물감이 묻은 바닥의 넓이는 원기둥의 옆면의 넓이와 같습니다.
(옆면의 넓이)$=5\times2\times3.1\times20$
$=620$ (cm^2)

답 620 cm^2

3 STEP 하이레벨 심화 144~148쪽

1 원기둥의 전개도에서
(옆면의 가로)=(밑면의 둘레)
$=12\times2\times3.14$
$=75.36$ (cm)
(한 바퀴 굴렸을 때 이동한 거리)
=(원기둥의 전개도의 옆면의 가로)
=75.36 cm
(통을 16바퀴 굴렸을 때 이동한 거리)
$=75.36\times16$
$=1205.76$ (cm)

답 1205.76 cm

2 원뿔을 앞에서 본 모양은 다음과 같이 세 각의 크기가 $60°$인 정삼각형이고 세 변은 각각 $13+13=26$ (cm)로 같습니다.

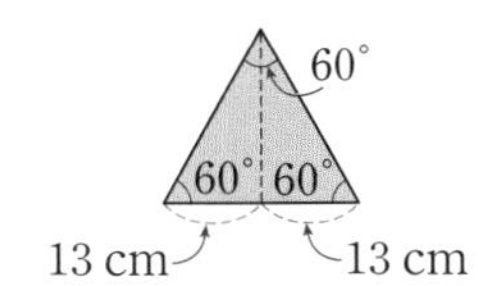

➡ 달팽이는 모선을 따라 올라갔다가 내려왔으므로 달팽이가 움직인 거리는 $26\times2=52$ (cm)입니다.

답 52 cm

3 (필요한 포장지의 넓이)
$=$(원기둥의 전개도의 옆면의 넓이)
$=7\times2\times3.1\times14$
$=607.6$ (cm^2)

답 607.6 cm^2

4 원뿔을 앞에서 보았을 때의 도형은 이등변삼각형이므로 넓이는 $10\times12\div2=60$ (cm^2)입니다.
원기둥을 앞에서 보았을 때의 도형은 직사각형이므로 넓이는 ($\square\times2\times10$) cm^{2}입니다.
➡ $\square\times2\times10=60$,
$20\times\square=60$,
$\square=3$

답 3

5 옆면의 가로와 세로의 합은 $80\div2=40$ (cm)입니다.
원기둥의 높이와 밑면의 지름을 $\square$cm라고 하면
$\square\times3+\square=40$,
$\square\times4=40$,
$\square=10$

답 10 cm

6 원뿔을 앞에서 본 모양은 이등변삼각형이고 밑변의 길이는 원뿔의 밑면의 지름과 같습니다.
따라서 밑면의 지름은 $6\times2=12$ (cm)이므로
앞에서 본 모양의 둘레는
$10+12+10=32$ (cm)입니다.

답 32 cm

7 주어진 입체도형의 전개도는 원기둥의 전개도입니다.
한 밑면의 넓이가 28.26 cm^{2}이고 밑면의 반지름을 $\square$cm라고 하면
$\square\times\square\times3.14=28.26$, $\square\times\square=9$에서 $\square=3$이므로
밑면의 반지름은 3 cm입니다.

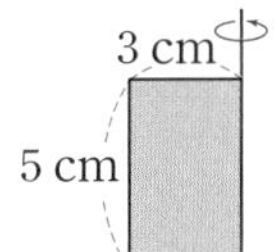

돌리기 전의 평면도형은 왼쪽과 같이 가로가 3 cm, 세로가 5 cm인 직사각형이므로 넓이는 $3\times5=15$ (cm^2)입니다.

답 15 cm^2

8 돌리기 전의 평면도형:

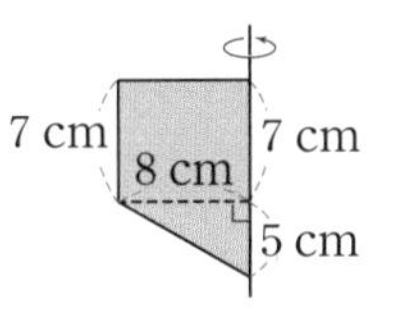

➡ (평면도형의 넓이)$=$(사다리꼴의 넓이)
$=(7+12)\times8\div2$
$=76$ (cm^2)

답 76 cm^2

9 (저금통의 옆면의 넓이)$=753.6\div2$
$=376.8$ (cm^2)
(저금통의 밑면의 반지름)$=376.8\div15\div3.14\div2$
$=4$ (cm)

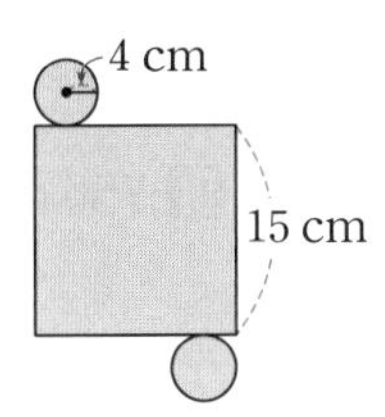

저금통과 똑같은 크기의 원기둥의 전개도를 그리면 왼쪽과 같습니다.

➡ (전개도의 둘레)
$=$(한 밑면의 둘레)$\times2+$(옆면의 둘레)
$=(4\times2\times3.14)\times2+\{(4\times2\times3.14)+15\}\times2$
$=50.24+80.24$
$=130.48$ (cm)

답 130.48 cm

10 돌리기 전의 평면도형은 가로가 2 cm, 세로가 12 cm인 직사각형이므로 직선 가를 품은 평면으로 자른 단면은 왼쪽과 같습니다.
따라서 단면의 넓이는 $2\times12\times2=48$ (cm^2)입니다.

답 48 cm^2

11 구의 중심을 지나도록 자르면 면의 넓이가 최대가 됩니다.
(넓이)$=11\times11\times3.1$
$=375.1$ (cm^2)

답 375.1 cm^2

12 원기둥의 전개도에서 직사각형의 넓이는 원기둥의 옆면의 넓이와 같으므로 롤러에 페인트를 묻혀 한 바퀴 굴렸을 때 칠할 수 있는 부분의 넓이는 원기둥의 전개도에서 직사각형의 넓이와 같습니다.
따라서 롤러를 1바퀴 굴렸을 때 색칠되는 부분의 넓이는 $18.6\times12=223.2$ (cm^2)이므로 892.8 cm^{2}를 색칠하려면 롤러를 $892.8\div223.2=4$(바퀴) 굴려야 합니다.

답 4바퀴

13 (한 밑면의 넓이)

$=\left(16\times16\times3\times\frac{1}{4}\right)-\left(8\times8\times3\times\frac{1}{4}\right)$

$=192-48$

$=144\ (cm^2)$

(바깥쪽 굽은 옆면의 넓이)$=\left(16\times2\times3\times\frac{1}{4}\right)\times9$

$=216\ (cm^2)$

(안쪽 굽은 옆면의 넓이)$=\left(8\times2\times3\times\frac{1}{4}\right)\times9$

$=108\ (cm^2)$

(직사각형 모양의 옆면의 넓이)$=8\times9=72\ (cm^2)$

➡ (페인트를 칠해야 하는 부분의 넓이)

$=144\times2+216+108+72\times2$

$=756\ (cm^2)$

답 $756\ cm^2$

14 (한 밑면의 넓이)$=5\times5-1\times1\times3.14$

$=25-3.14$

$=21.86\ (cm^2)$

(정육면체의 옆면의 넓이)$=5\times5\times4=100\ (cm^2)$

(원기둥의 옆면의 넓이)$=1\times2\times3.14\times5$

$=6.28\times5$

$=31.4\ (cm^2)$

따라서 페인트가 묻은 부분의 넓이는

$21.86\times2+100+31.4=175.12\ (cm^2)$입니다.

답 $175.12\ cm^2$

토론 발표 브레인스토밍 149~150쪽

1 포장지의 가로는 다음 그림의 굵은 선의 길이와 같습니다.

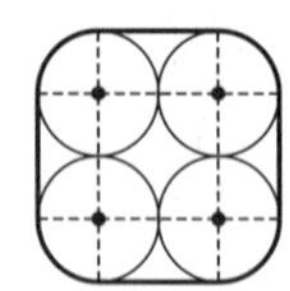

(포장지의 가로)$=$(원주)$+$(원의 지름)$\times4$

$=12\times3.14+12\times4$

$=37.68+48$

$=85.68\ (cm)$

(필요한 포장지의 넓이)$=85.68\times10$

$=856.8\ (cm^2)$

답 $856.8\ cm^2$

2 원기둥의 전개도에서

(밑면의 반지름)$=20\div2=10\ (cm)$

(한 밑면의 넓이)$=10\times10\times3=300\ (cm^2)$

(분홍색 색종이의 넓이의 합)$=300\times2=600\ (cm^2)$

(옆면의 가로)$=$(밑면의 둘레)

$=20\times3=60\ (cm)$

분홍색 색종이의 넓이의 합은 하늘색 색종이의 넓이와 같으므로 옆면의 넓이는 $600\ cm^2$입니다.

옆면의 세로를 □cm라고 하면

$60\times□=600$, $□=600\div60=10$입니다.

따라서 원기둥의 높이는 원기둥의 전개도에서 옆면의 세로와 같으므로 10 cm입니다.

답 10 cm

3

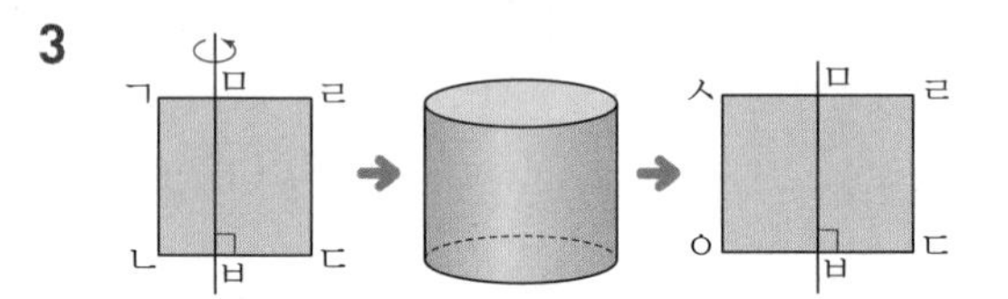

정사각형 ㄱㄴㄷㄹ의 넓이를 1이라 하면

단면인 사각형 ㅅㅇㄷㄹ의 넓이는 $1\times1.25=\frac{5}{4}$이므로

직사각형 ㅁㅂㄷㄹ의 넓이는 $\frac{5}{4}\times\frac{1}{2}=\frac{5}{8}$이고,

직사각형 ㄱㄴㅂㅁ의 넓이는 $1-\frac{5}{8}=\frac{3}{8}$입니다.

➡ 직사각형 ㄱㄴㅂㅁ과 직사각형 ㅁㅂㄷㄹ은 세로의 길이가 같고, 넓이의 비가 $\frac{3}{8}:\frac{5}{8}=3:5$이므로 (선분 ㄱㅁ) : (선분 ㅁㄹ)$=3:5$입니다.

답 3 : 5

4

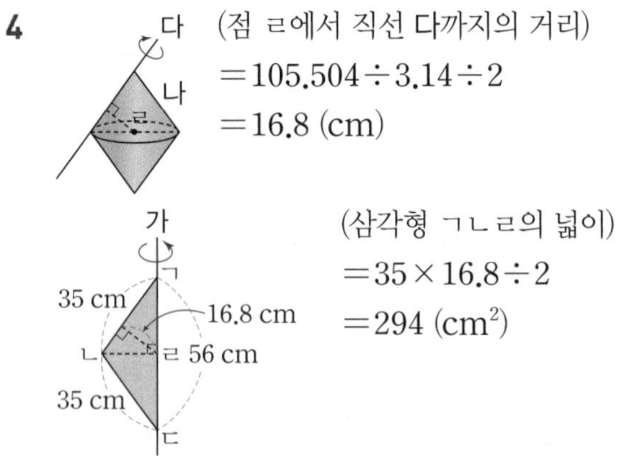

(점 ㄹ에서 직선 다까지의 거리)

$=105.504\div3.14\div2$

$=16.8\ (cm)$

(삼각형 ㄱㄴㄹ의 넓이)

$=35\times16.8\div2$

$=294\ (cm^2)$

선분 ㄴㄹ의 길이를 □cm라고 하면

$(56\div2)\times□\div2=294$, $28\times□=588$, $□=588\div28$, $□=21$입니다.

➡ 입체도형 나를 직선 가에 수직인 평면으로 잘랐을 때 나오는 가장 넓은 단면의 넓이는 반지름이 21 cm인 원의 넓이와 같으므로

$21\times21\times3.14=1384.74\ (cm^2)$입니다.

답 $1384.74\ cm^2$